被消失的中國史——十二金牌到靖難之變

白逸琦◎著

故事，正要開始；歷史，仍在延續

「學歷史有什麼用？」

經常被人抱著不同的眼光，以不同的方式提出這樣的問題。

我通常默不作聲，或許一笑置之。

歷史還沒學好，哪能回答這樣的問題？

可是，不回答卻又不甘心！

後來，我決定說故事。

五千年的故事，好沉重！

或許我們可以這麼認爲：爲了證明那終究無法證明的眞理，人們開始研究人們曾經作過的事，於是產生了歷史。

打打殺殺的歷史，嘗試錯誤的歷史，學習教訓的歷史，學習不到教訓的歷史，只要是人們曾經作過的事，就可以替它冠上這個沉重的名詞：「歷史」。

「人」是一種奇妙的動物，總喜歡自認爲萬物之靈，喜歡主宰，喜歡操控，喜歡打打殺殺，這些行爲說穿了，與其他動物實在沒什麼不同。有機會逛逛動物園的話，也許有幸能夠在長臂猿島與關猴子的柵欄裡，看見類似的情形。

不久之前終於成功破解的DNA密碼告訴我們，作爲一種生物，人類與果蠅之間的差異，其實是微乎其微的。

生物學家大概不會高興吧！他們努力了幾輩子，結果只證明出，人類和所謂的「低等動物」，幾乎沒有什麼差別。

宗教家大概不會高興吧！人類是上帝的選民，是上帝照著祂自己的外型創造的，怎麼能與動物們相提並論？

財閥們大概會不高興吧！我擁有數也數不完的金錢，享受著無與倫比的物質生活，你竟然告訴我，我和一隻果蠅差不多？

政客大概會不高興吧！當他動員了無數支持的群眾，在他面前高喊著：「凍蒜、凍蒜！」的時候，他竟然必須思考，究竟他與動物園裡的猴子有什麼不同。

那麼人類究竟有什麼好驕傲的呢？

人類懂得把自己的行爲記錄下來，分析自己到底幹過什麼蠢事，以後盡量不要再犯，這大概就是人類值得驕傲的地方吧！

果蠅永遠會鑽進爛水果裡，猴子永遠是力氣最大的稱王，人類卻有機會，證明自己懂得記取教訓，懂得從前人的錯誤中學習，懂得繼承過去的文化，開拓一個比較光明的未來，而非僅靠著本能生存。

正因爲這個機會，讓人們被比喻爲「笨豬」、「死狗」，甚至「豬狗不如」的時候，會有不高興的感覺。

所以，「學歷史有什麼用？」

我的回答是：「沒什麼用，只想給自己一個驕傲的機會。」

可是，現在的我，根本驕傲不起來呀！

於是，我決定說故事。

故事，正要開始；歷史，仍在延續。

CONTENTS

目錄

被消失的中國史7：十二金牌到靖難之變

第三章 元末爭霸

第四章 明朝帝位的鞏固與變亂

第一章：偏安的南宋政權

宋室南渡以後，朝廷裡不再有新舊黨爭的問題，但是主戰派與主和派的爭執，比起北宋更加惡化，恢復中原與偏安江南，成為雙方你來我往的爭執焦點，爭執沒有結果，中原也沒有恢復，有的只是民族的繼續沉淪。

宋室南渡

靖康之難後，北宋徽、欽二帝被金人劫持北上，留下滿目瘡痍的汴京城。

被金人推爲魁儡政權「楚」皇帝的張邦昌怔怔地看著金兵離去，回頭一看，眼前所謂楚國的文武官員，每個人的臉上都掛著不同的神情，張邦昌嘆了一聲：「你們也別眞把我當皇帝，我這個皇帝是被迫的啊！」

王時雍、范瓊等人同聲說道：「那怎麼行，大金雄師方才離去，陛下應當重振朝綱，好替金朝做好南方屏障，實在不該說出這般言語。」

張邦昌看了他們一眼，點了點頭：「你們說得是。」

晚上，張邦昌找來呂好問、馬伸等人，對他們說道：「王時雍他們已經是金人走狗啦，只能順著他們的話，你們幾個對大宋忠心我知道，讓你們留在此地，實在是委屈了。」

幾個人面面相覷，不知張邦昌話中之意，呂好問個性比較直，說話也不用對皇帝的尊稱，直接說道：「閣下是眞的想當皇帝，還是爲了要敷衍金人呢？」

張邦昌不置可否。

呂好問繼續說道：「閣下須知人心所向，如果閣下戀棧權位，只會成爲眾矢之的！現在康王閣下尙在外地，元祐皇后也在汴京，唯今之計，應當奉皇后而迎康王，敦請康王早正大位，方爲保全性命之策。」

張邦昌點頭稱是。

這元祐皇后孟氏乃是宋哲宗之妻，當初因爲失寵，被廢爲庶人，名號也從皇室宗譜的「玉牒」上刪除，想不到因禍得福，金兵擄走全部皇室成員，照著玉牒核對名單，竟將她遺漏了下來。張邦昌派人尋得孟氏，迎入延福宮侍奉，並派出使者前往康王趙構之處，勸說康王繼承皇位。

此時康王已從相州轉往濟州（今山東濟寧），再由濟州進駐應天府（今河南商邱），靖康二年五月，接到了汴京來的消息，以元祐皇后爲名，下制書傳達中外以康王繼承大統。

在汴京被圍之前，康王趙構就已被宋欽宗任命爲河北兵馬大元帥，負責號召各地兵馬，領兵勤王，可是趙構卻另有打算，一路往南撤退，避開金兵的鋒銳，金兵擄了徽、欽二帝北上，對他來說，也許是喜多於悲，接到了元祐皇后的制書，就在當月宣布即位，並把靖康二年改元建炎元年，他就是日後的宋高宗，而歷史上的南宋，也在這一年開始。

宋高宗當初自願成爲人質，說得豪氣萬千，其實內心和父親兄長一般的恐懼金人，因此才在應天府建立了一個小小的局面，就讓張邦昌寫信給斡離不，表示願意與金朝劃黃河爲界，把河北河東割讓給金國。

那時候的局面還十分混亂，河北、河東以及其他廣大地區，都有人組織兵馬，抵抗金人入侵，宋高宗這種作法，顯得十分懦弱，讓這個剛剛成立的小朝廷，就面臨了難以統合各方勢力的問題。

小朝廷不夠穩固，在他身邊的人物缺乏政治經驗，也沒有號召力，宋高宗需要一個能孚眾望的人物來幫他撐場面，於是想起了被他兄長猜忌貶官的李綱，就找了他來，任命他爲等同於宰相的尚書右僕射兼中書侍郎。

圍繞在宋高宗身旁的官員，也有一批畏戰如虎的投降派官員，他們擔心自己的權力被李綱搶走，因而堅決反對，御史中丞顏岐就對宋高宗說道：「金人憎恨李綱，如果任用他，就會遭到攻擊，不如找張邦昌來當宰相，也許可以化解敵意。」

建議大夫范宗尹也說道：「李綱名浮於實，且有震主之威，就算找了他來，也不該給他太高的地位。」

宋高宗並沒有接納這些意見，對他來說，李綱的到來有著實質上的意義，借用李綱的聲望、才幹，才能保住這個風雨飄搖得來不易的寶座。於是他接受李綱的建議，對於屈敵投降的張邦昌，處以流放、賜死，以正視聽。

李綱的確爲宋高宗的朝廷貢獻了很大的力量，他改革軍政，嚴明軍紀，把原本亂成一團的軍事制度重新整編，各有統屬，又對潰散各地的士兵進行招撫，把這些淪爲盜賊土匪的士兵重新轉化爲朝廷的作戰力量。

「河北、河東爲國家屏障，絕不能輕言放棄。」他說道。建炎元年六月，在李綱建議下，宋高宗成立河北招撫司，七月設立河東經制司，分別派人前往局面混亂的這兩個地區，對當地各據山頭的抗金兵馬加以統合，立下不少戰功。

「開封爲我朝京師，雖遭敵兵所破，如今兵民雜居，盜賊縱橫，無人留守，這可不成，應派遣知兵之將前往鎮守，方能穩定局面。」李綱推薦先前因爲堅決主張抵抗，反對投降而遭到排擠的老將宗澤，擔任東京留守，負責開封地區的治安。

宗澤就是當初阻止宋高宗前往金營的磁州知州，那時已經六十九歲，有治績，善於用兵，曾在河北數度擊破金兵，聲望很高，到了開封以後，嚴格約束當地官兵：「爲盜者，不論輕重，一律以軍法處置。」他逮捕盜賊，安撫軍民，修築城牆，逐漸恢復開封地方的秩序，還修造戰車一千二百輛，營建城塞二十四所，號召附近的民兵，抵禦金兵入寇。

應召而來的民兵當中，有個二十五歲的年輕人，膂力過人，武藝高強，出身行伍，因戰功累積爲武翼郎，曾經不顧自己人微言輕，上書宋高宗，抨擊宰相失職，請求宋高宗率領大軍渡河，收復河北失地，因而被氣憤的汪伯彥、黃潛善等人以「越職言事」之罪革除了軍職，但他並未因此灰心，繼續轉戰河北，領軍殺敵，後來投效宗澤，十分受到宗澤的賞識，任命他爲司統制，協助軍隊的指揮事宜。這個年輕人的名字，叫做岳飛。

宗澤在開封的一番苦心經營，頗有成績，一時之間竟似有復興的跡象，宗澤上書力請宋高宗還都汴京，以收復中原人心，可是宋高宗恐懼金人，對於還都一事總是猶豫不決。

李綱看出宋高宗的心思，對他說道：「陛下如不願還都開封，或可幸駕關中，如不能前往關中，也當前往襄陽，至少要向天下人表示不忘故都之意。」

宋高宗道：「北方局面仍然不穩，朕打算轉往江南，以避敵鋒。」

「此事萬萬不可。」李綱道：「自古以來，中興帝王皆起於西北，進而據有中原江南，終能掌握天下；起於東南者，多半淪於失敗，只能盤據江南成一方局面。這是因爲天下精兵皆在西北，如果捨棄西北中原，豈不是要讓金人乘虛而入？」

宋高宗不置可否。

李綱又道：「漢光武中興，以南陽爲根據地，西臨關陝，東達江淮，又可與北方三都之地相互呼應，如不便前往關中，則當暫時進駐襄陽，伺機返回汴京，如此方能成就中興大業。」

問題是宋高宗根本不想成就中興大業，能夠盤據江南形成一方霸局，他就心滿意足，但這種事又不好公開講，只好表面上答應李綱，私底下則與汪伯彥、黃潛善等人密謀南幸揚州。

李綱眼見宋高宗一意孤行，據理力爭沒有結果，又遭到汪伯彥等人排擠，便在建言元年八月罷相，居相位僅僅七十七天。其實宋高宗會讓李綱辭職的最主要原因，是因爲李綱總在宋高宗面前提及「迎接二帝歸還」的事，這讓宋高宗聽了覺得不舒服，如果二帝眞的回來了，他這個皇帝還要不要當呢？

正在此時，金朝內部的權力分配也發生變化，原來女眞族在短短十幾年之內興起而強盛，還沒有形成穩固的中央集權制度，皇帝金太宗遠居在松花江流域的上京，對於中原地區鞭長莫及，因此帶兵打下中原的粘沒喝與斡離不成爲這些地區的實際統治者，分別在雲中和燕山建立起樞密院，任免官吏，被稱做「西朝廷」和「東朝廷」。東朝廷的斡離不在此時病逝，粘沒喝將自己的勢力擴大到燕山地區，大權獨攬。

他聽說宋高宗在應天府繼位，任用李綱、宗澤，並且流放了張邦昌，認爲這是宋高宗有意破壞南北合約，於是奏請金太宗，下詔發兵征討，金兵再度大舉入侵，時間是建炎元年十二月。

金兵共分三路南下，主力由粘沒喝親自率領，從雲中沿著太行山南下，攻打河南與漢水上游；東路由訛里朵與四太子兀朮自燕山南下，進攻山東與淮河流域；西路從同州渡河，進攻陝西關中。金兵數量不算多，可是均爲精銳騎兵，蹂躪整個中原大地，橫行無阻，他們以一種特殊的騎兵陣型排列，號稱拐子馬，到處衝殺，所到之處望風披靡，傷亡慘重。

宋軍缺乏統一指揮，全無抵抗能力，只有開封的宗澤孤軍苦苦支撐，金兵來犯，宗澤命令大將王彥率領岳飛等領兵七千出擊，在太行山麓大破兀朮，可是金兵陸續增援，王彥寡不敵眾，在共城（今河南衛輝）被金兵包圍，相互接戰數次，形成對峙的局面。

王彥與士卒同甘共苦，甚得愛戴，他們爲了表示忠心，都在臉上刺了「赤心保國，誓殺金賊」八字，因此號稱「八字軍」，黃河北岸一帶的百姓紛紛響應，加入他們的足有十幾萬人，城寨綿延數百里，此後宗澤又曾多次指揮士兵擊敗金兵，使得金人對他頗爲敬畏，稱呼他爲「宗爺爺」。

可是這個既受到百姓擁護，又得到敵人敬重的名將，卻得不到朝廷的支持，從建炎元年到建炎二年之間，宗澤連續上了二十多道奏表，請求宋高宗返回京師，卻都被汪伯彥、黃潛善扣留下來。

「這老傢伙不識大體，即使他擋住金兵一時，難道就眞的以爲能擊敗金兵嗎？」汪伯彥道：「要陛下前去開封，無異於送死，萬一又來一次靖康之難，誰能擔待得起。」

「說得可是呢！」黃潛善道：「這宗澤在奏章裡總說咱們是奸臣，我看他才不安好心呢！」

宋高宗聽說金兵再度南犯，心中恐懼，就在十二月啓駕轉往揚州。

響應宗澤王彥的十幾萬百姓，聽說天子南巡，顯然無意北還，都十分失望，漸漸散去，建炎二年春天，粘沒喝、兀朮分道渡過黃河，攻陷西京洛陽，派出輕騎截斷王彥的糧道，局面危急萬分。

宗澤擔心王彥遭到殲滅，只好命令他退守滑州，於是河北地方全部又落於金兵之手。宗澤心灰意冷，在那年七月生了重病，性命垂危，部將們前來探望，他仍念念不忘恢復之事：「你們若能消滅敵人，則我死而無恨！」諸將垂淚退出，宗澤在彌留當中，吟詠起杜甫的詩句：「出師未捷身先死，常使英雄淚滿襟……」忽然，他瞪大了眼睛，高呼了三聲「過河」，隨即氣絕而死，享年七十歲。

宗澤一死，河北恢復的希望，全成泡影，金人的攻勢，也就毫無阻礙。各路金兵長驅直入，建炎二年打下淮寧（今河南淮陽），十一月打下濮州、相州、德州，十二月攻陷大名府與濟南府，迫使濟南知府劉豫投降，建炎三年正月佔領徐州（今江蘇銅山），淮水一帶的宋軍將領韓世忠、劉光世等人都被擊敗，粘沒喝親自率領著五百名先鋒騎兵，直指揚州。

宋高宗在汪伯彥、黃潛善等人的蒙蔽之下，以爲太平無事，殊不知金太宗已然下達命令，說是要捉拿他，「窮其所在而追之」，聽見金兵來犯的消息，嚇得從龍床上跳起來，衣服都來不及穿好，就急忙乘船渡江，躲到長江南岸的鎮江去，事出突然，朝廷的器物都遺落在揚州，金兵到來，百姓們倉皇逃命，死傷狼籍，粘沒喝放了一把火，把揚州城燒成一片荒地。

由於粘沒喝率領的都是騎兵，無法渡過長江，所以沒有繼續追擊，便掉頭北返。

宋高宗則是驚惶萬狀，從鎮江又連夜南下，逃到杭州落腳。建炎三年二月抵達杭州，宋高宗住進了當地的官府，就把官府設爲行宮，並且召集官員商討對策，大家都指責黃潛善、汪伯彥辦事不力，這才讓揚州化爲焦土，紛紛彈劾他們，宋高宗只好將他們二人免職，另外任命朱勝非、王淵主政，以張浚領兵駐紮平江防禦金兵。

正值多事之秋，宮廷之中又發生「苗劉之變」，將官苗傅、劉正彥與王淵有仇，認爲他毫無功績竟能獲得高官，那是與宦官勾結之故，就在三月發佈榜文揭露「奸臣誤國、內侍弄權，致數路生靈無罪而就死地！」說宋高宗「信任中官，賞罰不公」，說宰相大臣「不務修省，因循故態」，聯合不滿的事兵，殺死王淵及一群宦官，要求宋高宗讓位給三歲的皇太子，由皇太后孟氏垂簾聽政。

「我一個老婦人，抱著三歲小娃兒，如何能夠應付如今大敵當前的局面呢？」孟太后對發動變亂的人們說道。苗傅、劉正彥不聽，只要求皇帝趕緊退位。他們沒有明確的計畫，只是宣洩不滿的情緒，後來很快遭到張浚、韓世忠等人發兵討伐，功敗垂成。

這場爲時甚短的變亂，雖沒有對南宋朝廷造成什麼致命打擊，卻也反映出將士對於宋高宗投降心態的不滿情緒，宋高宗只好在表面上做出一些改弦更張的措施，下詔把江寧府改名爲建康府（今南京市），移駐於城牆高大的石頭城，並且修築防禦工事，打算在這裡號召江淮一帶的抗金勢力，又任命張浚爲川陝宣撫處置使，由他全權負責關中、陝西四川一帶的防禦事宜。

然而這一切只是表面功夫，實際上宋高宗從來沒有放棄向金人求和的打算，當他一到建康府，就派遣洪皓出任「大金通問使」，帶了禮品、書信去見粘沒喝，表示自己願意取消皇帝尊號，改奉金朝正朔，永遠當作金朝的藩臣。

交涉沒有成功，洪皓反而被金人扣留，而金人從此更加輕視宋朝。

建炎三年，公元一一二九年秋冬之交，金國四太子兀朮發動燕雲河朔之師，率領女眞萬戶聶耳、銀朱、拔束，渤海萬戶大撻不也，漢軍萬戶王伯隆等部兵馬，沿江淮大舉進攻，準備一舉消滅南宋。

這一次來勢更兇，宋高宗派遣使者前往乞和，措辭非常哀切，說自己一路從北方逃來南方，居無定所，寢食難安，想要守衛則無人，想要逃亡則無地，只希望粘沒喝、金兀朮能夠慈悲爲懷，放他這個沒有尊嚴的皇帝一條生路。

如果宋高宗的姿態擺得高一點，說不定金兀朮等人眞的會順其所願，然而生性強悍的女眞人最瞧不起這種軟腳蝦，對於宋高宗的哀求置之不理，對南方各州縣發動更猛烈的攻勢，九月攻下應天府，十月十一月間連下壽春、黃州、光州、盧州、和州、江州、洪州、眞州、臨江等地，橫掃了今日的江蘇、安徽與江西等地區。

宋高宗在建康府站不住腳，慌忙向南逃亡，回到杭州，並把杭州改名爲臨安府，打算在這裡成立一個「臨時的安穩局面」，但是宋高宗後腳才離開建康，金兀朮的前鋒就把建康府打下，且毫不停留，向杭州挺進。宋高宗連喘一口氣的時間都沒有，又得要繼續逃命。

大臣呂頤浩說道：「金兵騎馬不擅駕船，江浙地區濕熱，金兵就算深入，也無法久留，陛下何不暫時前往海濱躲避，待金兵退去，再行回鑾。彼入我出，彼出我入，此乃兵家常事。」

宋高宗採納建議，前往越州（今浙江紹興），再從越州轉往靠海的明州（今浙江寧波），乘船出海，躲到舟山群島的定海縣去。

便在此時，金兀朮的鐵騎也打破了杭州的城門，聽說宋高宗又逃跑了，連忙派人追趕，從越州到明州，大肆屠掠，而宋高宗聞聽消息，又從定海往南逃亡，奔往台州（今浙江天台），又從台州直奔溫州。

宋高宗逃得狼狽，金兀朮追得也辛苦，江南濕熱的氣候以及水鄉澤國的地理環境，金兵難以適應，眼見宋高宗豁出去的逃命，兀朮也擔心孤軍深入會有危險，就在江南大肆搶掠燒殺一番之後，宣稱「搜山閱海已畢」，帶著滿車滿車的戰利品，領軍北返。

宋高宗看見金兵撤退，驚魂稍定，從溫州返回越州，暫時在那裡安身立命。

金兀朮沿著原路北上，從臨安至平江，從平江到常州、鎮江、江寧，然後渡江返回中原，那時宋將韓世忠駐兵鎮江，在金山截擊金兵，以八千水軍抵擋兀朮十萬之眾，讓兀朮困在黃天蕩長達四十八天之久。

韓世忠觀察地形，見黃天蕩有處地方叫做龍王廟，居高臨下，料敵人必會來此查探虛實，於是派將領蘇德領兵埋伏在龍王廟下。果然不久之後，便有五名金兵將領策馬來到龍王廟，埋伏的士兵激動異常，衝出去便要殺人，那五騎有三騎逃走，活捉到兩名，一問之下，才知道逃走的三騎之中，紅袍白馬的那位，就是金兀朮本人。

沒過多久，金營來了使者，求見韓世忠：「我家四太子敬佩將軍勇猛善戰，願意與將軍和談，江南所得財物，可以全部奉還，而我軍營中的上好駿馬，也可讓將軍任意挑選，只請將軍放我軍一條北歸之路。」

韓世忠怒道：「回去告訴兀朮，你們女眞胡虜攻我城池，殺我百姓，搶我財物，此仇不共戴天，今日若不滅金師，誓不爲人！」

後來金兀朮接受閩人王某的獻策，動員全師挖掘已經淤塞的老鸛河故道，連夜挖通五十里的運河，才從秦淮河逃往建康，結束了這場黃天蕩之役。

金兀朮南征，從來沒有遇過這麼硬的仗，就在建康縱兵大掠，也算抒解胸中悶氣，不料就在繼續北歸之時，又遭遇了埋伏在牛頭山的岳飛部隊猛烈追殺，造成極大的損失，直到金國將領撻懶領兵前來救援，這才化險爲夷，撤回北方。

金兵在江南肆虐一番，揚長而去，建炎四年四月，宋高宗在越州與群臣商議，呂頤浩說道：「四川乃天府之國，物產豐富，可以作爲長遠之計，陛下應先暫駐浙東，伺機入蜀。」

范宗尹表示反對，他道：「如果入蜀，這江南之地恐怕難保，不如據江表而圖恢復關陝，方爲安定天下之策。」

宋高宗同意范宗尹的意見，就把越州升格爲紹興府，宣布第二年改年號爲紹興元年，從此準備在江南經營，不再有還都汴京的打算。

浴血苦戰

金兀朮在建炎三、四年間的一番猛烈南征，除了獲得許多戰利品之外，並沒有佔領多少土地城池，那是因爲金兵人數不足，就算攻下城池也無法佔領，只能如蝗蟲過境一般搶奪燒殺，這表示金人崛起太快，向南方的發展已經到達極限，沒有能力統治廣大的漢人地區，於是他們採用了先前的老辦法，以華制華，策立宋朝投降的濟南知府劉豫爲帝，建都大名府，國號大齊，成爲宋金之間的一個緩衝地區，也是金朝的傀儡政權。

那時江淮地區的戰況稍稍平息，但在關中地區與中原地區之間，局面仍然相當混亂。關中是唐朝以前歷代建都之地，但在晚唐遭到慘重破壞，生產力已不足以支持國都的設立，所以從五代以後漸漸把京城設立在關東河南財富之地，北宋奠都汴京就是基於這個理由。

不過關中的地理位置在戰略上仍是十分重要，金人從北方南下，先後佔據了河北、河東（大致等於今日的山西省），如果再把陝西關中拿下，就可以西向直指四川，要是打下四川，再沿著長江順流而下，南宋朝廷依舊不保。中國古代南北之間的攻伐征戰，大體而言都有這樣的特色，這是地理因素對歷史發展的影響。

當時陝北屬於西夏，北宋原本在關中設置了永興軍路、鄜延路、環慶路、秦鳳路、涇原路、熙河路等六個經略安撫司，統稱「西軍」，是北宋用來抵禦西夏的主力。

這時統制西軍的是川陝宣撫使張浚，他在建炎三年奉宋高宗之命到任之後，積極整頓軍政，體察民情，在曲端、吳玠等將領的支持下，使得陝西地區的宋軍頗爲強大。

張浚的志氣很高遠，一心想要大舉反攻，不顧眾人的反對，集中陝西五路兵馬總共四十萬人，對金兵發動進攻。

戰爭發生在建炎四年，公元一一三〇年九月十四日，地點在富平（今陝西富平縣北），由於張浚認爲自己的兵力處於絕對優勢，穩操勝券，因而起了輕敵之心，沒有佈置好陣型，也沒有詳細觀察地形，兵馬雖多，營壘不固，看上去千瘡百孔。

金兵方面的將領乃是剛從南方返回的金兀朮與婁室，他們久經陣仗，自然一眼就看出宋軍的弱點，雙方會戰開始之時，他們先訓令各軍嚴守陣地，等到宋軍鬥志鬆懈之時，這才下達攻擊命令，一陣衝殺之下，果然把宋軍營壘衝垮，只花半天時間，就讓宋朝的陝西防線全面崩潰。

關陝失守，巴蜀大震，當時人們紛紛說道：「宋人與金兵交戰，雖說是敗多勝少，倒還從來沒有敗得這麼慘的啊！以後提起慘敗的戰爭，恐怕就會想到富平之戰吧。」

張浚領著一千多名親兵，退往興州（今陝西略陽），派參軍劉子羽收拾敗兵，沿著秦嶺重新佈置防線，又命吳玠扼守和尚原，保衛大散關（金陝西寶雞市西南），劉子羽單騎前往秦州，遍訪諸將，重新聚集散落各地的士兵，又聚集了十萬多人，軍威復振，人心也暫時穩定下來。

吳玠和他的弟弟吳璘在和尚原練兵備戰，訓令士卒不得騷擾百姓，因此附近居民對他們非常支持，紛紛獻上糧草協助他們，金兵屢次進攻和尚原，都被吳玠給擋了下來，阻止金兵繼續向四川進兵。

那年冬天，大將婁室病死，臨死之前對將領們說道：「我活著的時候打不下四川，我死了之後，你們也不要有所圖謀，只要能夠保有如今局面就可以了。」

這句話聽在兀朮的耳朵裡很不受用，認爲是對他的一種侮辱，因此等婁室死後，到了南宋紹興元年，金天會九年十月，親自領兵十萬，再次進攻和尚原。

吳玠早有準備，面對金人大軍，毫無懼色，他在營壘之上佈置了強弩手，對著金兵輪番射箭，金兵損傷相當慘重。兀朮急了，連連下令強攻，卻怎麼也打不下來，此時吳玠派出奇兵從側面抄截，斷絕兀朮的糧道，兀朮見戰況不利，準備撤退，宋軍伏兵四起，向金兵圍攻，金兵大敗，兀朮身中流矢受傷，靠著剃掉鬍鬚頭髮變裝才得以逃脫。

這場勝仗讓宋軍士氣大振，雖說是吳玠兄弟的功勞，但是張浚在後方經營，也提供了相當大的幫助，關陝雖然落於金人之手，四川卻安穩了，整個形式牽制東南，江淮也得保全。

但是當時朝廷中的大臣，仍然認爲張浚的富平之戰喪師失地，功難抵過，對他毀譽參半，經常有人彈劾他，宋高宗只好在紹興三年，徵召張浚入京，把西北的防務交給吳玠和劉子羽。於是西北的兵力重新分配，劉子羽駐兵興元（今陝西漢中），吳玠駐兵河池（今甘肅徽縣），吳璘留守和尙原，王彥駐守在金州（今陝西安康），相互呼應。

金朝方面，由於兀朮失敗遭到撤職，改由撒離喝擔任陝西經略使，他鑑於先前正面攻擊秦嶺防線，久攻不下，乃從陝西東南進發，出其不意地打下了金州，順著漢水西上，直趨興元府。

劉子羽聽說王彥失敗，金兵來犯，急忙派人去向吳玠求援，吳玠從河池出發，兼程趕路，一天之內疾行三百里，趕到饒風關（今陝西石泉縣西），嚴加防守。吳玠領兵作戰頗有古風，他派人帶了幾車的柑橘送給撒離喝，傳話說道：「大軍遠道而來，眞是辛苦，這些黃柑送給你們聊以解渴。」

撒離喝大驚失色道：「這吳玠怎能來得這麼快啊？」

雙方就在饒風關展開激戰，宋兵在關口上放箭落石，金兵身披重裝鎧甲仰攻，一人在前二人在後，領頭的人戰死，後方隨即補上繼續進攻，連續激戰六天六夜，死者堆積如山，戰況慘烈。

後來撒離喝抓到一名開小差的宋軍小校，嚴加拷問，終於找到山間小路，繞到饒風關後方，取得制高點，發動攻擊，吳玠終於支持不住，率軍撤退，金兵雖然反敗爲勝，不過也損失慘重。

饒風關一丟，興元府無險可守，劉子羽和吳玠討論之後，決定採用堅壁清野的策略，把漢中地區的糧食牲口向四川撤離，留下一大片空地，劉子羽退據潭毒山（四川廣元縣北），吳玠扼守仙人關（今甘肅徽縣南），南北呼應。

撒離喝苦苦追擊，攻佔興元，進兵金牛鎮，威脅四川，可是孤軍深入，糧餉不繼，在山谷瘴癘之氣的逼迫下，營中又爆發了瘟疫，餓死病死的超過一半，只好沿著斜谷向北撤退。

金兵一退，劉子羽、吳玠趁勢追擊，金兵慘敗，墜落山谷而死者難以計數，興元漢中之地也重回宋軍之手，到了五月間，王彥又收復了金州。

這一來一往的大戰，雙方都一無所獲，然而漢中的宋軍損傷非常慘重，也造成和尙原的吳璘成爲孤軍，糧餉輸送頗有困難。幾個月後，兀朮重新被金太宗任命爲大將，捲土重來，攻打和尙原，吳璘只好放棄該地，退往仙人關與吳玠共同防守，而仙人關就成爲秦嶺防線的爲一要塞，也是進入四川的門戶。

紹興四年，公元一一三四年二月下旬，金兀朮與撒離喝率領步騎兵十萬人進攻仙人關，在關前的野地佈下進攻陣式，設置砲台十餘座。

宋人把金兵布陣的野地與仙人關之間的一片高地，命名爲殺金坪，吳玠拔起配刀，對著仙人關的三萬宋兵高聲喊道：「兀朮要攻殺金坪，那是自尋死路！仙人關乃是巴蜀門戶，萬萬不可丟失，大家就算要死，也都要死在這裡，有退卻投降的，一律斬首！」

二月廿七日，金兵展開猛攻，雙方血戰三十餘回合，宋軍有個名叫郭震的將領，因爲營寨被破，棄陣逃亡，吳玠把他抓起來，當著全軍的面處以極刑，制止了宋軍的潰敗，但是金兵的戰術非常巧妙，兀朮充分發揮騎兵的優勢，分爲東西兩陣，交錯進攻，讓宋兵疲於奔命，最後總算把殺金坪打了下來，宋軍全部退到仙人關繼續堅守。

隔日雙方繼續展開激戰，金軍以預先架設好的砲台，發射一種包覆著火藥的砲石，向著宋軍陣地猛轟，宋軍也用相同的砲石還擊，仙人關前飛蝗箭矢，如狂風驟雨，在吶喊聲中不斷有人倒下，又不斷有人踩著同袍的屍體繼續上前殺敵。

金兵身披重鎧，不顧性命地攀登城牆，箭矢無法穿透他們的鎧甲，一時之間竟有數百名金兵登上城樓，情況十分危急，吳玠忽然想起金兵鎧甲的弱點，對著士卒大喊：「刺他們的胳肢窩！」原來鎧甲的側面未能遮蔽身體，因此金兵脅下成爲致命傷，長槍一挺，橫穿胸膛而出，這幾百名金兵又成爲客死他鄉的亡魂。

連續五天的激戰，金兀朮求功心切，一味猛攻，造成金兵極大的傷亡，到後來竟然已經沒有組織攻城戰的能力，三月二日晚上，月黑風高，宋軍在吳玠帶領下，無聲無息地下了城樓，殺進金兵陣營，金兵丟盔卸甲，沒命地逃竄，兀朮眼見攻城無望，毅然下令焚燒營壘，連夜撤退。

吳玠已在事前通知將領王俊在河池設下伏兵，金兵退到當地之時，宋軍忽然從四面八方湧出，對著那些一心只想趕緊撤退，毫無戰意的金兵猛砍，片刻間就砍下了上千個腦袋，俘虜了數百人，金兵繼續退，宋軍繼續追，追擊了數百里才罷手。

仙人關之戰是宋金之間少有的慘烈戰役，也是宋軍難得的勝利，這讓金兀朮等金國主戰派知道，只要四川門戶有吳玠駐守，就不能硬取，只好在鳳翔府一帶屯田，與宋兵進行持久對峙。

這場硬仗也讓宋兵知道，金兵絕對不是天下無敵，只要指揮得宜，上下一心，打仗很少勝利的宋兵，也能把傳說之中刀槍不入的金兵殺得抱頭鼠竄，這裡的勝仗傳遍天下，讓散佈各地的宋軍將領士氣大振，紛紛對金人展開更爲頑強的抵抗，不讓金兵越雷池一步。

吳玠也因這場仗聲震天下，朝廷封他爲四川宣撫使，開府儀同三司，後來他不幸病故，當地百姓感念他的恩德，還替他建立祠堂奉祀不絕，而四川的防務由他的弟弟吳璘接手，同樣的固若金湯。

英雄飲恨

關西之間的反覆爭奪，打出了宋軍的士氣，但在中原這一方面，情況又有了變化。

從紹興元年起，中原不但有劉豫的齊政權，又有盤據流竄各地的群盜，讓長江黃河之間的百姓民不聊生，痛苦萬分。

所謂的群盜指的是叛變散落的軍人與家破人亡的飢民合流的結果，他們雖說是因爲環境的惡劣才不得已爲盜，但他們擁有武裝力量，四處流竄騷擾其他的百姓，比起金兵還要凶猛。

南宋朝廷爲了立足，不得不派兵討伐群盜，在這個過程當中，出現了一位軍事天才岳飛，成爲南宋小朝廷的北面屏障。

岳飛未滿二十歲就投身軍旅，早在投效開封的宗澤之前，就因爲作戰勇猛而小有名氣，後來他因爲越職言事，觸怒了朝中投降派，而被免去了軍職，但他並不氣餒，轉而依附河北招討使張所。

張所見岳飛年紀輕輕，英勇雄壯，就問他：「我聽說你在宗留守帳下，勇冠三軍，擬自認爲和多少敵軍廝殺？」

岳飛答道：「勇猛不足恃，帶領軍隊要以智謀取勝，事前擬定戰略，方爲致勝關鍵，身爲一員將領，不怕他沒有作戰的勇氣，怕的是他有勇無謀，無法取勝敵軍，反而讓自己的袍澤喪命。」

張所十分讚嘆：「這年輕人不只是個勇士，而且還是一位軍事家啊！」

宗澤對這個後生晚輩更是器重，他曾對岳飛說道：「如你這般智勇雙全，古代名將也不過如此，但是光靠衝鋒陷陣，畢竟不是常勝的辦法。」說著他交給岳飛一份古代的陣圖，說道：「你拿這個去好好參詳參詳。」

岳飛接過陣圖，躬身道謝，並道：「圖是死的，人是活的，按照陣圖作戰，乃是兵法之常規，至於靈活運用，隨機應變，還得靠當將領的善於用心。」

宗澤點頭表示同意，並且對這個小老弟更爲佩服了。

往後幾年之間，岳飛四處轉戰，同時與金人、僞齊和群盜作戰，立下無數汗馬功勞，他治軍嚴格，作戰之時對於百姓秋毫無犯，訓令部眾「凍死不拆屋，餓死不擄掠」，就連金兵對他也十分敬重，稱呼他的部隊爲「岳爺爺軍」，和當初宗澤的部隊一樣。

從建炎四年到紹興四年之間，金兵主力放在川陜地區，宋朝致力於安穩地方的工作，岳飛奉宋高宗之命，馳騁在江西、湖南等地區，消滅群盜，並從俘虜當中收編勁勇士卒，壯大了岳家軍的聲威。

紹興四年宋高宗下詔以岳飛爲荊南制置使，負責討伐巨盜楊太，楊太盤據洞庭湖，攻佔鼎州（今湖南常德），大殺官軍，甚爲強悍，自稱大聖天王，爲禍長達數年之久。岳飛的部下多半是北方人，不習慣水戰，很多人都有些擔心，岳飛卻道：「兵法無常，端看如何應用而已，水戰陸戰，又有何差別呢？」

楊太部眾聽說岳飛前來，大驚失色，紛紛說道：「岳家軍號令如山，與他們作戰，難道還有活路嗎？」

他們駕著舟船在遼闊的洞庭湖上到處流竄，往來如飛，行蹤飄忽。岳飛見狀，命人砍伐湖邊巨木，一部份做成木筏，堵住洞庭湖畔的港灣，一部份混著樹枝雜草直接拋入湖中，然後引誘楊太水師進入淺水港灣，舟船吃水較深，又受到草木樹幹阻擋，轉動不便，岳家軍站在木筏之上發動進攻，又藉著水流操縱巨木撞毀敵軍木舟，大獲全勝。

楊太跳進水裡想要游泳逃走，被岳飛部下捉住斬首，此戰從開打到獲得輝煌勝利，只花了八天，收編了二十多萬的部眾，岳飛親自校閱，老弱者給他們一筆盤纏放他們回鄉耕田，強壯者編入軍中。

岳飛的名氣響遍天下，宋高宗授與他清遠軍節度使之職，在宋朝，節度使是一個榮譽頭銜，稱之爲「建節」，非常的顯貴，岳飛建節之時，年僅三十二歲，在當時諸將之中是最年輕的一位。

此外岳家軍也被南宋朝廷授與「神武後軍」的番號，爲了表彰岳飛的功勞，宋高宗還親筆書寫了「精忠岳飛」四個大字，鏽在一面旌旗之上，贈與神武後軍，成爲岳飛出征之時的旗號。

宋高宗對他十分欣賞，曾經在臨安爲他修建一座宅邸，岳飛婉拒說道：「敵人還沒消滅，怎能談得上自己的住宅呢？」有人問他：「天下什麼時候能夠太平？」岳飛答道：「文臣不愛錢，武臣不惜死，天下平矣。」

洞庭湖平定，江淮群盜幾乎都遭到消滅，南宋也在江南站穩了腳跟，於是岳飛與韓世忠、李綱等人，紛紛上書請求朝廷收復中原，隨即展開宋、齊、金之間的慘烈大決戰。

就在岳飛致力於消滅江淮群盜的同時，劉豫的僞齊政權也不斷出兵騷擾。

在金朝前面自稱「子皇帝」的劉豫和他的前輩張邦昌不同，張邦昌接受金人扶植爲帝，那是出於被迫，礙於形勢，但是劉豫對宋朝來說就是一個徹頭徹尾的賣國賊了，他投降金兵之後，侍奉金將撻懶，極盡諂媚恭敬之能事，甚得撻懶的歡心，後來他知道金人打算在華北成立緩衝政權，就拚命的遊說，請撻懶去和金朝權臣粘沒喝說項，最後才同意扶立劉豫為帝。

金人對劉豫的培植遠比對張邦昌認眞，那是幾年以來受到華北漢人的不斷反抗，所累積出來的經驗，他們覺得治理漢人就得用漢人，因此把河南關陝一帶的廣大地區，都劃歸劉豫治理。

劉豫把金人的培植視為自己獲得權利的機會，他從大名府遷都到汴京，挖掘墳墓，大事聚斂，活人與死人的錢他都要搜刮，讓中原百姓痛苦萬分。

他還與江淮群盜互相勾結，以金人為後盾，誘使宋軍將領叛變，支持群盜四出騷擾，還要脅南宋朝廷，要和他們劃長江為界，分庭抗禮。

南宋朝廷對於金人恐懼萬狀，顯得很沒出息，對於劉豫卻是不假辭色，絕不屈服。紹興四年三月，劉豫的軍隊攻陷襄陽、郢州（今湖北鍾祥），造成南宋長江中游的防禦出現漏洞，岳飛因而上書請戰。

那年五月，岳家軍的旗幟飄揚在洞庭湖北岸，沿著漢水浩浩蕩蕩地北上進發，如狂風掃葉般打下郢州，派遣部下張憲、徐慶帶領兵馬分兵進攻隨州（今湖北隨縣），自己率領主力直趨襄陽。

守在襄陽的是群盜出身的李成，他以為劉豫給的好處多，就幫著劉豫佔領襄陽，實際上有如半獨立的局面，一聽說岳家軍來攻，嚇得從椅子上跳起來，帶了幾名隨從便奪門而逃，岳家軍兵不血刃，就把湖北重鎮襄陽府奪下。

反倒是分兵出擊隨州的戰況較爲激烈，當地有齊國知州王嵩堅守，張憲、徐慶與之交戰多回，全都毫無所獲，後來岳飛派了大將牛皋從襄陽領兵支援，經過一番激烈的血戰，終於攻克隨州，活捉王嵩。

六月，李成得到僞齊朝廷支持，以大批騎兵隊從新野出發，對襄陽發動反撲。岳飛命偵察兵前去刺探敵情，得到的回報說是李成把騎兵擺在江岸，把步兵排列在岸旁空地，似乎打算衝殺過來，岳飛笑道：「他們是要攻城還是要打野戰啊？這樣的陣式不倫不類，犯了兵家大忌，輕易就能破解，就算他們有幾十萬軍隊，也無能爲力！」

他命令部將王貴率領長槍隊迎戰，派牛皋率領騎兵隊繞道去攻擊敵方的步兵，李成騎兵一衝過來，一丈多的長槍向著騎兵猛戳，就把他們戳下馬來，騎兵陣形大亂，前面的騎兵往後退，把後面的騎兵擠進河裡；步兵遙遙跟在後面平原上，看見前面的騎兵一個一個墜於馬下慘死，心生怯意，忽然側面有大批騎兵衝來，慌忙驚訝之餘，根本難以招架，隊伍又被衝散，李成軍隊屍橫二十餘里，再也無力反攻襄陽。

七月，岳飛領軍北進，王貴、張憲等部在鄧州（今河南鄧縣）擊敗金齊聯軍，接著又攻克了唐州（今河南唐河）和信陽軍（今河南信陽）。

收復六州之地，是岳飛指揮的第一次北伐，也是南宋朝廷建立以來首度的主動出擊，在此同一時間當中，關西的仙人關大捷也傳來獲勝的好消息，一時之間人心士氣頗為振奮，鼓舞了南宋軍民的抗金意志。

紹興五年，公元一一三五年正月，金太宗完顏吳乞買去世，由金太祖的嫡孫完顏合剌繼任，是為金熙宗，仍然沿用金太宗的天會年號，國內政局不穩，宗室大臣爭權奪位，短時間內無暇顧及南方之事，這讓南宋有了喘息的空間，而岳飛也就是在這時候專心地剷除了江淮的盜匪。

南宋在戰況稍緩的時候，重新部署兵力，岳飛屯兵襄陽，韓世忠屯兵楚州，多次和齊軍作戰獲得勝利，紹興六年九月，宋高宗在群臣敦促之下，從浙江進駐平州，準備以「御駕親征」的名義，對偽齊發動大規模攻擊。

劉豫聽說宋高宗親征，情況危急，派人去向金熙宗求救，這個問題在金國朝廷之間引發熱烈討論，那時金朝大臣當中的主和派漸漸得勢，有人對金熙宗說道：「當初先帝冊立劉豫，乃是為了利用他牽制宋師，好讓我等暫且息兵，休養生息，然而劉豫作戰不力，進不能攻，退不能守，反而致使兵禍連結，成為我朝一大負擔，要他有何用處？」

金朝不願援助，劉豫為了維繫自己的權位，只得全力徵調百姓為兵，集中了三十萬人，兵分三路，分別進攻宋朝的廬州、定遠與六安。偽齊士兵人人心不甘情不願，哪有作戰能力？遇見宋兵，不是四下潰逃，就是全軍投降，結果三路軍隊都被宋朝擊敗，而金熙宗聽說劉豫慘敗，便決定廢除劉豫。

紹興七年閏十月，金兵分別進駐僞齊各重要州郡，然後派遣撻懶與兀朮進入汴京，宣讀金熙宗詔書，廢劉豫爲蜀王。這劉豫稱帝八年，除了給中原地區帶來嚴重的破壞之外，剩下的就是斂財了，撻懶等人在劉豫的私人府庫之中，抄出黃金一百三十多萬兩，白銀六千多萬兩，銅錢九千八百多萬緡，糧食九十萬石，絹兩百七十萬匹。

劉豫被廢後，金人在汴京設置了一個政府組織號稱行臺尙書省，正式把中原河南地區納爲版圖。岳飛與韓世忠聽說僞齊政權滅亡，紛紛上書請求宋高宗乘機北伐，收復故都，但是，宋高宗看著這些奏表，竟然一句話也沒有說。

原來這幾年之間，南宋對外戰爭的情況雖有好轉，但在宋高宗的內心裡，從來沒有放棄議和的打算，只要讓他穩穩待在臨安享福，江南風光如畫，美女如雲，他根本不想回去汴京，現在聽說金朝的主和派當道，這份求和苟安的心態又浮現出來。

宰相秦檜看出了宋高宗的意圖，在宋高宗的耳朵邊不斷訴說議和的好處，更堅定了宋高宗的想法。

秦檜這個人的來歷很有問題。他在宋徽宗時代就已經考中科舉，當了太學的學正，頗有幾分學問，當初金兵圍攻汴京，朝廷百官許多人認爲應當割讓三鎭以消弭兵事，秦檜認爲不可如此。靖康之難，徽、欽二帝被俘，秦檜與孫傅、張叔夜等五人擔任隨行大臣，那時他還忠心耿耿地隨侍在側，一路跟著御駕前往寒冷的北大荒，然而在高宗建炎四年十月，秦檜竟然帶著妻子王氏以及家中奴婢僕人，好端端地坐船返回臨安。

據他自己所說，他殺死了看守他的金兵，冒著生命危險逃出來，一路南下，懷著一顆赤膽忠心，越過重重險阻，多次生死交關，總算天可憐見，得以讓他回到朝廷盡忠云云。

可是當時就有人懷疑：「從北到南兩千八百多里，山河險阻，到處都是金兵，怎麼可能逃得回來？就算他眞的是逃出來的，又怎能攜家帶眷而竟能不被發現？金兵有人看守他，難道不會把他和妻子家人分開看管？」

種種疑團無人能解，卻還是有人願意替他說話，宰相范宗尹、樞密院李回極力推崇秦檜之能，向宋高宗引見，終於讓秦檜獲得宋高宗的信任，並且官運亨通，僅僅一年，就官拜尚書右僕射同平章事，成爲朝廷宰相。

不知道是因爲在北方苦寒之地待久了，造成性情大變，抑或是他眞的就是金人遣返的奸細，秦檜這時候對金人的態度與幾年之前全然不同，竟然提出了一個從來沒有人想過的議題：「如欲天下無事，南人歸南，北人歸北。」

這種激烈的提案連宋高宗都愕然，他看著秦檜說道：「朕是北方人，難道也要歸於北方嗎？」

這種意見當然不可能被採納，秦檜也因此短暫的失寵，可是很快又掌握了極大的權力，成爲與金人議和的主導人。

紹興八年，公元一一三八年五月，金朝派遣烏陵思謀等人爲使者，前來臨安，表達金熙宗期望能與宋朝議和的事，原來此時金朝內部當權者爲撻懶，他對南方政策的主張向來比較寬容，因此和議成爲金朝的主流意見。

宋高宗本人早就打算議和，可是還是有很多朝中官員反對，尤其是劉光世、韓世忠、岳飛那些將領，更是極言和議之不可行。秦檜對宋高宗說道：「臣僚們首鼠兩端，不足議大事，陛下要是決心議和，就該屏退群臣，單獨與臣商議。」

宋高宗一口答應，和議很快就決定。

金人派來交涉的使者張通古、蕭哲等人的氣勢凌人，沿途經過的州郡長官，都要對他們行臣下之禮，而且他們攜帶的詔書當中，不稱「宋國」而稱「江南」，不稱「國書」而稱「詔諭」，分明是要貶低南宋的地位，矮化成一個地方政權，而宋高宗竟不以爲意。

當時正值宋軍屢屢作戰勝利，中原收復希望大增的時刻，忽然說要議和，而且是在這麼屈辱的前提之下接受議和，頓時輿論譁然，群情激憤，不論朝野，紛紛上書攻擊秦檜與他身邊的一幫人，禮部侍郎曾開當面質問秦檜：「皇上以聖德登大位，閣下應當致力富國強兵，怎麼可以接受這種屈辱的條件？」

秦檜冷笑一聲沒搭理他，第二天曾開就遭到罷免。

樞密院編修官胡詮上奏表一份，措辭激烈，大罵秦檜等人是一群小人，請求宋高宗將秦檜等人斬首示眾，以謝天下。

沒過多久，胡詮就遭到流放。

反對聲浪暫時被壓制住，和議便在紹興九年正月達成，宋朝向金朝稱臣，每年納銀廿五萬兩，絹廿五萬匹，金朝同意將河南、陝西歸還宋朝，同時送還已經在北方亡故的宋徽宗靈柩和宋高宗的生母韋氏。至於仍在人世的宋欽宗，金人本來也想放行，宋高宗卻不大想讓自己的兄長回來，以免和自己產生權力衝突，因此對外宣稱金人不肯放欽宗返回。

和議大功告成，宋高宗為了籠絡天下人心，宣佈大赦天下，那時岳飛屢立戰功，很受寵信，宋高宗拜他為太尉。當朝廷封賞的詔書送到岳飛駐紮的鄂州（今湖北武漢）之時，岳飛命幕僚寫了一封謝表，上書給宋高宗：「金人絕不可信，和好絕不可恃，相臣謀國不臧，恐為後世之譏。」

後來宋高宗又對岳飛加官進爵，賞開府儀同三司，岳飛又上書表示不願接受：「今日之事，不值得高興，當覺得憂心！應該要訓令士兵謹慎備戰，而不該論功行賞，徒然讓敵人笑話！」

他的這種態度，多少觸怒了宋高宗和秦檜，也為將來的悲劇埋下種子，然而，岳飛的想法很快就得到印證，南宋派往金朝接收土地的使者王倫抵達汴京之時，忽然遭到扣留，和議突然全面遭到推翻，金兵再度大舉入寇。

原來這年年初，金朝內部爆發一場政變，撻懶被主戰派的兀朮殺死，兀朮掌握全國軍政大權，要脅金熙宗推翻對宋和議，並把各部兵力調往祁州的元帥府（今河北安國縣），準備消滅宋朝。

紹興十年，公元一一四〇年，金兀朮大舉南征，命令大將撒離喝從河中進攻陝西，聶黎孛堇進攻山東，他自己親帥精兵十萬聯合群盜孔彥舟、李成從黎陽渡河，準備從汴京南下。

兀朮並沒有想到，此時的宋兵已非昔日吳下阿蒙，久經陣仗的他們，培養出許多能征善戰的將領，首先他就遇上了西北出身的名將劉錡。

劉錡授命爲東京副留守，那時正在趕往汴京的路上，聽說金人撕毀盟約，兀朮大軍南下，就在順昌（今安徽阜陽）訓令軍民備戰，兀朮前鋒一到，劉錡就率領死士五百人，偷襲金營，殺敵無數，等兀朮本陣到來，劉錡又送去了措辭嚴厲的挑戰書。

兀朮看見順昌城窄小殘破，十分輕視，看完挑戰書，更是怒不可遏，說道：「以我們的鐵騎，要踏平順昌，比捏死一隻小蟲還要容易，這劉錡竟敢向我挑戰？」隨即揮軍渡河，打算一舉殲滅劉錡。

想不到劉錡已在河水下毒，當時天氣炎熱，金兵渡河之時少不了喝一點水，結果士兵馬匹有許多都中了毒，到了會戰之時，兀朮以號稱「拐子馬」、「鐵浮圖」的重裝騎兵對著宋營衝殺，劉錡則用長槍戰斧迎擊，竟將金兵殺得大敗，兀朮精銳損傷過半，只好下令退回汴京。

金兀朮與劉錡作戰之時，宋高宗連忙下令岳飛領軍馳援，在詔書上說：「設施之方，一以委卿，朕不遙度……」將全國一半以上的兵力交給岳飛全權調度，岳飛得到命令，便派遣部將王貴、牛皋、董先、楊再興等人分頭前進，另與河北義軍首領梁興聯絡，請他率領義軍在河東、河北包抄敵人後方，岳飛自己則坐鎮在郾城（今河南偃城）指揮。

沒過多久，各路人馬紛紛告捷，先後收復潁昌（今河南許昌東）、陳州（今河南淮陽）和鄭州等地，中原大震。

兀朮在汴京聽到岳飛進兵，驚慌萬分，召集部下共同商量對策，眾人議論紛紛，都說宋朝其他的將師還好對付，只有岳家軍最為強悍，但是岳家軍既然來了，那也只好集中全力硬拚。兀朮嘆道：「別說岳家軍了，就連先前的劉錡，都讓我敗得如此難看！」還沒出兵就先洩了氣，但他還是整頓兵馬，率領諸路將領進攻郾城。

兩軍擺開陣勢，岳飛派長子岳雲率領精銳騎兵擔任先鋒，出陣之前對岳雲說道：「此次出戰，必須得勝而回，如果失敗，就先砍你的腦袋！」

岳雲得令，領兵衝上前去奮勇拚殺，鏖戰數十回合，金兵慘敗。

兀朮敗了一陣，再度使用拐子馬進攻，這是他向來引以自豪的戰術，雖說先前才遭劉錡所破，但他總認為那是巧合，仍對拐子馬深具信心。

岳飛一眼就看出拐子馬的弱點，命令將士上陣時，攜帶麻札刀，不許仰視，等敵人衝來，低身專砍馬腳。拐子馬是三馬並行，一馬砍倒，另外兩匹馬也不能動了，金兵跌下馬來，宋兵刀斧順手而上，如切瓜割草。

兀術聽到這消息，傷心得哭了起來，說道：「自從起兵以來，拐子馬打遍天下無敵手，這下子全完了。」但他不肯認輸，過了幾天，又率領十二萬大軍進攻。

岳飛部將楊再興領著三百騎兵在前哨巡視，見到金兵殺來，無暇回報，立即投入戰鬥，殺傷敵人兩千多人，楊再興也中箭犧牲。

宋將張憲從後面趕上，殺散金兵，兀朮才倉皇撤退，這就是岳飛生平最爲著名的「偃城之捷」。

「撼山易，撼岳家軍難！」兀朮在郾城失敗，灰心喪志地退回汴京，又聽說河北各州郡被梁興打下，後路遭到切斷，萬分恐慌，乃將金銀珠寶盡數運往北方，打算放棄中原。而岳家軍乘勝追擊，一直打到距離汴京只有四十五里的朱仙鎮，又把金兵擊敗一次，兵鋒直指汴京。

河北的義軍聽到岳家軍大勝，歡欣鼓舞，渡過黃河前來會師，百姓用牛車拉著糧食清水慰勞王師，個個興奮得直流眼淚，許多金軍之中的漢將也紛紛率眾反正，兀朮想要調動當地軍隊，竟然號令不行。岳飛眼見形勢大好，難掩興奮，鼓勵部將們說道：「收復中原，在此一戰，待得直搗黃龍，再與各位弟兄痛飲一番！」

兀朮眼看在汴京待不下去，決定撤退，當他帶著大軍離開的時候，有個書生攔住他的馬，對他說道：「大王別急著走，岳元帥馬上就會撤兵，汴京一定不會有事。」

兀朮奇道：「那岳飛僅用幾百人就能打敗我十萬大軍，此地百姓日夜盼望他們過來，汴京焉能得守？」

書生答道：「朝中權臣在位，大將如何立功？依我看，岳元帥性命難保，更別說攻打汴京了？」

兀朮恍然大悟，馬上撥轉馬頭，帶兵返回汴京，繼續與岳飛對峙。

果然不久之後，局勢就發生變化。

岳飛正打算發動攻擊，突然接到朝廷送來的詔令，要他即刻撤軍，覺得莫名其妙，派人送奏章給宋高宗：「金兵銳氣已失，丟盔棄甲，渡河疾走，我軍士氣高漲，豪傑來歸，勝利就在眼前，時機不能錯過。」請求高宗收回成命，允許他繼續進軍。

在臨安，秦檜先看到這份奏章，寫了幾份命令，調回後援大將的人馬，然後對高宗說道：「岳飛的軍隊在中原已經成爲孤軍，不能再留，請皇上再次下令岳飛班師。」

在朱仙鎮，岳飛還在等待出兵的命令，想不到竟然等到了一面催促撤兵的「金字牌」，這種金字牌乃是朱漆木造，上面烙著金字，用特快傳驛，一日可行五百里。

岳飛手裡握著金字牌，正在猶豫，竟然加急快馬又送來一面，一日之間，竟然送來了十二道金牌，岳飛見狀，情知宋高宗的心意已決，氣憤得淚流滿面，對著將領們說道：「十年之功，廢於一旦！」

大軍將從朱仙鎮退兵的消息一傳出去，附近百姓震驚萬分，紛紛聚集在營帳之前，他們攔住岳飛的馬，哭泣道：「我們簞食壺漿，迎接王師，這些事情金人都看見了，現在元帥要回去，我們只有死路一條啊！」

岳飛也禁不住淚流滿面，命左右兵士拿出皇帝詔書出示大眾道：「朝廷以十二面金牌促我返回，我豈能擅自作主，抗命駐守於此？」

百姓們見留不住岳飛，放聲痛哭，隊伍中的士兵也感到心酸，掩面哭泣，整個朱仙鎮響起一片哭聲，岳飛心中不忍，宣佈暫緩五天撤兵，讓願意跟隨他們的百姓一起走。

五天後，岳家軍開始拔營撤退，當地百姓成群結隊隨軍南遷，岳飛奏請朝廷，把這些百姓安置在漢水上游的六郡，屯田墾荒。

兀朮聽說岳家軍已走，重整旗鼓，向南進攻，本來被岳飛收復的河南許多州縣，再度淪陷。這是紹興十年七月間的事。

紹興議和

秦檜和宋高宗決心向金朝求和，他們擔心岳飛、韓世忠等人阻撓，便把他們召回臨安，任韓世忠爲樞密使，岳飛爲樞密副使，名義上是提升爲中央官員，實際上是解除他們的兵權。

而金兀朮遭到了慘重的打擊，也不再堅持伐宋，態度轉變爲傾向和談，據說兀朮曾經秘密派遣使者前去和秦檜會商，對他說道：「你如果眞有和談的誠意，就該殺掉岳飛，不然岳飛整天嚷著要恢復中原，這對我大金也是一大威脅。」

秦檜分析利害，同意兀朮的意見，他明確地知道皇帝想要和談，只是礙於那些在外頭建功殺敵的將領極力反對，才不好意思眞正表態，沒錯，岳飛非殺不可，皇帝不願意背負濫殺大臣的罪名，那這個罪名就由他來擔當！

要陷害一個人，最好的辦法就是「誣以謀反」，秦檜與將領張俊串通好，密告岳飛的部下張憲想要把兵權還給岳飛，擁岳飛抗命。

這個張俊和西北的張浚不是同一個人，爲人十分陰毒，張憲那時候暫時接替岳飛統領著岳家軍，還不知道怎麼回事，就被張俊逮捕，隨後張俊自己編寫了張憲的「供辭」，指稱岳雲曾有手書致張憲，討論兵權歸還的問題，於是秦檜便將張憲收押在臨安大理寺，又派人逮捕了岳飛岳雲父子。

張憲在大理寺大獄之中，遭到嚴刑拷打，寧死不肯出賣岳飛，而當使者去逮捕岳飛的時候，岳飛笑著對使者說道：「皇天后土，可表我清白之心。」坦然就捕。

審問岳飛的是萬俟卨，他與岳飛素有嫌隙，手裡拿著誣告狀，放在岳飛面前，喝道：「朝廷哪裡虧待你們？你們竟敢謀反！」

岳飛道：「我無愧於心，從未做出對不起朝廷的事，你們典掌國法，豈能誣陷忠良？」一旁官員七嘴八舌地附和著萬俟卨，硬說岳飛想謀反，卻又找不到更有力的證據。岳飛知道這些人都是秦檜同黨，辯解毫無用處，長嘆一聲道：「如今落於奸賊之手，雖有一片忠心，也無處申冤。」

秦檜又派御史中丞何鑄審問，同樣的老話：「你爲什麼要謀反？」岳飛一言不發，扯開上衣，只見背上刺著「盡忠報國」四個大字，深入肌理。

何鑄一看，彷彿一把鎚子重擊在心頭，天良發現，只好向秦檜照實回報：「我反覆的審查卷宗，實在找不出岳飛謀反的罪狀，依我看，他沒有罪啊！」

秦檜發現何鑄開始同情岳飛，不再讓他審問，又叫萬俟卨羅織罪狀，萬俟卨一口咬定岳雲曾經寫信給張憲，佈置奪軍謀反的計畫，找不到物證，就說原件已被張憲燒毀。

萬俟卨反覆拷問岳飛岳雲與張憲，他們受盡酷刑，什麼都不承認。岳飛在寫供辭的紙上只寫下八個大字：「天日昭昭，天日昭昭。」

這個案件拖了兩個月，毫無結果，朝廷官員都知道岳飛冤枉，很多人上書替岳飛申冤，結果宋高宗只是裝傻。

老將韓世忠忍不住親自去找秦檜，當面責問他憑什麼誣陷岳飛謀反，「你拿不出證據，就不能陷害忠良！」

秦檜冷冷地說道：「岳雲寫給張憲的信，雖然沒有證據，但是其事莫須有。」

韓世忠氣憤地道：「莫須有三字，怎能叫天下人心服！」反覆力爭，沒有結果，心灰意冷之下，上表辭官，回家休養，從此再也不談兵事。

後來，岳雲、張憲被斬首示眾，岳飛就被害死在監獄之中，享年三十九歲，一代將星就此隕落。

就在韓世忠罷官、岳飛遇害的同時，南北之間的和議，也十分「順利」的完成了。

宋紹興十一年年底，金熙宗皇統元年，公元一一四一年底，紹興和議簽訂，內容規定：宋朝向金朝稱臣，金主冊封宋主為皇帝，宋朝每年進貢金廿五萬兩，絹廿五萬匹；兩國之間東以淮水，西以大散關為界，宋朝割讓東方的唐、鄧二州，以及陝西的一半；金朝歸還宋徽宗靈柩以及宋高宗生母。

宋高宗在臨安城迎接韋太后，母子二人十餘年未曾相見，如今生死重逢，喜極而泣，而這些，都是宰相秦檜的功勞，於是宋高宗加封秦檜為太師、魏國公，榮寵集於一身。

秦檜為了取悅金人，命人把紹興議和的事，寫成一篇文章，傳遍天下，這篇文章北方人也看到了，讀過的人都忍不住流下眼淚。

這次和議，對宋朝來說無疑是十分屈辱的，但是也讓宋金之間維持了長達二十年的和平，宋朝因此得以休養生息，因此很難論斷它的得失。

秦檜在此之後繼續把持國政長達十五年之久，他的權力也大到宋朝相權史無前例的程度，這段時間裡，他勸宋高宗立太學，偃武修文，修建皇宮太廟，鼓勵天下獻祥瑞，麻痺宋高宗的意志，禁止任何的反金思想，只要有人表示一點點悲憤的心思讓他知道，就會遭到他的迫害。

他有才能，讓江南的生產力迅速恢復，人口增加，經濟繁榮，但他沒有道德，迫害異己，陷害忠良，憎恨他的人遠比欽佩他的人多，就連宋高宗也對他頗有猜忌，只是礙於金人的面子，不便將他罷免，還稱呼他爲「國之司命」，替他的畫像題跋，還替他的私人宅邸題寫匾額。

紹興二十年，有個士兵名叫施全，身懷利刃，在秦檜上朝的路上埋伏，行刺秦檜，但是沒有成功，被逮捕下獄，由秦檜親自審問，施全朗聲說道：「天下之人都想要和金人作戰，只有你不肯，所以我就要把你給殺了！」

從此之後，秦檜深感恐懼，出入府邸總要有五十名士兵手持長槍保護。

主戰派的趙鼎曾經與秦檜同爲宰相，後來受到秦檜陷害而被流放，秦檜仍然對他怨恨不已，趙鼎對他的兒子趙汾說道：「秦檜非要殺我不可，我假如死了，你們就沒什麼好怕了，我不死，遲早會連累你們！」於是絕食身亡。

趙鼎死了，秦檜仍不甘心，還想要陷害趙汾，羅織了一大堆的罪狀，附會到趙汾以及所有與他有仇的人身上，當時秦檜身體已經很不好，正要行動之時，秦檜突然生病，一命嗚呼。

一直到死前，秦檜都還展現著一個大奸大惡之人該有的陰險與毒辣。

采石之戰

紹興和議之後，宋金雙方有二十年沒有發生戰爭，「偏安」的目的眞的達到了，宋高宗十分滿意，在臨安修築起豪華的宮殿府第，紙醉金迷，整日享樂，從來沒有想過應該要收復失地。

北方的金朝，雖然武力強大，文化卻低落，崛起不到二十年，就從一群部落裡的野蠻人，變成雄據東亞的大帝國，因此他們至今仍保留不少部落時代的習性，例如金熙宗本人，雖說讀了不少論語孟子之類的中國書籍，骨子裡那種殘忍性格仍然改變不了，只要喝醉酒，就會揮刀亂砍，宗室之中太祖太宗的子孫，幾乎被他屠殺殆盡。

金太祖的庶長孫完顏迪古乃，有個漢名叫做完顏亮，喜歡讀書而有權謀，金熙宗皇統九年，公元一一四九年，完顏亮以右丞相兼都元帥，太保領三省事，權力很大。

完顏亮和猛安（千戶長）蕭裕是好朋友，他們經常在一起談論天下大事，蕭裕對完顏亮說道：「皇帝無道，你如今手握重權，應該要舉大事才對。」

剛好那時左丞相唐括辯與右丞相秉德在朝堂之上，惹了金熙宗生氣，被當眾痛打一頓，心中怨恨萬分，就與完顏亮等人密謀，勾結宮裡的太監當內應，趁著黑夜打開皇宮大門，一群人衝進宮中，殺了金熙宗。

他們共同擁立完顏亮爲帝，改元天德，這場政變稱之爲「金亮之變」。

但他們沒想到這個皇帝比金熙宗還要殘暴，金太宗的子孫七十多人，粘沒喝的子孫三十多人遭到殺害，大臣從丞相以下，只要稍有不合上意，就會招來殺身之禍。

完顏亮的野心很大，夢想著南滅宋朝，東滅高麗，西滅西夏，統一宇內，下令把金朝的都城從上京遷到燕京，還把汴京立爲五京之一，招兵養馬，一心想發動戰爭。

有一次朝會之時，他對大臣們說道：「朕作了一個夢，天帝命朕發兵討伐宋朝，不知道是什麼徵兆？朕想遷都汴京，不知道能不能上應天象。」

日有所思，夜有所夢，湊趣的大臣都說是個好兆頭，紛紛祝賀，也有人大肆渲染江南如何富庶，金銀珠寶堆積如山等等，完顏亮聽了高興，就把發兵南侵的事決定下來。

金朝準備發兵的風聲，傳到臨安，有些官員要朝廷早作準備，反而被宋高宗怒斥：「不要造謠生事！朝廷對待金人如此優厚，他們能有什麼藉口？」

紹興三十年，公元一一六〇年，金朝派使臣施宜生到臨安，大臣張燾負責接待，施宜生是福建人，身在金朝，心向南宋，但是旁邊有其他金朝的官員，不能明言，只能暗示：「今天北風颳得眞強！」又拿起几案上的筆，裝模作樣地說道：「筆來，筆來！」

張燾得到暗示，連忙把金兵要大舉南下的消息告訴宋高宗，但是宋高宗只把張燾的話當成馬耳東風，只認爲那些拍馬屁的大臣口中所說：「金朝十分恭順」的說法才是事實。

第二年是金朝正隆六年，完顏亮大修戰備，徵調各路各族壯丁，遷都汴京，發動全國六十萬兵力，組成三十二個軍，號稱百萬大軍，聲勢浩大，鉦鼓之聲不絕，鋪天蓋地向南進發。出發之前，完顏亮趾高氣揚對將領們道：「從前粱王兀朮進攻宋朝，曠日廢時，毫無結果，此次出征，少則一月，多則百日，必當踏平江南。」

金人以傾國之師，雷霆萬鈞之勢狂掃而來，宋朝全無準備，安穩了二十多年，也沒有培養出什麼將領，能用的都是一些老面孔：吳璘、劉錡、張浚，宋高宗慌忙之中，只好趕緊起用他們，負起抵禦的責任，吳璘防禦關西，劉錡防禦江淮。

完顏亮大軍逼近淮河北岸，江淮浙西制置使劉錡正在生病，派遣將領王權進駐廬州，王權毫無鬥志，不戰而退，逃到采石（今安徽馬鞍山）才停下來，而金兵正好大舉渡江。

宋高宗聽到王權兵敗，害怕得又想要渡海逃跑，幸虧當時新任宰相陳康伯堅決勸阻，才讓宋高宗回心轉意。宋高宗道：「如果不逃，就只有打了，你們替朕擬一份詔書，說朕打算御駕親征……」葉義問！」他對知樞密院事葉義問說道：「你先替朕跑一趟，就說朕將親自前往，穩住江淮士兵的人心。」

葉義問掌管天下兵馬大權的樞密院，竟然絲毫沒有軍事常識，有人向他報告：「金兵又添生力軍！」他竟然問：「什麼是生力軍？」因而被人嘲笑。當他到了鎮江，居然命令江邊居民沿著岸邊插上樹枝，做成籬笆，以爲這樣可以抵擋金兵的進攻。

這樣的人物當然沒辦法起什麼作用，幸虧中書舍人參贊軍事虞允文稍懂兵法，爲人又十分勇敢，他奉命前往采石，慰勞采石的宋軍將士，並且宣布朝廷將以大將李顯忠接替王權的職位。

虞允文到了距離采石不遠的地方，只見宋軍兵士三三兩兩、垂頭喪氣地坐在路邊，把馬鞍和盔甲丟在一旁，一問之下才知王權已經自行離去，接替職務的李顯忠卻還沒到，宋軍無人領導，人心惶惶，秩序混亂。

對岸的金兵正在作渡江的準備，虞允文也急了，詢問那些散落的士兵們道：「金兵渡江在即，你們怎麼還在這裡發楞？」

兵士們抬頭一看，看見來了一個一個文官，沒好氣地道：「將軍都跑了，我們小兵打什麼仗？」

虞允文對這種情況十分訝異，他覺得等李顯忠已經來不及了，就立刻召集宋軍將士，對他們說道：「我奉朝廷之命前來勞軍，現在情況緊急，請你們隨我殺敵，只要爲國立功，我一定奏報朝廷，論功行賞！」

士兵們看見虞允文跳出來作主，如同漂流海上抓到一塊浮木，精神抖擻起來，紛紛說道：「金兵長年荼毒我們，我們那個不想抵抗？既然您肯作主，我們願意拚死作戰。」

有個跟隨虞允文一起去的官員悄悄說道：「朝廷派您來勞軍，又不是要您督戰。事情都是他們辦砸的，您何必攬在身上呢？」

虞允文氣憤地說道：「這算什麼話！我身爲朝廷官員，如果金兵渡江，國家就岌岌可危，我也逃不了，現在的局面是有進無退，失敗了就會死，與其逃跑回去等死，不如抵抗而死。」他是一介書生，從來沒有指揮部隊的經驗，全憑著這股氣勢，居然成爲一軍統帥。

他依著自己對兵法的些微理解，命令步兵、騎兵排列陣勢，又把江面的宋軍水師分爲五隊，一隊在江中，兩隊分列兩岸待命，剩下兩隊隱藏在港灣之中充爲奇兵。

佈置方定，金兵已經渡江，完顏亮親自指揮，數百艘金軍舟船迎著江風，滿載著士兵向南岸駛來，宋軍水師的指揮官看見這陣仗，不敢出擊，不多時，金兵已經陸續上岸。

虞允文發出命令，讓步軍統制時俊率領步兵，對著搶灘而上的金兵發動進攻。沒多久虞允文騎馬前來督戰，看見時俊站在隊伍後面指揮，於是拍著他的肩膀說道：「將軍膽略過人，我早有耳聞，如今能否鼓起勇氣，身先士卒？站在隊伍後面的話，只怕有點……」

時俊聞言，揮舞著雙刀，帶頭衝向敵陣，兵士們看見統帥如此英勇，士氣高漲，奮勇衝殺。金兵進軍以來，從沒有遭到過抵抗，遇見這種突如其來的勁敵，竟慌了手腳，轉眼間就有四五千人戰死。江面上的宋軍船艦，也向金軍的大船進攻，宋軍的戰船雖小，但是很堅實，金軍的渡船雖然龐大，卻都是臨時拆卸百姓房屋建造而成的平底船，吃水不深，行駛不穩，被宋船一撞，紛紛沉沒，金軍一半淹死，一半還在水中掙扎。

天色漸暗，江面上的鏖戰尚未停歇，又有一批從光州（今河南潢州）逃散而至的宋兵抵達采石，虞允文將他們重新整頓，發給他們戰旗軍鼓，命他們繞到山後搖動旗幟，敲鼓吶喊再繞到江邊來。

江邊的金兵聽到南岸鼓聲震天，看到山後無數旗幟晃動，以爲宋軍大批援兵到來，心中恐懼，紛紛逃命，盧允文下令追擊，又將一大群的金兵砍死在南岸，逃回北岸的不到一半。

這場意料之外的慘敗，令完顏亮暴跳如雷，屋漏偏逢連夜雨，這時候竟然傳來消息，說金朝後方發生政變，那些對他不滿的大臣，聯合許多逃亡的將士，在遼陽擁立金太祖之孫，訛里朵之子完顏烏祿爲帝，改元大定，是爲金世宗，宣布撤銷完顏亮的帝位，廢爲海陵王。

完顏亮領兵在南方，不能說退就退，把怒氣全發洩在兵士身上，下令將逃亡的士兵全部殺死。第二天凌晨時分，又派大軍再次渡江，虞允文指揮兩隊戰船夾擊，對著金兵發射「霹靂砲」，那是一種夾帶著石灰與火藥的砲彈，用投石機甩向敵陣，火藥爆炸，石灰遇水則會產生高溫，灼傷金兵的眼睛，戰況十分慘烈。

金兵嘗到虞允文的厲害，沒心思繼續作戰，三百艘大船被宋軍水師圍困在江心，宋軍放起一把火，把敵船全燒了，完顏亮在采石渡江不成，反而損兵折將，既驚且怒，又殺了一批作戰不力的士兵之後，移兵揚州，準備從當地的瓜洲渡口渡江。

采石之戰大捷，盧允文一戰成名，主將李顯忠領兵趕到之後，瞭解了作戰的情況，對盧允文萬分欽佩。虞允文道：「敵人在采石敗兵而去，一定會從揚州渡江！對岸鎮江毫無防備，情況危急，請將軍您留守於此，我帶兵馬前去察看。」

李顯忠馬上撥給虞允文一萬六千兵馬，戰船百艘，火速開赴鎮江。

鎮江乃是老將劉錡駐守之地，當時劉錡已經病得不能下床，見到虞允文，緊緊拉著他的手說道：「國家養兵三十年，未建寸縷之功，想不到如今立下大功的，竟是一位書生，我們這些當將軍的，實在太慚愧了啊。」

虞允文安慰他一番，回到軍營，命令水軍在江邊操練備戰，宋軍的海鰍船，上有踏板，由兵士踩踏前進，有點類似今日風景區的遊湖小船，他們在江邊金山周圍巡邏，速度很快，操縱靈便。

北岸的金兵看了，十分吃驚，趕快報告完顏亮：「宋軍水師船艦在江中行走如飛，我們如果硬要渡江，只怕不是對手。」

完顏亮聞言大怒，把回報的士兵重責一頓，這時候，金兵士氣消沉，害怕作戰，有些將領兵卒私下商量，打算逃走，完顏亮發現後，下令道：「士兵有人逃亡，殺死將領；將領有人逃亡，殺死主將！明日全軍渡江，畏縮不前者，一律處死。」

面對這樣殘酷的軍令，金兵將士再也忍受不住，這時候已有不少人風聞遼陽方面另立新天子的事情，「如今進也是死，退也是死，不如剷除暴君，與宋朝通和，也許還有生還的希望。」他們沒等完顏亮發出渡江命令，當天夜裡，便衝進完顏亮的營帳之中，把他殺死，改由浙西都統制耶律元宜擔任大都督，領軍撤退。

金兵一退，宋兵展開全面反攻，金軍南下攻取的州郡，轉眼之間全部收復，金朝成立的新政府，正面臨著內部的政治危機，也無暇繼續進行討伐南宋的計畫，於是兩國之間，和談的契機再度出現。

和與戰

皇帝，是公元前二二一年，秦始皇嬴政創造的名詞，人世之間最高權力的象徵，普天之下萬事萬物的擁有者。

後來這個名詞的意涵出現了變化，不見得能夠擁有普天之下的萬事萬物，也不一定是全天下唯一的一人，但是至高無上的權力，總是能讓坐在這個位子上的人，如飲醇酒如沐春風，戀棧著不肯下來，直到權力的消失或是生命的結束。

五代十國有個石敬瑭，曾經向另一個政權自稱「兒皇帝」，但他終究是個皇帝，誰無父母呢？就算是皇帝，有個父親也無不可，即使不是親生的。

宋高宗這個皇帝不一樣，在紹興和約裡，他向另一個種族建立的金朝稱了臣，讓他的「天下」成為金國的藩屬，這種事情歷史上不是沒有發生過，但是在以正統自詡的朝代裡，倒是破天荒頭一遭。

自稱是兒子，輩份上小了一截，對皇帝的尊嚴自然有損，可是，自稱是臣子，除了尊嚴上的損失之外，更有實質上的傷害。兒子不聽話，可以看成是調皮搗蛋，打一頓屁股就成了；臣子不聽話，那是不忠、叛逆的大罪，輕則絞刑、斬首，重則五馬分屍、凌遲處死。

紹興三十二年，公元一一六二年，五十五歲的宋高宗已經當了三十六年的皇帝，回想起這三十六年，顛沛流離，戎馬半生，到後來又對金朝皇帝稱了臣，雖說享受了和平，也享受了一個皇帝該有的奢華，但在宋高宗的心裡，總覺得這個皇帝當起來沒什麼樂趣。

金朝皇帝並沒有把他抓去凌遲，但在稱臣之後，理論上兩國皇帝見面，他這個九五至尊是要向金朝皇帝下跪拜見的，這種情形實際上沒有發生過，但在宋高宗的夢境裡，卻反覆地上演。下跪的皇帝，算是怎麼回事呢？宋高宗看著自己的寶座，感覺像猴舔蒜罈子，越咂摸越不是滋味。

更重要的原因是宋高宗沒有親生的兒子。雖說他的後宮嬪妃不少，可是他登基那年生下唯一的兒子，竟然只活到三歲就病死了，此後數十年不是倉皇逃命，就是處理朝政，最近雖說比較輕鬆了，但要他再生兒子，卻也是有心無力。

太子死去，皇儲無人，儲君不立，朝野不安。那時南宋剛剛成立，風雨飄搖，實在不能再承受任何的不穩定因素，宰相范宗尹向宋高宗提起這個問題，宋高宗也點頭同意，他道：「想當初仁宗皇帝也無子嗣，乃立其姪爲皇儲，朕如今也當效法，以慰祖先在天之靈。」

這時候忽然有人提出一個意見：「我朝乃太祖皇帝所建，陛下選擇儲君，是不是從太祖皇帝的後裔當中挑選比較好？」

這個意見引起宋高宗的重視，原來自從宋太祖趙匡胤傳位給弟弟宋太宗趙光義以後，宋朝的皇帝，都是太宗的子子孫孫，宋太祖這一系血脈，反而沒落了下去。「太祖皇帝神威英武，取得天下，如今子孫零落，實在令人憐憫哪！」

此語一出，群臣紛紛上奏，請求立太祖後裔爲太子，這是紹興二年的事，當時金朝的攻勢稍減，岳飛、韓世忠還忙著剿滅江淮群盜，臨安的小朝廷便展開了一次熱熱鬧鬧的選儲。

論輩份，該爲皇儲的太祖後裔，是「伯」字輩的子孫，四下尋訪，竟然找到了一千六百四十五人，從這些人當中一一篩選，選出了兩名七歲以下的孩童，帶往宋高宗跟前，讓他欽點，兩名孩童一胖一瘦，宋高宗先看上了胖的那個，覺得他方頭大耳，很有福相，就賞給瘦的那名孩童幾百兩銀子，讓他回家。

正在這時，忽然有一隻小貓從兩個小孩身旁經過，瘦的小孩佇立不動，胖小孩一腳就把那隻貓給踹跑了，宋高宗皺眉道：「這貓兒又不咬人，幹嘛要踢牠？如此輕狂的孩兒，將來難當大任！」於是決定留下瘦的小孩，安排他在宮中居住，細心培養。

這名瘦小孩叫做趙伯琮，是宋太祖四子勤王趙德芳的六世孫，天資聰穎，讀書識字都學得很快，甚得宋高宗喜愛，將他當作親生兒子看待。

到了紹興三十二年，這個小孩已經長成一個三十六歲的壯年，而宋高宗也不想戀棧這個令他耗費半生的皇帝寶座，就在這年六月下詔，將趙伯琮改名趙昚，傳位給他，自己當了太上皇，而這位新上任的皇帝，就是將來的宋孝宗。

宋高宗禪位宋孝宗，似乎表示自己長年以來主和心態的轉變，早在宋孝宗還是太子的時候，在和談與征戰的問題上，就經常與宋高宗意見相左。

紹興三十二年的局面，對宋朝而言是有利的，盧允文采石大捷，讓金主完顏亮一敗塗地，最後連回都回不去，遠在遼陽成立的新朝廷，局面還不明朗，金軍如退潮一般向北撤退，臨安朝廷當中，恢復中原的聲浪也隨之而起。

宋高宗選在這個時間退位，一方面眞的是因爲倦勤，另一方面認爲或許恢復中原仍有希望，又不願意得罪金人，這才把皇位讓給向來主戰的宋孝宗。

宋孝宗一登上皇位，便宣布替岳飛父子翻案，洗雪了一代忠臣的冤屈，同時把主戰派的代表人物張浚、胡詮等人一一召回，表示了銳意抗金的決心，張浚那時已是六十多歲的老先生了，宋孝宗對他十分敬重，任命他爲樞密使，都督江淮東西兩路軍馬，授以魏國公，並在建康開府。

張浚晉見宋孝宗，建議天子幸駕建康，以爲北進之計，尙書右僕射史浩在一旁猛搖頭，於是宋孝宗詢問他的意見，史浩說道：「先採取守勢，加強練兵備戰，方爲上策，是戰是和，主導權在金不在我，如果聽信淺謀之士，派了一群沒有訓練過的士兵大舉北上，運氣好的話，金兵退了，將領就會邀功，金兵如果來了，就收兵逃竄，這樣出兵，只是基於一時義憤，讓子弟兵前去送死，將會受到後世唾罵！」

張浚皺起眉頭，進言道：「史浩所言，似是而非，如今金兵士氣頹喪，正是我軍大舉反擊的好時機，就算我朝不伐金，等到秋天馬肥之時，金兵必然又要前來攻打，兵法有云，先發制人，大好時機，萬萬不可喪失啊！」

宋孝宗接受張浚的意見，派遣李顯忠、邵宏淵領兵渡過淮河，張浚坐鎮揚州指揮，前去攻打金人郡縣，他們進兵神速，很快打下了靈璧（今安徽靈璧）、虹縣（今安徽泗縣），金兵來攻，又被李顯忠擊敗，連續追擊二十里，順勢打下淮北重鎮宿州（今安徽宿縣）。

捷報傳來，宋孝宗高興地說道：「這眞是十年以來未曾有過的勝利啊！」

這並不算什麼重大的勝利，卻對士氣的振作有很大的幫助，因此宋孝宗破格提拔李顯忠爲使相，更授與邵宏淵爲節度使，小功大賞，期望能抛磚引玉，讓他們立下更大的功勞。

可惜邵宏淵與李顯忠兩人頗有心結，他們從以前就互看不順眼，這次共同領兵出征，摩擦更多，邵宏淵看見李顯忠建功，酸溜溜的說道：「這樣的仗能叫勝仗嗎？打落水狗而已！」他的部下犯罪，被李顯忠抓去，並不送還，就地處斬，於是兩人更加不合。

不久之後，金世宗派遣大將僕散忠義進軍汴京指揮，紇石烈志寧爲副元帥領兵作戰，紇石烈志寧帶著十萬大軍反攻宿州，他們兵臨宿州治所符離城下，聲勢浩大。

李顯忠獨力作戰，請邵宏淵支援，邵宏淵竟然按兵不動，底下的士兵看見敵人數量眾多，感到害怕，接連有人逃亡，李顯忠獨木難撐大局，只好連夜撤退，拱手奉上符離城。

宿州一丟，南宋打下的淮北州縣又回到金人的統治之下，北伐以失敗收場。

南宋朝廷裡有一種不良風氣，那就是主和派與主戰派之間的拉扯，他們如同北宋的新黨舊黨，相互攻訐，指責對方是奸臣是漢奸，如果和議不成，主戰派就會痛罵對方賣國求榮，不惜媚外以求苟安；如果戰爭失敗，主和派就會攻擊對方利慾薰心，爲了邀功不顧士兵死活！他們永遠這樣罵來罵去，從來不曾正視國家的利益，共同努力，結果只會讓國家政局越來越糟糕。

這場符離之敗其實並沒有敗得多慘，卻立刻成爲政治議題，主和派們紛紛說道：「我早就說過了，不該自不量力去打金人，現在可好，又要耗費多少精神去和金人談判了！」

「那個張浚，向來是個言過其實的傢伙，從前他在陝西的時候，丟掉了多少土地啊？皇上居然會相信他，眞是笑死人。」

撻伐的聲浪滾滾而來，連身爲皇帝的宋孝宗都難以遏止，退居幕後的太上皇也暗中發揮影響力，操縱輿論的進行，宋孝宗只好貶逐張浚、李顯忠等人，起用議和派的湯思退爲宰相兼樞密使，還下詔罪己：「朕的眼光不足以見萬里之情，朕的才智不足以愼選三軍統帥，致使號令失宜，進退無當，遂有此次失敗……」

宋孝宗終於能夠體會，爲什麼叔父不願意當這樣的皇帝，而要把地位讓給他了。

湯思退是紹興十五年的博學宏詞科出身，依附著秦檜而官運亨通，秦檜死後當過宰相，這是他第二次登上相位，乃效法他的恩人，致力於和議的進行。

金朝的新任君主金世宗在政變之中被擁立，他的當務之急乃是內部的安定，並非對外的爭伐，因此當他派出僕散忠義領軍出征之時，就曾經告訴他：「只要宋朝願意恢復熙宗皇帝時的疆界和條件，你便可與他們罷兵言和。」

僕散忠義的態度很高，接見宋朝使者時，總是堅持己見，他要求宋朝割讓唐、鄧、海、泗等州，這是海陵王完顏亮兵敗撤退時，宋朝順勢佔領的地區，除此之外還要求宋朝把金的叛臣與投降的將領士兵全部歸還。

朝廷得悉金人的條件，認為實在太苛，於是一番激烈的爭論再次展開，張浚、盧允文、胡詮等人上書力爭，絕對不可以接受這樣屈辱的條件，張浚甚至痛罵湯思退：「這個傢伙根本就是秦檜奸黨，接受這種條件，豈不是和二十年前的紹興議和一樣嗎？」

聽見主戰派的言論，湯思退對宋孝宗分析道：「這些人講這種話，好像事不關己似的，只為了追求一個不向敵人屈服的美名，殊不知大言誤國，祖宗大事，豈如兒戲？」

宋孝宗仔細想了想，雖不是很同意湯思退的說法，但還是接受了他的看法，他道：「和談是可以的，可絕不能被金人牽著鼻子走。稱臣這一點千萬不能答應，歲幣也要減量，至於歸服我朝的將士，更不能把他們送回去，要不然將來北方百姓必定離心，恢復中原之望可就絕啦！」

這下又輪到金朝不願意接受宋朝的條件了，兩國議和久久不能決定，僕散忠義等得不耐煩，率領大軍再度南侵，隆興二年，公元一一六四年十一月過淮水，攻打楚州，一戰而下，而淮南為之震動。

這突如其來的轉變，讓主戰派又有話說，太學生張觀聯合同學七十二人，仿效當年太學生陳東爲李綱求情故事，跪在皇宮前上書，指稱湯思退屈膝求和，誤國誤民，請求宋孝宗將他處斬以謝天下，宋孝宗爲了緩和局面，罷免了湯思退，起用對外態度較爲堅決的陳康伯爲尚書左僕射，宣示他不服輸的態度。

在此同時，宋孝宗又對派往金朝的使者說道：「和議還是得要進行，如果他們眞有誠意，我們也不用太過堅持所有的條件。」

僕散忠義出兵南侵，不是爲了戰爭，而是爲了促成和平，宋朝讓了一步，他也就不再繼續堅持己見，和議急轉直下，便在第二年年初達成共識：宋朝皇帝不再向金朝稱臣，自稱大宋姪皇帝，往後金朝發給宋朝的文書不再稱爲詔表，改稱國書；每年的歲幣，減爲銀二十萬兩，絹二十萬匹；兩國歸還紹興三十一年以來各自佔領的土地，疆界回到紹興議和所訂定的範圍，但是那些自願投降的將領，則不予歸還。

此次和約訂立於隆興三年年初，所以有人把它稱作「隆興和議」，但是和約訂立後，宋孝宗便下詔將這一年改元爲乾道元年，所以也可以稱爲「乾道和議」，不管怎麼說，比起紹興和議，這次的和談是南宋外交上的一大進步，宋孝宗不像太上皇宋高宗當年那樣一味的委曲求全，他堅持原則，替南宋掙回不少權力，至少從此之後的宋朝，在國際地位上是和金朝立於對等的地位。

不過宋孝宗對這樣的結果並不滿意，他是個很有心要勵精圖治的皇帝，總認爲總有一天仍要恢復中原，因此整軍經武，不忘恢復。

道乾四年，臨安城外舉行了一次規模盛大的軍事演習，宋孝宗身披盔甲，親自下場指揮，演習得十分逼眞，吶喊對陣，一如實戰，甚至宋孝宗本人，都在演習的時候不愼拉斷弓弦傷了眼睛。

那時盧允文、陳俊卿分別擔任左右宰相，在淮南屯田，也參加此次演習，宋孝宗正因爲拉斷弓弦的事覺得氣餒，陳俊卿勸道：「陛下不忘恢復，努力練習騎射，此心必能感動天地！然而陛下以九五至尊，應當運籌帷幄，任用智謀之士，察納雅言；任用善戰猛將，指揮前線！賞罰分明，鼓舞士氣，宣揚仁義，懷柔歸附，如此必能震懾敵人於千里之外！何必親自鑽研這騎馬射箭的小道呢？」

「朕……只是不想當個下跪的皇帝啊！」宋孝宗道出了他的心思。

那時候從一些北方南渡的人物口中，傳來這樣一個消息：「金國政局不穩，饑饉連年，盜賊四起……」

宋孝宗求治心切，總在尋找敵人衰弱的機會，聽到這樣的傳聞，認爲是一個大好機會，派遣起居郎范成大擔任使節，前去向金國要求兩件事：改變受書禮節、交還河南陵寢之地。

原來乾道議和中約定金宋兩國君主爲叔姪的名分，金朝派使者傳遞國書，宋主必須要起立接受，這是對長輩的禮貌，卻仍對皇帝尊嚴有損。「那金主完顏雍與朕年歲相當，憑什麼朕見了他，就得要矮上一輩？」宋孝宗對此事耿耿於懷。

北宋奠都開封，歷代帝王陵寢都在河南，中國人向來重視敬天祭祖，祖先的墳墓都在敵人的手中，這怎是子孫所樂見之事？用兵力打不下河南全境，至少把祖先的墳墓還給宋朝，宋孝宗認為這樣的要求很合理。

起居郎張栻是個有名的學者，宋孝宗對他的意見向來重視，想不到張栻對於宋孝宗向金朝提出的要求，頗不以為然，於是宋孝宗召見，問道：「敵國情勢，愛卿可知？金人近年連連饑荒，國勢動盪，想必不敢不答應答應朕的要求。」

張栻搖搖頭道：「臣不知道敵國情勢，卻知道我國情勢。」

「你想說什麼就直說。」

張栻道：「臣看見這幾年，國內澇旱交替，百姓貧窮，一日甚於一日，而朝廷財用匱乏，官員爭執不休，依臣看，只怕是金國入侵的時機，而非我朝向北要脅的時機。」

宋孝宗沉著臉，一句話也不說。

張栻又道：「陵寢隔絕，固然至為悲痛，然而如今情勢，我朝既不敢和他們扯破臉，又不能無視他們的存在，派了一個使者卑辭厚禮向他們討索，這已經讓我朝失卻了大義名分。」

「照你這麼說，難道要朕發兵討伐不成？」

「並非如此，若以兵戎相見，只怕我朝難以掌握必勝先機。」

「此話怎講?」

「必勝之機，不在兩軍對陣之時，而在平日生聚教訓。如今朝廷對金人態度反覆不定，今日主和，明日主戰，有志之士何以錯其手足?陛下若眞有心恢復陵寢，就該下哀痛之詔，表明復仇決心，然後修德立政，選賢任能，物色將才，教民行伍，軍政之事合而爲一，治國循名責實，則必勝之機，方能掌握手中。」

宋孝宗沉吟片刻，嘆道:「也許你說得對。」

果然過了不久，范成大從北方回來，帶來了不好的消息:朝廷提出的要求，全被金世宗嚴詞拒絕。范成大並把金朝的眞正情況告訴宋孝宗:「雖說中原百姓日夜盼望朝廷恢復，然而依臣所見，金朝財政充足，倉廩有餘，政局穩定，金主節約勤勞，聞善不厭，先前關於金朝災荒連年的說法，恐怕是有心人刻意散佈謠言吧!」

宋孝宗銳意北伐，只可惜生不逢時，與他同一時期的金世宗，正如范成大所言，是金朝歷史上最爲賢明的君主，他對宋政策採取持重的態度，不輕易挑釁，也不被挑釁，與民休息，獎勵發展農業生產，爲國家累積豐厚的實力，也減輕了百姓的負擔，創造金朝立國以來最爲繁榮興盛的時代，也贏得了「小堯舜」的美稱。

在瞭解了這些事實以後，宋孝宗仔細思量，決定先謀安內，再求攘外，對外態度也趨於持重，金宋兩國之間，也因爲這兩位勵精圖治的君主在位，維持了三十年的和平。

理學與廷議

淳熙七年，公元一一八〇年，右文殿修撰張栻病故，張栻的直言極諫，頗有古代名臣魏徵之風，宋孝宗對他相當看重，張栻在去世之前，還不忘記上書叮嚀宋孝宗：「請陛下親君子，遠小人，信任要防一己之偏，好惡要循天下之理。」

宋孝宗看著奏章，感動得落下眼淚，隨即想起過去張栻經常對自己推薦的君子。張栻是一位著名的理學家，朱熹、陸九淵、陳亮等知名理學家的名字，浮現在宋孝宗的腦海。

原來儒家思想歷經一千六百多年的發展，到了宋朝，產生了全新的研究途徑，佛教、道家、道教的理論與方法與之融合，宋儒對於宇宙論、心性的探討特別重視，北宋周敦頤的《太極圖說》借用道家的陰陽五行理論，太極分陰陽，陰陽生兩儀，兩儀調和生五行，金、木、水、火、土，五行順暢，四時運行。

北宋大儒邵雍的學術即由這樣的宇宙論發展到人生觀，認爲天地萬事皆生於心，去利欲以養心，誠意則可以窮究天地萬物相生相剋之奧妙。另一名學者張載則認爲做人的態度比窮究天理更爲重要，應當要變化氣質，明心見性，尊禮、貴德、樂天安命，方能「天人合一」。

到了程顥、程頤兄弟，理學又有新的發展，他們並不討論太極兩儀之類的宇宙論，著重心性的發揚，發揮心性，即能窮究天理，只是在如何窮究天理這一點上，兩兄弟的主張有所出入，程顥認爲宇宙天地的本體就是「仁」，而仁存在於人的本性之中，以誠與敬爲定性之道，即能求仁得仁；程頤認爲進學在於致知，欲窮理必須格物致知，涵養用敬。

周敦頤、邵雍、張載、程顥、程頤是北宋理學的先驅，號稱「北宋五子」，程顥的思想傳至南宋，影響到陸九淵，程頤的思想則爲朱熹所繼承發揚，而理學思想在這時候也發展到高峰。

朱熹似乎是個天生的學者，從小就廣覽群書，學問淵博，據說他剛會說話的時候，他的父親抱著他，指著窗外的天空說道：「這上面就是天。」朱熹竟反問道：「天的上面又是什麼？」

紹興十八年，朱熹進士及第，擔任福建泉州同安縣主簿，任滿之後，對於升官沒多大興趣，申請當個奉祠官，於是被派往潭州南嶽廟，當起廟公來了，這份差事十分清閒，他就更有時間追求學問，拜程頤的三傳弟子李侗爲師，潛心鑽研理學。

宋孝宗即位之初，便曾一再下詔，命令中央地方官員百姓，上書進言時政缺失與改進之道，這時候，當了十幾年廟公的朱熹，就以他鑽研出來的理學觀念，提出他的政治主張，上表說道：「帝王之道，首在格物致知，以極事物之變，使義理長存於心，鉅細靡遺，則可以意誠心正，應付天下紛亂的時局。」

那時朱熹才三十多歲，已經頗有名氣，連宋孝宗也聽過他的名號，便延請他上殿對奏，朱熹上了三份劄子，第一劄講述理學：「大學之道，在明明德，本於格物窮理，窮理後得以意誠、心正，爾後得以修身、齊家、治國、平天下。不講大學之道，則不能隨事觀理，則天下之事，多所未明。」第二箚講治國大計：「如今國家與北虜不共戴天，非戰無以復仇，非守無以致勝，此非人欲私怨，乃天理之自然也。」第三箚講述當務之急：「先王御夷，不在威強，而在以德服人，所依賴者並非邊境兵馬，而在朝廷綱紀。望陛下招賢納諫，貶斥邪佞，杜塞倖門，安邦固本。」

這三箚對奏講得頭頭是道，卻有些空泛，宋孝宗只覺得一頭霧水，並不感興趣，只授與朱熹一個博士官的閒職。朱熹的脾氣硬，和其他官員議論不合，於是辭官返鄉。

往後幾年，朱熹的名氣越來越大，朝廷官員陳俊卿、陳拱、張栻等人相繼上書舉薦，朝廷想要徵召他當官，朱熹總是推辭不就，只好讓他重回本行，去管理武夷山沖佑觀，又當起廟公，繼續他的學術研究之路。

醇熙五年，朱熹總算接受宰相史浩的推薦，接任南康軍知州（今江西星子縣），那時南康正在鬧旱災，朱熹一上任，就忙著辦理救災賑濟的事務，等到事情忙完，他在南康軍的聲望也建立起來了，受到當地百姓普遍的愛戴。

他在南康任內，尋訪唐代學者李渤的廬山白鹿洞書院遺址，重新修復，制定學規，提倡理學，深獲地方人士好評，各地學子紛紛慕名而至，拜朱熹爲師，讓白鹿洞書院成爲一個人文薈萃的地方，天下四大書院之一。

雖說朱熹在地方上聲譽卓著，宋孝宗總是覺得他言過其實，而且每次朱熹的奏表總是毫不留情面的抨擊皇帝，說他遠君子親小人，心術不正，這讓已經算是很有修養的宋孝宗非常生氣，很想要藉機會整一整朱熹，幸虧有人勸他：「這些讀書人總喜歡沽名釣譽，群眾心理又喜歡和當局唱反調，朱熹的虛名已高，陛下要是再加以罪責，只會讓他名氣更大，不如賞給他官職，稍加籠絡，也好看看這人到底是不是眞有能耐。」宋孝宗這才打消整治朱熹的念頭。

張栻的死，讓宋孝宗的身邊忽然少了一個京城能夠啓發他智慧的人，這讓他在寂寥之餘，對理學的態度也慢慢轉變，那時浙東發生大規模的饑荒，宰相王淮就向宋孝宗表揚朱熹過去治理南康荒災的政績。

宋孝宗頗爲動容，於是任命朱熹爲「提舉浙東常平茶鹽」，由他辦理浙東賑災之事。朱熹前往浙東，深入考察民情，整頓吏治，並奏請朝廷推行「社倉」制度，就是在地方治所設立一個糧倉，組織災區百姓，十家爲甲，五十家推一社首，饑荒之時可向糧倉借米，待饑荒過去，再以每石米多還三升的利息歸還。後來這項社倉制度普遍推行全國，成爲一項非常重要的社會救濟制度。

朱熹的才能得到了肯定，理學家的意見也成爲朝廷當中十分重要的指標。當時除了朱熹之外，經常上書論事的還有呂祖謙、楊萬里、陸九淵、陳亮等人，他們都是當代大儒，雖然觀念上各有不同，卻都被歸類爲理學家的行列。

陸九淵的名氣也恨大，但他的觀念與朱熹大異其趣，反對朱熹將人心分爲天理和物欲，也反對格物致知，主張心即是理，心即是道，若能盡我之心，便與天同，如何盡心、明心呢？必須注重道德的修養，自我反省，掌握並認識自己的「本心」，如此便能使「六經皆我註腳」，學問道德必然精進。

這種唯心主義的哲學思想，在當時雖頗受眾人青睞，可是畢竟沒有朱熹的主張影響層面廣，直到數百年後的明朝大儒王陽明，才將陸九淵的思想發揚光大。

朱熹、陸九淵總愛在心性、理氣這些哲學思維的問題上面打轉，惹來了當時浙東儒學大師陳亮的反動。陳亮雖是個書生，卻個性豪邁，喜歡談論兵法，他很厭惡理學脫離現實的思想，主張學者應當多談有利於國計民生的實務。

他曾經親自前去拜訪朱熹，當面指責朱熹：「自以爲的誠意、正心之學，卻把國家興衰和百姓疾苦擺在一旁，這怎是讀聖賢書所當爲者？」

朱熹的學術樹大招風，又以謙謙君子自詡，當然不會對陳亮的當面指責感到憤怒，他用自己的理解，把他的「道統」理論詳細敘述給陳亮聽，陳亮也把自己「功到成處便是有德，事到濟處便是有理」的義利雙行，王霸並用思想分析給朱熹聽，從此之後，兩人經常以書信往返，就「王霸義利」展開激烈但是理性的辯論，陳亮的「永康學派」也因此廣爲人知。

理學家、反對理學的儒家，在宋孝宗御宇期間，經常上書言事，有批評時政的，有建議政策施行的，也有標榜聖人之道的，這是宋孝宗汲汲求治下產生的「廷議」。不過，宋孝宗的個性沉穩內斂，對這樣新穎的學說，原則上表示嘉許讚賞，實際上採取敷衍的態度，朱熹、陸九淵、陳亮等人，從未居於朝廷高位，不過宋孝宗的這種態度，卻讓別稱爲「道學」的理學，在往後的日子裡，產生了無與倫比的影響。

淳熙十四年，公元一一八七年十月，太上皇宋高宗以八十一歲高齡去世，他當了二十四年的太上皇，與宋孝宗雖非至親，但是恩同父子，宋孝宗始終對他非常孝順，乾道議和之後宋孝宗之所以再也沒有對北方採取軍事行動，多半也是爲了要聽太上皇的話，噩耗傳來，宋孝宗哀痛欲絕，嚎啕大哭，連皇帝也不想當了，當下就想傳位給太子趙惇，被群臣攔阻下來。

但是他仍然堅持要替太上皇守喪三年，三年過去了，宋孝宗仍然不想留戀皇位，正好此時北方金世宗也去世，廿一歲的金章宗繼位，金宋乃是叔姪之國，宋孝宗這時已然六十多歲，不想對著那個年輕小伙子叫叔叔，便以這個理由，宣布退位，自稱壽皇，由太子趙惇即位，是爲宋光宗。

紹熙內禪

宋光宗的身體不好，即位以後經常生病，無法處理朝政，偏偏他的皇后李氏，是個精明強悍的女子，這便在朝政之中投下了不穩定的因素。

宋朝女性的地位十分低落，雖然過去常有太后攝政之事，但都爲時不長，而且並不會對大臣的意見太過干預，李氏不一樣，她的頭腦聰明，個性強悍，偏偏她把她的天賦都用在撥弄是非上，在她還是太子妃的時候，就經常在太后、皇后面前，數落皇太子身邊臣子的一些小過錯。

宋孝宗知道以後很不高興，把李氏叫來責罵：「你身爲太子妃，將來要當皇后的，應該要像太后那樣雍容大度，怎麼成天鑽這些小鼻子小眼，像什麼樣子！」

成了皇后，李氏仍不改本色，趁著丈夫臥病，聯合一批宦官，企圖干預朝政，光宗即位的第一年，她就迫不及待地慫恿丈夫，冊封自己生的兒子趙擴爲太子，宋光宗道：「皇后說得也是，待朕稟奏壽皇，再行冊立之事。」

李后說道：「陛下身爲天子，難道不能作主嗎？何必稟報壽皇？」

宋光宗搖頭道：「冊立太子之事非同小可，所謂父在子不能專，朕實在不能擅做主張！」

兩人成婚以來，宋光宗事事都讓著李后三分，唯獨這件事茲事體大，才沒有立刻答應，想不到李后竟然自己跑去壽皇居住的重華宮求見，壽皇見了她，問道：「皇上身子好點了嗎？你怎沒與他一同前來？」

李后故意把丈夫的病情講得極爲嚴重，一把鼻涕一把淚，壽皇看了也非常擔心，嘆了一聲，順口說道：「皇帝正在壯年，身體便如此虛弱，這該如何是好？」

「臣妾正爲此事而來。」李后正等著壽皇這樣問，於是說道：「依臣妾看，既然皇上多病，不如趕緊冊立嘉王趙擴爲太子，一則可以輔弼皇上，二則可以安定社稷，想來父皇也會同意吧！」

壽皇托著下巴想了想，說道：「皇上受禪未滿一年，就要冊立太子，未免過於匆忙，況且這是朝廷大事，應與朝臣廣泛討論，從長計議，實在不該如此草草決定。」

李后聽了這話，心頭火起，口無遮攔，說道：「臣妾乃是大禮所聘的皇后，擴兒是臣妾親生之子，立爲太子，名正言順，實在看不出有什麼不可以的啊！」

壽皇宋孝宗不是宋高宗的親生兒子，李后這番言語，指桑罵槐，壽皇如何聽不出來？倏地起身，勃然變色，指著李后怒道：「你……你說什麼？」

李后沒有回答，板著一張臉返回皇宮去，兩人之間，就這樣槓上了。

過了幾日，壽皇前去皇宮探視皇帝，正好宋光宗沉睡未醒，小太監想上前稟報，被壽皇攔住：「皇上正在生病，別驚動他，等他醒了再去通報不遲。」宋光宗醒了，知道父親前來探望，急忙起身請罪。父子情深，壽皇好言安慰，要他安心養病，待得痊癒，再行聽政不遲。「說到這個……」壽皇向宮裡望了幾眼，問道：「怎麼沒看見皇后呢？」

「這個……」宋光宗支吾其詞，過了半晌才道：「皇后說……兒臣這陣子身體不豫，就替兒臣批閱奏章去了。」

壽皇聞言大怒，把兒子數落了一頓：「祖宗家法，女子不得干政，你這是怎麼著？想弄出個武則天嗎？」立刻派人去把李后找來，又把她也痛罵一頓。

李后雖然沒有爭辯，心裡卻把壽皇恨得咬牙切齒，從那時候起，李后便經常在宋光宗面前挑撥離間，在她的口中，退了位的壽皇，仍是一個虎視眈眈的野心家，總想找藉口把她這個皇后給廢掉，進而貶逐嘉王趙擴，另選皇儲，諸如此類，她的相貌美麗，常常裝出一副楚楚可憐，抽抽噎噎的模樣。

美麗女子的話總是比較容易博取同情和信任，這是人之常情，宋光宗本來也不肯相信，但是看見李后這副模樣，也不由得安慰起她來：「朕自從登基以來，四海昇平，又沒有犯下失德之事，壽皇就算眞的想對你不利，朕難道不能保護你們嗎？」久而久之，宋光宗也開始對父親懷恨起來，再也不去朝見壽皇。

這樣一來朝野譁然，百善孝爲先，身爲皇帝，當爲天下萬民的表率，而如今竟然有此不孝之舉，這是失德的表現，而那時朝中又以滿口仁義道德的理學爲主流意見，群臣紛紛上奏，直言極諫，勸宋光宗不得如此，而宋光宗竟然一應回絕。

宗室趙汝愚、大臣彭龜年反覆進諫，說道：「壽皇當年侍奉高宗皇帝，極盡孝道，陛下乃是壽皇唯一的子嗣，陛下有病，壽皇親自探視，愛子之心，人盡皆知，如今陛下聽信離間之言，長久不去探視省親，有違孝道，怎能孚天下之眾望？」

這種事，宋光宗竟也要詢問李后的意見，李后順口說道：「陛下要去，那就去吧！」

多年以來唯一的一次省親，讓壽皇感動不已，結果弄了半天，這只是李后爲了要返家省親所做的表面功夫，「皇上盡孝，皇后當然也該盡孝。」李后說著，便動身返回自己娘家拜見家廟，大肆修建，把她的家廟修得比皇室的太廟還要華麗，並且大封親戚朋友爲官。

宋朝的歷史上，從來沒有外戚干政的事情發生，李后的這些舉動，立即惹來極大的爭議，但是皇帝有意維護，大臣就算議論紛紛，也拿不出辦法解決，而李后返回京師之後，故態復萌，又不讓宋光宗去晉見父親了。

更大的爭議隨之而來，紹熙五年，公元一一九四年六月，六十八歲的壽皇病逝，照例當由皇帝主持治喪事宜，然而，宋光宗竟以身體不適爲由，拒不前往，一直拖到大殮之日，竟然還是不見人影，宰相留正只好奏請壽皇之母吳太后主持儀式。

滿朝文武見狀，無比訝異，有人以爲朝廷發生了大變故，等散朝之後，回家收拾細軟，打算逃跑。

亂象浮現，人心不穩，一群大臣聚在一起商議，太常博士葉適說道：「皇上不肯執喪，這怎麼能叫天下人信服？如今嘉王已經成年，還是奏請陛下，讓嘉王參與朝政，這樣才能穩定人心哪！」

留正聽了這話，立即率領群臣上奏。可是宋光宗的批示模稜兩可，只說自己也很想退休，但是到底要不要退休，又沒有明確指示。這讓留正十分恐懼，深怕犯下以臣欺君之罪，於是隨便找了一個藉口，辭官而去。

宰相一走，這件事便落在知樞密院事趙汝愚的身上了，趙汝愚乃是宋太宗長子趙元佐的七世孫，如今與皇帝血緣雖遠，算起來仍是皇親國戚，他提出了一個意見：「唯今之計，只有請吳太后出來主持大局，下詔讓皇上禪位於嘉王了。」

這已經可以算是宮廷政變了，在中國的歷史上，這種政變並不稀奇，可是宋朝開國以來，卻從未發生過這種事，眾人面面相覷，卻又想不出更好的辦法，有人問道：「那該請誰去和吳太后奏報這種提議呢？」

這的確是個好問題，吳太后長年深居後宮，除了宗室姻親，誰也見不到她，在場的朝臣除了趙汝愚有那麼一丁點皇室血統之外，其他人都與皇室非親非故，而趙汝愚也沒資格入宮參見，於是趙汝愚想起了自己的朋友韓侂冑。

韓侂冑是北宋名臣韓琦的曾孫，他的母親是吳太后的妹妹，他本人也和後宮的宦官交情不錯，如果要稟奏此事，韓侂冑的確是不二人選。

趙汝愚把事情原委告訴韓侂冑之後，韓侂冑不敢怠慢，連忙前往後宮，透過他所熟識的太監張宗尹，把趙汝愚的意見奏與吳太后。

吳太后聽完，只是不停搖頭，說道：「禪位之事，該由皇帝決定，豈是大臣可以議論的？」把韓侂冑趕了回去。

韓侂冑不肯放棄，第二天又來勸說，這一次吳太后連聽都不肯聽了，急得韓侂冑在宮門口徘徊不定，正在無計可施之際，重華宮提舉宦官關禮從他身邊經過，看他如無頭蒼蠅一樣，便前來詢問。

「這個嘛……」韓侂冑吞吞吐吐，不敢直說。

關禮知道背後必有隱情，指天發誓道：「您儘管直說吧，我若能效力則效力，不能效力也絕不會傳講出去！」

韓侘冑便把事情大致講了一遍。

關禮點點頭道：「此事可以辦妥。」當即入宮叩見太后，還沒開口，便已經淚流滿面，泣不成聲。

吳太后連忙問道：「你這是怎麼啦？」

關禮哭道：「如今皇上有疾，不能視事，朝廷空虛！宰相已經離去，可以依靠的只剩下趙知院啦。趙知院欲定大計，請嘉王主持朝政，卻沒有太皇太后您的旨意，只怕也要掛冠求去啦。」

吳太后聞聽大驚：「那趙知院乃是宗室，怎麼會說走就走呢？」

關禮道：「趙知院現下還未求去，只因還寄望著太皇太后您的旨意，如果您今日不許，趙知院別無他法，也只有辭官一途啦！趙知院一去，朝廷就沒人主持大局了，這樣天下將會如何，小的實在連想都不敢想啦！」

這一番話說得入情入理，吳太后深爲動容，於是對關禮說道：「你去告訴韓侂冑，讓他知會趙知院，明日我會上朝垂簾頒旨，唉！該怎麼做，就怎麼做吧。」

消息傳出，趙汝愚連忙傳遞消息，命人趕造龍袍，籌備嘉王登基。

第二天正好是壽皇喪禮結束的日子，嘉王趙擴穿著一身喪服前來主祭，吳太后垂簾端坐靈柩之後，趙汝愚率領百官共同勸進，把宋光宗的批示呈給吳太后，說是皇帝身染重病，難以視事，日前請示皇帝禪位之事，皇帝御批「甚好」、又批「歷事歲久，念欲退閒」。

吳太后道：「既然皇帝已有裁示，那麼你們就看著辦吧！」

趙汝愚道：「此乃社稷重事，非得太皇太后作主。」他又呈上一份擬定好的詔書，大致內容就是光宗身體不適，宜傳位於嘉王等等，吳太后看了看，淡淡地說了一句：「就這麼辦吧！」

說完，由韓侂胄替嘉王披上黃袍，群臣高呼萬歲，嘉王就此即位，成為日後的宋寧宗，而宋光宗就成了太上皇，李后變成太上皇后。

這場柔性政變史稱「紹熙內禪」，是南宋開國以來的第三次禪位，宋高宗、宋孝宗、宋光宗都是還在世的時候就讓出了皇位，這在在中國歷史裡是很罕見的事。

道學之爭

宋寧宗即位，韓侂胄自以為定策有功，總覺得一定會有許多好處，誰知趙汝愚卻說道：「我乃皇朝宗室，你是后族姻親，安定國家的事本為分內，何必求什麼功勞？只有那些外臣才應當推恩請賞。」

於是在論功行賞的時候，只讓韓侂胄當了宜州觀察使兼樞密都承旨，升了一級而已，而趙汝愚的職位本來就高，升了一級，成爲宰相。

「自己當宰相，讓我當這什麼觀察使？」韓侂胄心中怨恨，赴任時更是一腔不滿，滿臉怒氣，然而憑藉自己的特殊身分，常有機會出入宮禁，漸漸得到宋寧宗的寵信。

趙汝愚爲相，頗思有一番作爲，奏請皇帝重用朱熹等理學家，於是朱熹入朝擔任「煥章閣待制兼侍講」，經常對宋寧宗陳述「正心誠意」的道理。

朱熹看出韓侂胄是個有野心的人，就對趙汝愚建議道：「韓侂胄對您給他的職位有所不滿，像他這種人，應當以重賞酬其勞，進而慢慢疏遠，否則總有一天會被他所害。」

趙汝愚聽了微微一笑，並不放在心上。

朱熹又趁著侍講之時，勸宋寧宗要秉持朝綱，不可以讓左右奸臣竊取權柄，最後還直說韓侂胄就是奸臣，絕對不可任用。

韓侂胄那時已是宋寧宗身邊炙手可熱的大紅人，聞訊大怒，對宋寧宗說道：「像朱熹這種自己標榜自己的人，講都是一些迂闊而不切實際的話，皇上您要是聽多了，腦袋都會糊塗的！」

宋寧宗點點頭道：「是啊，這老傢伙在講學的時候，一點顏面也不留給朕，總以爲自己是個聖人，朕看他也沒什麼了不起。」

瞭解了皇帝的心思，韓侂胄更加放膽而爲，他安排了一場宴會，讓人裝成峨冠闊袖的大儒，裝模作樣的講一些似是而非的性理之學，在宋寧宗面前嬉戲取樂，故意諷刺朱熹，宋寧宗哈哈大笑，朱熹深感受辱，請求辭官而去，宋寧宗就眞的罷了他的官。

趙汝愚、中書舍人陳傅良、起居郎劉光祖、吏部侍郎孫逢吉等人，紛紛上書替朱熹求情，都沒有得到宋寧宗的同意。

整垮了朱熹，韓侂冑開始對付趙汝愚。有個人名叫劉強，曾與韓侂冑一同擔任過知閤門事一職，有同事之誼，劉強的詩文還算不錯，自視甚高，想要參與軍國大事，可是趙汝愚並沒有把他放在眼裡，彷彿刻意忽略他的存在，因此劉強也十分怨恨趙汝愚。

他知道韓侂冑對趙汝愚積怨已久，便從中挑撥道：「趙相想要獨領擁策大功，您的功勞全被遺忘，不但當不了節度使，恐怕將來還會被他陷害！」

韓侂冑連忙問道：「那該怎麼辦呢？」

劉強悠悠說道：「您不會利用台諫，當作你的幫手嗎？」

「怎麼利用法？台諫官又不是我的人。」

劉強壓低了聲音說道：「您可以隨意出入宮禁，皇上的御筆可就擱在那裡哪！」

韓侂冑笑了，他立即以「內批」的辦法，假御筆以竊朝權，把他的親信劉德秀、楊大法、劉三傑等人任命爲台諫官，從此，韓詫冑的黨羽充斥朝廷，每個人都說他的好話，趙汝愚在朝廷的地位漸漸被孤立起來。

後來韓侂胄又讓自己的心腹右正言李沐上奏，指稱趙汝愚以皇室同姓居於相位，將對宗廟社稷不利。

宋寧宗看了奏章，決定罷了趙汝愚的相，過不久，韓侂胄又唆使黨羽誣告趙汝愚，說他圖謀不軌，再將趙汝愚貶出朝廷，貶官知永州，趙汝愚憂憤至極，還沒到達貶官的地點，就在半路上生病死了。

趙汝愚被貶，立刻有人替他喊冤，太學生楊宏中、周端朝等六人上書，指稱宋寧宗判貶趙汝愚是「君子小人消長之機，靖康已然之驗，何堪再見於今日！」

他們同時觸怒了宋寧宗與韓侂胄，被發配五百里，人稱「六君子」。

朱熹罷官，趙汝愚死，朝野之間曾經與韓侂胄作對的人物，一一被他整垮，從此開始了長達十餘年的韓侂胄專權時代，慶元四年，公元一一九八年，拜韓侂胄爲少傅，封豫國公，同年，再遷少師，被封平原郡王，權傾天下，朝廷大臣只要對他諂媚依附的，無不官運亨通。

不過當時還是有一批人十分反對韓侂胄，這些人多半是理學家出身，他們當然不敢公開與韓侂胄作對，卻在私下主導言論，不斷與韓侂胄作對，將他比爲奸佞小人。

韓侂胄既然無法再以政治手腕消除不利於他的言論，便與他的親信們商量對策，決定用學術上的弱點來攻擊理學。

理學在當時又被稱爲道學、義理之學，那時候的社會大眾，雖然大多崇敬道學，卻也有瞧不起道學的，原因在於很多以道學標榜的人，其實只是一些淺薄粗野的人，他們學了一點性理之法，便整天學著理學家，穿起寬袖長袍，戴著布帽學起那些名儒，隨意附會一些程顥、程頤、朱熹、陸九淵的語錄，裝模作樣的胡謅，或是閉著眼睛不說話，假裝自己對道理很瞭解，實際上一問三不知，更糟糕的是他們還會用那些似是而非的道理開班授徒，影響大眾，破壞學術風氣。

很多人建議韓侂冑，請他下令禁止道學，但是韓侂冑實在看不出道學、理學這樣的名詞有什麼可以入人於罪的地方，就有人建議他：「道學不是壞事，可是僞道學就可以是壞事啦！再不然用『僞學』來指稱他們，更好。」

韓侂冑頻頻點頭稱是，於是他的黨羽開始以「僞學」來稱呼他們的政敵，學者們最在乎自己的學術，如果被指稱是「僞學」，他們會非常生氣的，久而久之，理學家之間，也有所謂眞僞之別，相互攻訐，自亂陣腳，「假道學」這樣的話，就是當時留下來的。

這時候就有人向宋寧宗上奏了：「如今士子學者，動輒談論語錄圖說，違背聖人之道，請陛下降旨，禁止僞學，以孔孟聖賢爲師，不可自相以道學標榜，去僞存眞，端正士風，方可使國事大定。」

又有人上奏：「邪正之辨，無過於眞與僞，有些道學先生滿口仁義道德，動不動就談先王之言，行事作風卻是放浪無行，市井所不爲，就算先王復生，也會痛罵他們，這就是爲什麼當初孝宗皇帝沒有任用道學先生的緣故。請陛下以孝宗皇帝爲榜樣，考核道學之眞僞，以分辨孰爲邪正！」

宋寧宗沒什麼主見，凡事都聽韓侂冑的，自然也就同意了這樣的建議。於是，辨別道學的眞僞，就成爲韓侂冑一黨用來排除異己的手段，他們先取締「語錄」的流傳，繼而禁止人們談論義理，那年科舉考試，凡是考卷內容談論到心性天理的，全都落榜。

隨即展開的是大舉打擊理學的動作，主要目標就是身爲理學大宗師的朱熹，太常少卿胡紘、御史沈繼祖，都和朱熹有過節，他們共同寫了一篇文章，大肆詆毀朱熹，說他是個表面上道貌岸然，骨子裡壞透了的僞君子，讓宋寧宗看了非常生氣，褫奪了朱熹的榮譽頭銜。

慶元三年年底，在韓侂冑的主導之下，由其黨羽聯合上書，請置「僞學」之籍，公布姓名，詔令各級政府機構永不錄用。於是以趙汝愚爲首，朱熹、呂祖謙、彭龜年等五十九人，被稱做「僞學之黨」，永不錄用，有如北宋新舊黨爭時代的元祐黨籍碑。

徹底打擊政敵之後，韓侂冑的權力無人能及，成爲南宋繼秦檜之後的第二位權臣。

開禧北伐

宋朝的社會，對於讀書人十分看重，眞正讀聖賢書之人，都是有骨氣的，越是受到當局的打壓，反抗的心情就越大，這些被稱之爲「僞學之黨」的人，在社會上的聲望反而更高，朱熹照樣在白鹿洞書院開班授課，講述理學之道，慕名前往的學子更是踴躍。

慶元六年，公元一二〇〇年三月九日，朱熹以一名在野學者的身分去世，七十一年的生命當中，著述講學的時間超過五十年，影響了無數有心向學的人們，出殯那天，曾經拜在朱熹門下的生徒聚集在一起，爲他們敬愛的老師送行，他們一致讚揚，認爲朱熹在歷史上的地位，可以和孔子、孟子相提並論。

有個教書先生呂祖泰對於朱熹的推崇不遺餘力，他上書宋寧宗，請求誅殺韓侂胄以謝天下，一時之間各地理學名士紛紛表示贊同，經常聚集在一起議論朝政，宋寧宗連忙下詔地方官嚴加約束，卻還是制止不了這種風氣。

韓侂胄從各地接獲這些報告，也感覺到自己這些年來對付道學，導演「慶元黨禁」的手段實在太過惡劣，常覺得有些後悔，於是有人勸他：「您還是把黨禁稍稍鬆一鬆吧，要不然，難免會遭到報復。」

嘉泰二年，公元一二〇二年，韓侂胄宣布解除僞學黨禁，恢復趙汝愚、朱熹這些已經死去之人的官職爵位，並且讓一部份遭到貶謫的道學官員恢復原職，期望藉由這種懷柔方式，減少反對自己的聲浪。

可惜這樣並沒有用處，韓侂胄把道學家從列爲僞學到解除禁令，這樣兜了一圈，與道學家之間的積怨已深，雖說在政治權力上無人能撼動他的地位，但是輿論的力量還是讓他輾轉難眠。

這時候便有人勸他：「明公如欲自固，必須立下蓋世之功。」

什麼是蓋世之功呢？就是北伐金人，收復領土，於是韓侂胄開始藉由標榜恢復中原的議論，來轉移眾人視聽，化解對他的批評。

那時剛好有浙東安撫使辛棄疾入朝進見，聽說韓侂胄有意北伐，大為欣喜，積極鼓勵韓侂胄秣馬厲兵，率軍出征，並說金國這些年來國勢日漸衰弱，中原百姓盼望已久，只要王師北征，金國必亡。

辛棄即是南宋時期著名的愛國詞人，其詞句表現的主題多半是壯志難酬、報國無路的悲憤的心情，情感激昂悲壯，風格沉鬱雄放，與北宋大文豪蘇軾的詞風相近，二人齊名，合稱「蘇辛」，在文學史上佔有一席之地，可是他在當時卻很不受朝廷的重視，雖然提出很多北伐方略，都不受採納。這時韓侂胄表達了抗金的意圖，辛棄疾受到鼓舞，是以大為讚賞。

在當時還有另一名愛國詞人陸游，人稱陸放翁，他官場上十分失意，文學上大放光芒，少年時代歷經北宋滅亡與南宋初年的戰亂，培養強烈的愛國意識，憂國憂民，情感深沉，他作的詞有著氣吞山河的英雄氣概與萬死不辭的犧牲精神。韓侂胄當權之時他已年近八十，本來對於韓侂胄的專權、排除異己等種種作為頗覺反感，一聽到韓侂胄有意北伐，立即對他全然改觀，大為讚賞。

韓侂胄的這一手相當高明，道學之爭彷彿被主戰派的激情壓過去，為了主導議論，他還追封抗金名將岳飛為鄂王，削奪秦檜的官爵，將秦檜的謚號從忠獻改為謬醜，大快人心。

開禧元年，公元一二〇五年，宋寧宗任命韓侂胄爲平章軍國事，命令他統籌北伐事宜，韓侂胄以鄧友龍爲兩淮宣諭使，從淮北進軍山東；以薛叔似爲京西湖北宣諭使，從襄陽進發攻打汴京；以程松爲四川制置使，吳曦爲副使，從漢中出兵攻打關中。

在大軍出發之前，有人勸韓侂胄應該要暫緩出兵：「中原淪陷百年，這固然是我們一日不可忘記的事，太師主持恢復之計，其心可嘉，但是此次出兵倉促，準備實在不夠充分，萬一失敗，誰能負責呢？還是妥善練兵，充實我軍力量，這才是萬全之策。」但韓侂胄聽不進去。

自從南宋立國以來，宋金之間交鋒多次，互有勝敗，卻從來沒有一次是由宋朝主動出擊，就連岳飛偃城大捷，都是反攻而獲得的勝利，這次宋朝忽然發動這麼大規模的攻勢，消息傳到北方，金章宗總是不大相信，直到宋軍已經開始佈局，金章宗才派同平章政事僕散揆擔任河南宣撫使兼左元帥，進駐汴京，負責南征事宜。

開禧二年四月，宋軍大規模出擊，由於佔了先發制人的優勢，先後攻佔了泗州、虹縣、新息、褒信等地，朝廷上下沉浸在一片勝利的喜悅之中。

宋朝是金朝的「姪兒」，以下犯上，金國哪裡忍受得了這個？僕散揆得訊，立即徵調河南之兵廿七萬人，同樣兵分三路，以攻爲守，先擊敗宋軍於宿州，又擊敗宋軍於壽州，再敗宋軍於唐州，這才讓宋朝軍民發現，金人這些年來的國勢雖然衰弱不少，可畢竟還是餘威猶存。

正當兩軍準備展開決戰之時，宋朝方面忽然發生了西蜀吳曦的叛變事件，使得戰局急轉直下。

南宋靠著吳玠、吳璘兄弟鎮守西北，四川局面得以穩定，而吳氏兄弟也深得四川人民的愛戴，吳璘死後，他的兒子吳挺繼續掌握兵權，讓「吳家軍」成爲西北的一股近似於軍閥的武裝力量。

自從宋孝宗時代以來，朝廷之中總有人對於吳家軍在西北的聲勢議論紛紛，他們害怕繼續讓吳家人世襲軍權，最後將會尾大不掉，難以駕馭，演變成五代十國的軍事割據。

到了宋光宗紹熙四年，吳挺逝世，他的兒子就是吳曦，正等著朝廷的人事命令，繼續掌握西北軍權，想不到卻收到臨安來的調職命令，召他入朝擔任殿前副都指揮使。

名義上，他是升官了，實際上，雄霸一方的權力全被剝奪，吳曦懷恨在心，因此與朝廷有了嫌隙。後來，吳曦花了很多錢進行賄賂，讓宰相陳自強在韓侂冑面前說他好話，終於得到韓侂冑同意，重新委任吳曦爲興州都統制，節制西北兵馬。

不過從這時候起，吳曦對朝廷的忠誠心就已經變質了，他重整吳家軍的聲威之後，打算要據地爲王，就私下派遣使節，去和金章宗聯絡，表示願意割讓四個州的領土，請求金章宗冊封他爲蜀王。

那時正值韓侂冑北伐出兵前後，對於吳曦的陰謀完全不知，仍任他爲大軍主帥。

金章宗得到吳曦的降表大喜，派人送了消息給吳曦：「智者順時而動，如果我朝大軍南下之時，你能按兵不動，使我進軍無後顧之憂，則到時候你可以不用割地，全蜀皆歸你所有，並仿效康王故事，冊封你爲四川國主。」

吳曦對部下宣布這件大事，部下們目瞪口呆，他們勸說道：「相公如此作法，豈不是您八十年忠孝門戶的名聲，一朝掃盡了嗎？」吳曦竟然毫無羞愧之意說道：「我心意已決。」就此宣佈獨立。

他想延用蜀中名士作爲他新朝廷的官員，這些名士全不肯買帳，一旦受到逼迫，就紛紛逃亡，而逃亡不了的，就把自己眼睛刺瞎，甚至飲鴆自盡，表示對吳曦這種不忠行爲的抗議。

他的叛變，只維持了四十一天，就被譁變的士兵殺死。

但是這整件事剛好發生在宋金之間的大規模軍事行動期間，對於宋軍士氣打擊甚大，韓侂冑之所以發兵，只是爲了轉移視聽，一遇到挫折，就覺得後悔，吳曦的叛變，更讓他感受到自己犯下了不可收拾的錯誤，於是派了使者，表示願意和談。

在金朝方面，金章宗面臨的問題也很複雜，原來女眞族入主中原已久，勇猛善戰的性情已是大不如前，再加上新近崛起的蒙古族不斷騷擾北方邊境，金章宗有心求治，無力回天，因此對宋態度向來以維持和平爲主。韓侂冑的北伐雖令他十分憤怒，他卻仍不願意事態擴大。

兩方領袖都不願意繼續作戰，這場戰爭自然也就打不下去了。剛好這時金軍統帥僕散揆病死在前線，金章宗便以左丞相完顏宗浩接替統帥之職，去與宋朝使者進行交涉。

完顏宗浩對宋朝使者提出五項要求：「第一，南朝割讓兩淮；第二，增加歲幣；第三，另外出一筆錢犒賞我大金將士；第四，交出我軍投降的將領百姓；第五，把韓侂胄的首級交出來。這五點要求你們非得照辦，否則我軍大舉進攻，你們絕對吃不了兜著走！」

宋朝使者方儒信聽完這些條件，嚇得腿都軟了，無從爭辯之下，只好返回朝廷向韓侂胄稟報，前面四點，方儒信一一說了，到了第五點，方儒信吞吞吐吐不敢開口，韓侂胄問道：「到底第五點是什麼啊？」

方儒信顫聲道：「他們說要太師您的人頭……」

韓侂胄大怒，立刻調兵遣將，打算重新出兵，可是那時候戰況對宋朝極爲不利，士兵將領毫無鬥志，作戰也就延宕下來，滿朝上下，人心不安。

也是那韓侂胄專權已久，大作威福，排除異己，積怨極深，北伐不利，反對他的順勢而起，都說應當接受金人條件，請誅韓侂胄。禮部侍郎史彌遠入宮晉見宋寧宗，把朝廷裡沸沸湯湯的議論全都稟報，宋寧宗搖著頭說道：「這些意見恐有不當，韓太師有安邦定國之功，朕怎能擅殺功臣？」

皇后楊氏在一旁說道：「陛下您這就想偏啦，現今滿朝文武，誰不當韓侂胄是個奸臣哪？他削奪了秦檜的官爵謚號，依臣妾看，他比那秦檜也好不到哪裡去。」

楊皇后與韓侂胄素來不睦，她在宋寧宗耳邊不斷說韓侂胄壞話的同時，也暗中支持史彌遠，讓他和自己的哥哥楊次山、大臣錢象祖、李璧等人，共同商量誅除權臣的計謀。

安排妥當，就在開禧三年十一月三日發難，那天韓侂胄正要上朝，中軍統制夏震率領勇士埋伏在道路之旁，一見韓侂胄出現，突然湧上，將他用大鐵鎚打得腦將迸裂，史彌遠隨即拿出預先藏好的詔書，在朝會之上宣布韓侂胄的罪狀，並把依附韓侂胄的宰相陳自強貶官。

韓侂胄既死，和議的阻礙去除，宋朝便完全接受金人的條件，將首級送往北方，兩國約定恢復疆界，增加歲幣至銀、絹各三十萬，宋朝另外拿出三百萬兩白銀用來犒賞金軍將士，這是宋寧宗嘉定元年，公元一二〇八年夏天的事，使稱「嘉定和議」。

這是宋金之間最後一次和議，從此之後，南宋朝廷又出了一個權臣史彌遠，他的政治手腕比韓侂胄更爲高段，掌權的時間更久，而金朝也因爲忙於對付蒙古，一時之間無暇顧及南方問題，兩國之間你來我往的征戰，暫時告一段落。

而就在此時，蒙古人的興起，讓中國北方的局面，乃至於整個時代的進行方向，完全改變。

第二章：元帝國的興衰

一代天驕成吉思汗，草原上的蒼狼，率領著蒙古騎兵隊，橫掃整個亞洲大陸，金朝也淪亡在他們的鐵蹄之下。

蒙古以強大的騎兵縱橫歐亞大陸，所到之處無人能敵，令他們想不到的是，攻打弱小的南宋，卻遭到前所未見的頑強抵抗，花了四十多年，歷經四任大汗，才將宋朝政權結束。

元世祖忽必烈是入主中原的第一任蒙古君主，他的文化素養較深，知道要以少數民族統治人口眾多的漢人地區，必須重視漢人的文化與制度，元朝，就是在這個思想下建立起來的。

可惜的是，元世祖選擇漢化，卻與蒙古本土漸行漸遠，西方的四大汗國各行其是，成為分立的國家，彼此之間互相作戰，元世祖的繼承人，又沒有他的素養，導致政局糜爛不堪，「馬上得之，馬上治之」，偌大的帝國迅速趨向瓦解。

成吉思汗

陝西終南山上有個全眞教，那是宋元之際十分興盛的一個道教派別，在全眞教長春眞人丘處機的弟子李志常所撰述的《長春眞人西遊記》一書當中，首次提到了「蒙古」這個名詞，此後蒙古二字便成爲縱橫在大漠南北草原上的一支強悍遊牧民族的正式名稱。

這個民族的起源至今還沒有人能確定，比較可信的說法是源自於西周至戰國時代興盛於此一地區的東胡族，與契丹、女眞人系出同源，卻長年受到這兩個民族的統治。

他們完全靠著遊牧爲生，在一望無際的蒼茫草原之上，偶爾零星分散的蒙古包，用皮毛、木料搭建起來，便是他們溫暖的家，只消當地的牧草被牲口吃完，他們就會把蒙古包拆卸下來，用牲口載運著，到下一個水草豐潤的地方暫居。

據他們自己的傳說，他們是草原上蒼狼的後代，流著高貴的血液，享受著滄桑孤寂與永無止境的漂泊。

正因爲這種生活方式，使他們一直沒有建立起統一的政權，有時候一個部落聚居在一起，有時候一兩個氏族一同生活，更有單一的家族獨自生活的，他們經常受到契丹人、女眞人的欺壓，自己的部落與部落之間，也經常發生戰爭，弱肉強食的世界，養成他們勇悍不屈的堅毅性格。

名義上他們臣服在遼、金的威勢之下，有時也會受到西夏的欺凌，實際上遼國、金國的統治對他們鞭長莫及，除了偶爾派人來徵稅、搶奪牲口或者屠殺之外，大部分的時間裡，蒙古人都是獨立的生活著。

大約在南宋初年的時候，有個名叫合不勒的尼倫族領袖，被推舉爲「可汗」，他讓斡難河（今鄂嫩河）附近的蒙古部落團結起來，反抗金人的欺壓，也讓蒙古部族逐漸強大起來，金熙宗皇統十七年，公元一一四七年，合不勒汗領導著蒙古的騎兵與金熙宗的軍隊展開大戰，把金兵殺得大敗，金熙宗只好承認蒙古的獨立，劃定克魯倫河以北爲蒙古人的領土，而這一年合不勒汗就正式的建立了大蒙古國。

蒙古雖然獨立，內部的部族之間仍然征戰不休，也經常與金國發生戰爭，合不勒汗的後繼者俺巴孩汗就是被金人殺死的，俺巴孩汗臨死之前，還留下遺言說道：「你們就算是把指甲磨掉，把手指頭凍掉，也要努力替我報仇。」

由於可汗繼位的方式無法得到妥協，演變成本部兩大家族之間的對立，這兩大家族就是泰赤烏族與乞顏族。乞顏部推選也速該當可汗，泰赤烏族就推出另一位可汗與他作對。

也速該的長子鐵木眞，出生在金世宗大定二年，公元一一六二年，鐵木眞九歲，也速該帶著兒子，前往呼倫池東邊的斡勒忽訥兀惕族，想要替他找一個妻子，半路上遇見了朋友，翁吉剌惕部的德薛禪。

德薛禪很喜歡鐵木眞的相貌堂堂，對也速該說道：「我昨天夜晚夢見一隻白色的海東青，抓著太陽和月亮，飛到我的手裡，今天，你就帶著鐵木眞來到我的族裡，這一定是吉兆，是我翁吉剌惕的吉兆，也是你乞顏的吉兆。」又說道：「我們翁吉剌惕都是漂亮的女孩，可以獻給你們乞顏部，成爲王室的妻子。」

也速該聽了德薛禪的話，就把鐵木眞留在德薛禪家中居住，同時德薛禪還把自己十歲的女兒帛兒帖許配給鐵木眞。兩家從好友變成至親，鐵木眞在德薛禪家中住了好幾年。

當鐵木眞十三歲那一年，也速該前來探望他，返回部落的時候，趕了一段路，覺得肚子餓，剛好看見有一群塔塔兒部落的人們，在草原上舉行宴會，蒙古人好客，只要有宴會，誰都可以參加，也速該走進人群，參加了塔塔兒人的宴會。

塔塔兒部和乞顏部曾有過節，當年俺巴孩汗就是被塔塔兒部的人出賣，才被金人抓住殺死，也速該大概餓得慌，沒想到這一點，毫無防備，卻被塔塔兒部的人認了出來，偷偷地在也速該的馬奶酒裡下毒。也速該離開宴會之後，毒性發作，忍痛趕回家中，當晚就一命嗚呼。

也速該一死，乞顏部群龍無首，應當繼任領袖的鐵木眞年紀幼小，無力領導部落，致使許多人都去投靠泰赤烏部。泰赤烏部的首擔心鐵木眞將來長大向他們報仇，就帶領人馬捉拿鐵木眞，想把他殺害，鐵木眞得到消息，連忙逃往森林躲藏。

這一躲就躲了九天九夜，沒吃沒喝，忍不住飢餓，只好離開森林，馬上就被泰赤烏人俘虜。年輕的鐵木眞被銬上木枷，帶往各個部落示眾，吃盡了苦頭，過了許久，泰赤烏部的族人聚集在斡難河邊舉行宴會，鐵木眞趁著看守不防備，舉起木枷把看守他的人砸昏，並在也速該的舊部鎖兒罕失剌的幫助下，逃了出來。

「等我將來成爲大汗，你的子孫都可以當千戶長，享受最爲美好的牧地。」鐵木眞對鎖兒罕失剌說道。

鐵木眞與他的母親、弟妹會合，又躲進深山裡，靠著捕捉山上的野鼠、斡難河裡的魚爲生，又要躲避仇家追殺，顚沛流離，後來連他的妻子帛兒帖，都被另一個部落蔑兒乞部抓走，而他則倉皇躲進山中，逃過一劫。

「現在的我，連自己的妻子都不能保護，將來的我，一定要變成所有蒙古人的大汗，把天空底下的土地，都變成我們蒙古人的牧場，把所有的美女駿馬，都變成我們蒙古人所有！」鐵木眞向著他所崇敬的山神暗自立下誓言：「不兒罕山保護了我的性命，以後我會永遠祭祀，我的子孫也會永遠祭祀。」

爲了生存，從泰赤烏部逃出來的少年鐵木眞，帶著母親前去投靠父親生前的老友，克烈部的族長王罕，王罕曾與也速該結爲安答，安答的意思是好朋友，生死之交，和宋朝時興拜把兄弟意思差不多，他很欣賞鐵木眞堅忍的性格，鐵木眞也把王罕當作父親那樣尊敬。

在王罕的幫助之下，數年之間，鐵木眞重新聚集了離散各地的乞顏部老部下，逐漸恢復實力，又與札達蘭部領袖札木合結爲盟友，一同出兵打敗了蔑兒乞，把妻子帛兒帖搶回來。

帛兒帖曾被蔑兒乞部酋長強佔爲妻，此時已經生下一個健壯的男孩，鐵木眞看見這個男孩長得好，十分喜歡，也不在意並非自己親生，說道：「這眞是一個不速之客啊！」就以蒙古語「客人」的意思，將男孩命名爲朮赤。

鐵木眞和札木合二人是童年時代的朋友，彼此長大以後很久都沒有來往，此次共同討伐蔑兒乞部的戰爭，使他們恢復了童年時的友誼。
他倆一起愉快地回顧著兒時的往事，回憶著一同在結冰的斡難河面上遊玩，互贈辟石的情景，回憶著一道以射箭爲樂，互送箭鎬的時刻，他們曾經結爲安答，現在他們都是獨當一面的領袖，各自擁有一片天地。
論出身，鐵木眞的地位比札木合高，因爲他是王室的後裔，是合不勒汗的直系後代，但是論實力，札木合卻比鐵木眞強大，在討伐蔑兒乞部的戰爭，主要依靠的都是他的兵力。
他們的聯盟基礎建立在兩人之間深厚的友誼之上，結爲安答的時刻，他們便已經立誓，不論遇到什麼困難，他們都要毫無條件的幫助對方，現在他們就是在實踐當時的諾言。
他們互贈戰利品，鐵木眞把從蔑兒乞擄獲的一條金帶、一匹小黑馬送給札木合；札木合則把他從蔑兒乞擄掠來的一條金帶和一匹白色的馬送與鐵木眞。
在豁兒豁納黑川之畔，有著險如刀削的忽勒答合兒山崖，上面有一棵神聖的松樹，鐵木眞與札木合舉行盛筵以締盟約，並且又結了一次安答，並且各自帶著族人松樹下跳舞，夜幕降臨了，他們睡在同一個蒙古包裡，秉燭夜談，他們之間緊密的聯盟持續了一年半左右。
在這一年半之間，鐵木眞的實力不斷增強，他有著與生俱來的領袖氣度，寬懷大度，英勇果敢，作戰時擄獲的財富，絕對公平的分配給有戰功的部屬，有吃的有穿的，總是先讓自己的族人享受，因此得到許多部落酋長的擁戴。

可是鐵木眞的興盛，卻惹來了札木合的嫉妒，在他心中總認爲，自己才是蒙古各部落的領導人，鐵木眞有的只是血統，而他卻是眞正有實力的領袖。

金大定廿九年，公元一一八九年，在阿勒壇、忽察兒、撒察別乞等二十六部首領的共同推崇之下，鐵木眞宣布即位爲汗，終於繼承了父親的地位。

「你當了可汗，我們爲你殺敵，打仗的時候擄來的財寶美女，我們會先贈送給你，打獵的時候捕獲的野獸，我們會先奉獻給你，如果我們不聽你的號令，你可以奪取我們的人民，搶走我們的子女，把我們的頭顱砍下，拋在荒涼沒有人煙的地方！」各部首領紛紛向鐵木眞立誓。

三十五歲的鐵木眞，重振乞顏部的雄風，引起了鄰近部落以及仇人的惶恐不安，最先與他決裂的，就是他的好朋友札木合。他以牧地的衝突爲理由，發動十三部兵馬約莫三萬人，襲擊鐵木眞，鐵木眞聽說自己的安答率兵打來，十分驚訝，連忙調集部屬，同樣徵召了十三部落三萬人，迎擊札木合。

這場「十三翼之戰」，鐵木眞倉促應戰，結果不敵札木合的氣勢，乃退守斡難河自保，札木合算是贏得了勝利。

勝敗並不能決定命運，鐵木眞也沒有遭到致命的打擊，相反的札木合反而局面不利，師出無名，攻打朋友，札木合被性情磊落的蒙古人所輕視，人心漸漸離散，逐漸沒落下來，大家都稱讚鐵木眞才是眞英雄，投靠他的部落越來越多，一盛一衰，與戰爭的結果完全相反。

鐵木眞就在斡難河畔訓練兵馬，壯大實力，這其間他還短暫的臣服在金國之下，協助金國攻打他的殺父仇人塔塔兒部，幾乎將塔塔兒全族消滅，搶奪到非常豐厚的戰利品，聲勢更盛，能與他抗衡的，只剩下王罕、乃蠻部的太陽汗等少數勢力，「統一蒙古」的口號，對鐵木眞而言，已經不是只能在心中默禱的話語了。

金章宗泰和元年，公元一二〇一年，札木合聯合一群殘餘的勢力，塔塔兒、乃蠻、泰赤烏、蔑兒乞等等與鐵木眞有仇的部落，組織一個新的聯盟，共推札木合爲「古兒汗」，並且大舉進攻鐵木眞。

「早就知道會有這一天，我的命中注定要和安答決一死戰。」鐵木眞十分鎭定，他早已和王罕聯絡好，兩軍會合，沿著克魯倫河迎擊，對這次作戰，鐵木眞特別小心，因爲他知道這一戰不但關係著他個人的性命，也關係著蒙古將來能否統一。

兩軍在闊亦田（在今呼倫池西北）交戰，札木合的軍中有兩個巫師，自稱曉得呼風喚雨之術，札木合竟然相信他們，叫他們在兩軍對陣之前先行作法。

天色眞的如同這兩人所說的那樣，變得陰暗下來，忽然一道閃電，降下傾盆大雨，札木合面露喜色，以爲眞的招來了大雨，此戰必勝，想不到大雨招來了，狂風卻不聽話，朝著札木合軍營猛吹，士兵必須逆風面雨而戰。

結果這一仗，鐵木眞與王罕聯軍大勝，札木合軍隊潰散，四下逃亡，鐵木眞追擊泰赤烏部，王罕追擊札木合，又紛紛獲得勝利，鐵木眞擄獲了泰赤烏部的強悍勇士，王罕則逼得札木合向他投降。

接受札木合，成爲鐵木眞與王罕決裂的導火線。

王罕很重視自己與鐵木眞之間的這份父子之情，但是札木合卻盡力從中挑撥，他總在王罕的耳邊說著：「鐵木眞野心那麼大，難道能容得下您的存在嗎？他經常與乃蠻互通使節，就是要對您不利，以您的身分地位，難道可以坐視不管嗎？當您要消滅鐵木眞時，我願意充當您的先鋒，供您驅使。」

王罕的兒子桑昆早已被札木合說服，他一向瞧不起年少時可憐兮兮跑來依附自己父親的鐵木眞，就幫著札木合一同說嘴，王罕起初不爲所動，到最後終於還是被說動，對著桑昆說道：「老馬已經跑得疲倦了，今後的一切，就讓你去決定吧！」

鐵木眞也很重視自己和王罕之間的情誼，即使自己已經被推舉爲可汗，他仍然尊稱對自己有大恩的王罕爲「父汗」，當他知道札木合、桑昆等人經常在王罕旁邊說壞話，覺得很擔心，就向王罕建議，讓乞顏部與克烈部通婚，加強兩族之間的關係。

桑昆抓住這一點，就約了鐵木眞前來赴宴，說是要商量婚約之事，準備在宴席之間將他殺害。鐵木眞不疑有他，帶了十幾名衛士前往，行至半路，有人前來警告他：「桑昆向來瞧不起朮赤，怎會願意把女兒許配給他？此時忽然邀請您赴宴，一定抱著惡狼一般的計謀，大汗您的生命比金銀財寶更加可貴，一定要小心謹愼。」

鐵木眞聽了建議，便掉頭返回，並且派了人去向桑昆敷衍一番，說是臨時有事，不克赴宴。

桑昆見計謀難以得逞，索性與鐵木眞翻臉，率領部眾偷襲鐵木眞的駐地，鐵木眞沒料到克烈部會這麼快撕毀同盟，來不及準備，倉促之間只調動得了三千兵馬，迎戰好幾倍的敵軍，結果遭到此生第一次的慘敗，隊伍潰散，只帶了十九騎倉皇而逃，他們逃到林木幽深的地方暫時安頓，那裡只剩下一條蒙古人稱之爲巴勒渚納河的水源，而且已經接近乾涸，只有少量的泥水可以飲用，情況十分悽慘。

但是，效忠於他的部落紛紛前來向他輸誠，並且表示他們一定會依照當初的誓言，繼續爲鐵木眞效命，鐵木眞感動地說道：「從今以後，我將和你們一同吃苦，一同享福，如果違背了誓言，就讓我如同巴勒渚納河一般乾涸。」

稍加安頓，鐵木眞所做的第一件事，就是寫信指責王罕：「汗父！從前不亦魯黑汗死後，你殺了兩個兄弟，搶奪了汗位，你的叔父出動大軍，差一點把你消滅，如果不是我父親也速該，你怎能活得下來？後來，我父親與你結爲安答，所以我才尊稱你爲汗父。

「你被乃蠻族逼迫，逃往太陽落下的地方，我派了我的兩個兄弟，前去營救你；看見你那時候衣服破得可以看見身體，飢餓得像是即將熄滅的營火，身體瘦弱得像是枯死的樹木，我立刻起兵攻擊木里查黑木阿勒等部落，搶來肥壯的羊馬贈送給你，讓你不到半個月就肥胖起來。

「我以替汗父捕捉老鷹、飛鳥爲名義，闖入朵兒鞭、塔塔兒、哈塔斤、撒勒只兀、翁吉剌的領地，逼得他們都降服於你，爲你獻上美好的馬奶酒，讓你可以盡情享用，這也是我爲你建立的功勞。

「汗父，你應該記得我們在哈剌河畔的約定，即使有性情如同毒蛇一般狠毒的人，想要破壞我們父子深厚的感情，我們也不應該聽信他們的言語，就算要絕交，也要當面解說清楚！可是汗父你卻不聽我的說明，就要和我疏遠！

「汗父啊，你爲何要用被我所降服的部落來攻打我？你爲什麼不肯和平相處，讓我們的子民可以安穩的生活？我在當你部下的時候，從來沒有因爲你分配不公平，而有半句怨言。

「汗父啊，如果一輛雙輪牛車，壞了一個輪子，還要牛兒用力拉車，那就會讓牛兒的頸子受傷，這時候，如果解下繩索，車子就無法行走，那就會被盜賊所搶奪；如果硬要牛兒拉車，牛兒必定會死去。對你來說，我的重要性，就如同壞掉的那一個輪子。而你如今這樣對我，要我如何再能向你獻上我的忠誠呢？」

王罕看了鐵木眞的指責，覺得句句入情入理，深深感到後悔，責罵桑昆說道：「你啊，害得我們攻擊了不該攻擊的人！」

桑昆卻說道：「父汗，你不要聽信鐵木眞的花言巧語，他從前蒙蔽了您，現在您仍願意被他所蒙蔽嗎？」

王罕已經被兒子的勢力所包圍，就算他想要挽回，也是無能爲力，只能任憑桑昆等人擺佈。

鐵木眞在巴勒渚納河畔重新整頓，他的弟弟合撒兒不久之後也和他會合，兄弟二人共同商量出一個對策，派了兩個使者前往克烈部，假裝投降，實際上探聽虛實，傳回情報，這一招輕易奏效，桑昆等人認爲鐵木眞已經衰弱，沒有什麼好害怕的，就放鬆了防備，集中了各部落的領袖大開宴會慶祝。

於是鐵木眞抓住這個機會，集中軍力，偷襲王罕的營地，把一群正在喝酒跳舞的人們驚訝得不知所措，惡戰了整整三晝夜之後，鐵木眞終於大獲全勝，王罕父子與札木合分別逃亡，王罕被乃蠻人所殺，桑昆一路逃往曲先（今新疆庫車），也被當地君主抓住殺掉。

至於札木合，則躲進了乃蠻的領域，最後竟然與乃蠻領袖建立良好關係。

與王罕之間的對決，總稱爲「哈蘭眞之戰」，獲勝之後，鐵木眞的勢力如日中天，整個蒙古草原之上，只剩下一個乃蠻族，可以和他相爭，因此，那些反對蒙古統一的保守派，也只好去依附在乃蠻族的勢力之下。

乃蠻族居住在蒙古的西邊，佔據著廣大的土地，據說他們是突厥人的後裔，信奉景教，那是從西方傳播而來的基督教裡的一個派別，這表示乃蠻人在文化上已經是另外一個民族，與蒙古人不屬於同一個範圍。他們的社會比蒙古人更進步，使用回鶻文字，具備完善的典章制度，擁有強大的實力。

他們的領袖自稱大王，接受金朝冊封，由於語言上的隔閡，翻譯上的錯誤，致使金國使者把大王的發音念錯，反而使他們的領袖名字聽起來頗爲氣派，人稱「太陽汗」，就如同這個名號一樣，太陽汗是一個很有野心的君主。

當王罕兵敗逃來，被乃蠻人殺死，太陽汗聞聽消息，叫人去把王罕的人頭呈上來檢視。「唉，想不到縱橫草原一時的王罕，竟然也有這一天。」爲了表示哀悼，太陽汗命人演奏起悲傷的音樂。

怪事發生了，王罕的頭顱，竟然露出微笑的神情，太陽汗見狀，覺得毛骨悚然，連忙揮手叫人把頭顱拿出去埋了，並且自言自語地說道：「有人說，在我們的領土上，會出現一個蒙古汗，把天際以下的土地，全部納爲己有。哼，這個傳說想必就是在講那個打敗王罕的鐵木眞吧，一個匣子裡容不下兩把劍，我倒要看看，是他們蒙古人還是我們乃蠻人能夠成爲那一把唯一的劍。」

他的自言自語說得很大聲，一旁的人都聽得見，便有人建議道：「那些蒙古人個個土裡土氣，笨手笨腳，就算抓來也沒多大用處，不過，大汗倒是可以多抓一些蒙古女人，把她們洗乾淨，讓她們負責擠牛奶的工作。」

太陽汗聽了哈哈大笑：「很好，就讓她們來擠牛奶。」他派遣使臣，前往東方聯絡汪古部的酋長，和他們相約，東西兩面同時出兵，夾擊蒙古。

汪古部覺得蒙古在鐵木眞的領導下，越來越強大，不願意與之爲敵，就派了使者，前去將太陽汗的陰謀告知鐵木眞。

那時候鐵木眞正與部落中的人們圍獵，慶祝哈蘭眞之戰的勝利，得知這個消息，連忙召集各部首領，商討對策。許多人紛紛說道：「現在是春天，馬兒瘦弱無力，應該等到秋天馬肥之時，再向乃蠻發動攻擊。」

鐵木眞的幼弟鐵木哥斡赤斤力排眾議：「既然要攻擊敵人，就要在敵人還沒有準備好的時候突襲，等到秋天，我們的馬兒肥了，他們的馬兒也壯了。」

於是蒙古人大舉入侵乃蠻。

鐵木眞把騎兵隊帶往前線，遠遠望見乃蠻族的大軍，密密麻麻地整齊排列，遂下令隊伍暫時停止前進：「我們看得見他們，他們也必然發現了我們，我軍人少，應該先在此地休息，佈下疑兵，等到他們猶豫不決，我軍再發動攻擊，直搗敵人中軍，如此必能得勝。」他還特地挑了幾匹特別瘦弱的戰馬，讓斥侯兵騎著去乃蠻哨兵前面虛晃。

乃蠻哨兵連忙行至太陽汗前回報：「蒙古兵馬已經來了，我們抓到幾個斥侯，都是又瘦又小，看樣子他們的實力不強。」

太陽汗聞訊大喜，命人再探，回報的結果是，蒙古兵越聚越多，夜間點著火炬，如同繁星點點，料想每日皆有增兵。

太陽汗以爲蒙古兵力多，打算要撤退到阿爾泰山重新布陣，誘敵深入，然後轉守爲攻。但是這個想法遭到許多將領的反對：「我們乃蠻大軍與人作戰，向來只有前進，何時有撤退誘敵的作法？這簡直是懦弱的表現。」

「哼，你們竟敢說本王懦弱！」太陽汗一氣之下，下令進軍，推進到距離蒙古大軍不遠之處的山坡之上紮營，這是他第一次上陣，只因當初話說得太滿，親自督軍，此時看見蒙古軍陣容堅強，已經開始有些膽怯，於是找來投靠他的札木合，指著蒙古軍營大將，一一詢問。

「鐵木眞底下有四傑，那就是木華黎、博爾朮、博爾忽、赤老溫，他們每個都有著星星一樣多的智謀，也有著大鷹一般的勇略；鐵木眞底下有四狗，那就是哲別、者勒蔑、乎必來、速不台，他們每個都是忠心耿耿，勇猛善戰的大將。」

太陽汗被札木合唬得一愣一愣，心中更是害怕。

忽然之間，蒙古全軍吶喊起來，鐵木眞下令發動攻擊，蒙古軍是仰攻，較爲不利，可是太陽汗被蒙古兵的氣勢震懾住，忘記下達命令，被蒙古軍取得先機，兩軍大戰，乃蠻軍大敗，太陽汗身負重傷，不久之後死去。

太陽汗的兒子屈出律率領殘部逃亡，投奔北方的不亦魯黑汗，第二年，鐵木眞領軍追擊，越過阿爾泰山，把不亦魯黑汗的勢力也消滅，屈出律又轉往西遼國依靠。

札木合帶著一群族人東奔西逃，最後只剩下五個人跟隨在旁邊，而這五個人終究還是背叛了他，將他捆起來，送去給鐵木眞。

鐵木眞看著自己昔日的好朋友，狼狽不堪地五花大綁跪在前面，覺得十分感嘆，說道：「我與乃蠻大戰前夕，收到一封信，告訴我乃蠻軍隊一點鬥志也沒有，這封信是你寫的吧？」

札木合沒有說話。

「我們雖然曾經在戰場上廝殺，但是你心中仍然惦記著我這個朋友，當初與王罕作戰，你把王罕的情況告訴我，現在與乃蠻打仗，你也用言語讓太陽汗心驚膽跳，這些恩情，我不會忘記。」鐵木眞嘆道：「過去，你我二人就像車之兩轅，但是你分離而去，如今，既然你又回來了，不妨留在我身邊吧，我們還可以當安答。」

札木合說道：「我們從小時候就是好朋友，什麼苦都一起吃過，什麼話都曾經聊過，只因爲受到離間，這才分別，想起過去我的所作所爲，實在沒臉繼續活著，而今安答要我留在你身邊，反而讓我更加不安，現在我只希望你能顧念往日的友情，賜我不流血的死去，讓我的靈魂可以進入天堂，等我死後，一定會永遠保護安答的子孫。」

蒙古人相信，流血而死的人，靈魂就會永遠在人世之間飄盪，不能超生，因此鐵木眞准許了札木合的要求，賜他自縊而死，並且以厚禮將他下葬。

消滅乃蠻之後，遼闊的蒙古草原之上，已經不再有鐵木眞的對手，他又花了一段時間，肅清所有的反對勢力，到了公元一二〇六年的時候，蒙古的各部族在斡難河畔召集「忽里勒台」大會，他們共同爲鐵木眞上了一個尊號：成吉思汗。

成吉思汗有著多重的意義，指的是海內寰宇的統治者，萬王之王，人類的領袖，宇宙的皇帝。這就是當初鐵木眞被追殺到深山當中躲藏之時，偷偷對山神立下的誓言，現在，他有了這樣的尊號，便要進一步實踐這個尊號象徵的意涵。

在此同時，成吉思汗著手對蒙古部落的組織進行更動，他大封功臣，設立了四個萬戶侯，九十五個千戶侯，整編軍隊組織，並將自己的衛隊從原本的八十人擴增爲一萬人，稱之爲「怯薛」，成爲蒙古大軍的核心部隊。

此外，他又設立了「札魯忽赤」，掌管全國民政、司法之權，相當於宰相的地位；又設立「必闍赤」，掌管文書詔令。他們從乃蠻部落俘虜了掌印官塔塔統阿，他是維吾爾人，成吉思汗就命令他用維吾爾文字來創造蒙古文字。

就在這些制度建立的時候，「也可．蒙古．兀魯思」國也成立了，它的意思，就是大蒙古國，從此之後，這個原本是一盤散沙的民族，有了集權的統治，有了中央政府，傳統的遊牧社會型態被這樣的新制度結合起來，成爲一個統一的國家。

這一年是金章宗泰和六年，宋寧宗開禧二年，宋金之間打得不可開交，宋朝權臣韓侂胄是戰爭的導火線，兩年之後韓侂胄被殺，宋金議和，疆界領域毫無變化，彷彿一切從未發生。

南侵與西征

統一了蒙古本土的成吉思汗，開始將他的眼光投向鄰國。

在蒙古的周圍，並存著許多政權，除了金朝、南宋這兩個以漢人民族為主體，只是統治者不同的政權之外，還有蒙古人稱之為唐兀惕的西夏，再往西邊的今日新疆一帶，有著遼人後裔所建立的西遼國，以及臣服在西遼國底下的維吾爾，南宋之南還有與世無爭的大理，大理以西的青藏高原之上，還有歷史悠久的吐蕃。

成吉思汗曾經對他的兒子們說道：「世界是如此的廣大，江河是如此的悠長，你們將來各自領兵，攻佔外國，把奪來的土地重新分配，作為自己的牧場。」

這是遊牧民族的價值觀，也是促成蒙古人毫無止境向外侵略的動力，這股動力促成了中國歷史的改寫，也讓全世界為之震動。

成吉思汗的第一個目標，就是當時國際社會地位最高的金國，這是他的祖先俺巴孩汗臨死之前的遺言，但是在他的想法之中，金國畢竟是長久以來的宗主上國，想要挑戰他的地位絕非一蹴可及，再加上蒙古與金國之間，隔著浩瀚無垠的戈壁沙漠，對於金國的虛實還不能瞭解，所以成吉思汗採取了比較謹慎的態度。

所謂謹慎的態度，並非按兵不動畏首畏尾，這不是這位征服者的性格，他要讓後方的局面更穩定，再去對付金朝，至於如何穩定後方局面呢？那就是對西方的各國發動攻擊。

首當其衝的便是西夏。

許多年前，西夏曾經讓北宋吃盡了苦頭，也曾有過強大輝煌的時代，但在此時，它的國力已是十分衰弱，當成吉思汗消滅乃蠻的時候，就曾經「順便」打下了幾座西夏城池，那時成吉思汗曾經要求西夏向蒙古稱臣，過了兩年，西夏仍未回應，於是成吉思汗就用這個理由，對西夏展開一連串的攻擊。

從公元一二〇五年，金章宗泰和五年開始，四年時間，成吉思汗對西夏發動了三次大規模的進攻，從蒙古到西夏都城興慶，當中乃是荒涼的戈壁灘，沒有人煙，也沒有任何要塞足以構成蒙古軍隊進軍的障礙，因此成吉思汗的騎兵可以長驅直入，打到興慶城下。

然而，位於河套綠洲的興慶城，卻是一座經營了百餘年的城池，擁有著高大的牆垣與堅實的防禦，成吉思汗的部隊都是輕裝騎兵，沒有攜帶攻城器械，面對著厚實的城牆，成吉思汗只能望之興嘆。

眼見難以強攻，成吉思汗心生一計，命令士兵掘開一旁灌溉用的河堤，使黃河改道，企圖以水攻的辦法淹沒興慶，然而，由於隊伍之中沒有工程師，這個計畫便以失敗告終。

長期的對敵，西夏人也已身心俱疲，和絲路上的眾多城市相同，西夏人民大多依靠經商爲生，蒙古大軍的包圍，阻礙了商業往來，使得旅行商人們紛紛破產，國家就更難以維持。

在這種情況下，西夏國主決定向蒙古屈服，依照成吉思汗的條件，稱臣納貢，使西夏成爲蒙古國的藩屬，每年贈與大量的金銀財寶絹帛、駱駝馬匹牛羊，求取暫時的苟安。

成吉思汗征服了西夏，便將矛頭轉向金國。

算起來，成吉思汗三度攻打西夏，就是爲了讓士兵練習攻城戰術，有鑑於金國有著漢人修建的萬里長城以及比興慶還要堅固的城牆保護著，成吉思汗曾經想要以納貢爲名，親自前往金國，一探究竟。

不過金國對蒙古人很不放心，不肯讓成吉思汗入朝，只派了衛王完顏永濟在邊境接見。完顏永濟是個徒具儀表卻庸懦無能的人，見了成吉思汗，態度非常傲慢，把成吉思汗與他的隨從當成野蠻人看待，這把成吉思汗也惹火了，腦中浮現的是過去金人如何荼毒自己族人與祖先的景象，貢品點收完成，調轉馬頭，也沒向衛王行禮，逕自北返。

衛王完全不覺得自己有錯，回朝之後，拚命慫恿朝廷出兵攻打蒙古，但是卻因爲金章宗的逝世作罷，而這位昏庸的衛王，居然繼承大位，成爲金朝的皇帝。

使者來到蒙古王庭，告知成吉思汗這項訊息，要求他繼續獻上忠誠，成吉思汗問道：「你們的新君主是誰？」

金國使節答道：「就是衛王。」

成吉思汗輕蔑至極，向著南面金國的方向吐了一口唾沫，冷冷地說道：「我本以爲中原上國的皇帝，該由上天指派的人才來作，想不到竟然是這種人？憑什麼叫我向他朝拜？」

說完轉頭便走，也不肯接受詔書，留下了滿臉錯愕的金國使節愣在原地。

蒙古與金國至此斷絕關係，金國朝廷曾經多次提議討伐，卻因爲衛王的優柔寡斷而沒有行動。

公元一二一一年，金大安三年三月，由成吉思汗帶著四個兒子：朮赤、察合台、窩闊台、拖雷，分別率軍，大舉入侵金國。在出發之前，成吉思汗召集各部落首領，在克魯倫河畔舉行嚴肅的祭天儀式：「長生天在上，我決定要整頓兵馬，爲遭到金主卑鄙害死的俺巴孩汗報此血海深仇，上天若准我復仇，則助我一臂之力，命下界所有人神齊集而助我一戰！」

從克魯倫河到金國中都，距離長達數千里，以金國的力量，絕對有機會準備，但是衛王完顏永濟的昏庸，使得這個機會喪失。蒙古調兵遣將的動作，邊境早有人發現，有人連忙去向完顏永濟稟報，竟然遭到他的一陣怒罵：「胡說八道什麼？造謠生事，妖言惑眾！」將好心前來稟報之人打入大牢，等到得知所報不虛，爲時已晚。

四月間，金朝由於事出倉促，難以應付，於是遣使去向成吉思汗求和，遭到拒絕，到了七月，蒙古軍隊進入金國境內，主力直逼居庸關，金國慌忙調集了四十萬人馬，北上迎擊，雙方在會河堡野狐嶺（今河北懷安縣東）激戰了三天，金兵大敗，精銳盡失，能夠帶兵的將領都在此役遭到殲滅。

從此強弱之勢逆轉，金國再也無力抵抗蒙古侵略。

由朮赤、察合台、窩闊台率領的右手軍，連連攻下河北、內蒙的廣大地區，將當地金人所養的馬匹全部擄去，成吉思汗自己與拖雷率領的中軍、合薩兒率領的左手軍則橫掃了山西北部。

第二年成吉思汗進攻金國西京（今山西大同），把金國元帥左都監奧屯襄的部隊全數殲滅，又過一年，成吉思汗兵分三路，打下了居庸關，掃蕩河北、山西、山東九十多座城池，所到之處焚燒屠殺一空。

蒙古大軍雖然打得興盛一時的金國毫無招架之力，但是成吉思汗南下用兵的目的，只是在搶奪財富，打下來的城池也沒有佔領，往往退兵之後，又被金兵重新佔領，而金國爲了防止蒙古再度來犯，又使出堅壁清野之策，把這些地區的房舍莊稼焚燬，幾次往返之下，華北地區生靈塗炭，城池變成廢墟，農田變成荒野，百姓餓死凍死的不計其數，遍地都是白骨。

金國朝廷也生政變，昏庸無能的衛王被右副元帥胡沙虎殺死，胡沙虎另立昇王完顏珣爲帝，是爲金宣宗，不過這樣仍然無法扭轉蒙古人的攻勢，佔有居庸關的蒙古大軍，輕易包圍了中都，準備要將金國消滅。

然而蒙古騎兵不擅攻城的缺點又在此時暴露，關外的城都是一些小城，九十多座打下來如同秋風掃落葉，不費多少力氣，中都卻不一樣，那裡是遼、金三百多年的五京之一，也是後來元朝的大都、明朝清朝乃至於現代的北京，城牆的厚實堅固絕對比當初的興慶更有過之。

攻城戰打了一年，戰士死傷甚多，蒙古兵人數不多，實在沒有本錢打這種消耗戰，於是派人去向金宣宗喊話：「你們山東、河北郡縣都已被我攻下，單單守住一座燕京城，有什麼用呢？既然上天要讓你面臨這樣的窘境，我再逼迫你，大概也沒什麼意義了，現在我願意退兵，只看你能拿出什麼犒賞，來平撫我軍將士心中的不滿。」

這番喊話讓城中的金國朝廷陷入爭論，兩名宰相分別表示不同的意見，高琪道：「蒙古人撐不下去了，我們趕緊衝出城去與他們決戰，必能獲勝！」完顏福興道：「此事萬萬不可，城中軍隊，家屬分散各地，他們的心到底在哪實在很難說，戰敗的話必定潰散，就算戰勝，也會因爲思念家人而逃離。捍衛祖宗社稷在此一舉了，我看蒙古人既然有意退兵，我們該派人去議和，等他們退走了，我們再作打算不遲。」

後來是完顏福興的意見得到採納，金國送去了衛王的女兒永濟公主和親，陪嫁的童男童女各五百人，馬三千匹，和議達成，成吉思汗退往居庸關外。

留在中都的金宣宗等人鬆了一口氣，也不敢繼續待在這座孤城之中，就在蒙古人退去之後不久，宣布遷都汴京，這麼做等於是宣佈放棄黃河以北的土地，也讓蒙古大軍在第二年就有藉口出兵，打下中都，並且放火燒了中都，把一座堂皇的都城化爲平地。

不過，至少遷都汴京，讓金國政權又延續了二十年。

值得一提的是，當年遼朝即將滅亡之際，退保南京析津府（即北京市），那裡是北宋念茲在茲的燕雲十六州的一部份；金國即將垮台前夕，遷都汴京，那裡則是南宋日夜圖謀恢復的故都，這兩個政權都是靠著從中國政府手中奪來的土地，延續自己的國祚。

世事滄桑難料，沒有幾年的功夫，金朝從一個強國，衰弱成人人欺負的落水狗，西夏趁機奪取金國的邊境，宋朝也不肯再贈與歲幣了。金朝可以掌控的狹小領土之內，社會經濟破壞，盜賊義軍四起，據地而立，紛亂無序，位於開封的金國朝廷，只能用盡力氣吊住最後一口氣。

金朝得以苟安，除了開封距離較遠，蒙古大軍渡河不易的地理因素之外，成吉思汗個人的想法也佔了重要的原因，在他看來，金國已經不是對手，他必須尋找更爲強大的對手，來滿足他不斷征服的個性。

於是他把征討金國的事，交給大將木華黎全權負責，自己則專心的面對西方的事務，木華黎雖有消滅金國的使命，卻沒有足夠的兵馬，實際上只是負起經略華北領土，穩住蒙古人在當地的統治基礎，並爲將來的繼續南進鋪路的工作。

當初成吉思汗消滅乃蠻之時，太陽汗之子屈出律逃往西遼，得到西遼皇帝的寵信，委以國家大事。他看見西遼皇帝直魯古整天只知道遊獵取樂，不理政事，心中升起了竄位的念頭，於是得到直魯古的允許，召集流亡的乃蠻、蔑兒乞部族民眾，重新組成軍隊，說是要效忠西遼，實際上暗中培養自己的勢力。

屈出律壯大了實力，又與西方的花剌子模國王相約，請他在自己起兵的時候，能夠幫助自己，事成之後，割讓西方城池。於是公元一二一一年當直魯古領軍出征的時候，屈出律便扯破了自己的假面具，與西遼翻臉，並且攻佔都城，挾持直魯古，逼他傳位給自己。

這場十分傳奇的王子復國記，並不如想像中浪漫，屈出律竄位之後，仍以遼爲國號，他有竄國的謀略，卻無治國的才能，對於國內絕大多數信奉伊斯蘭教的百姓，屈出律採取了一個十分錯誤的政策：強迫他們改信佛教。這下子弄得民怨沸騰，反抗不斷。

西遼內部的局勢變化，令成吉思汗頗覺訝異，在得到了詳細的情報，確認屈出律大失人心，國內動盪之後，就命令大將哲別領軍討伐屈出律：「你這次帶兵去，要向百姓們宣揚，只要他們投降我們蒙古，隨便他們愛信什麼神都可以，你的目標是屈出律，千萬要善待百姓。」

哲別照著成吉思汗的命令行事，所到之處，不佔而降，屈出律眾叛親離，所部潰散，只好拋下王位，逃往蔥嶺（今帕米爾高原），最後被哲別追上斬首。

消滅西遼之事，又讓花剌子模與蒙古人翻臉，原來成吉思汗知道花剌子模國與屈出律交好，擔心他們出兵援助，特地請了三名花剌子模來的旅行商人帶去一份國書，上面寫著：「我聽說閣下的國家疆土很廣，兵力很盛，覺得十分欣慰，對蒙古來說，你們就像我們的愛子一樣！蒙古攻打金國、征服乃蠻，想必閣下有所聽聞，蒙古是如此強大，我實在不用炫耀什麼了，現在只希望能與貴國通商，如此而已。」

花剌子模位於今日中亞阿富汗、伊朗等地，也是在短短幾年之內迅速崛起而強大的國家，居民信奉伊斯蘭教，國主稱做「沙」，首都位於薩馬爾罕，他們的君主摩訶末稱雄西域，也有心向東方進發，征服中國成爲世界的主人，不料卻接到了成吉思汗的國書。

「竟敢說我們是兒子？」摩訶末氣呼呼地問著三名使者：「這個蒙古國是怎麼回事？眞的有那麼強大嗎？」

使者答道：「如今他們的聲勢如同烈日一般照耀大地，就連東方的上國都被蒙古人打得逃走了！」

「成吉思汗……」摩訶末又問：「他的武力有我這麼強大嗎？」

三名使者低頭不語。其中一個比較機伶的看見摩訶末神色不悅，連忙說道：「成吉思汗的兵力，哪能與王相比呢？」

「哼！」摩訶末忖道：「如今我軍正要去攻擊巴格達，蒙古人牽制住西遼，也好讓我無後顧之憂……」於是說道：「好吧，你們下次前往東方做生意，替我傳一句話，就說兩國人民此後可以經商往來。」

這只是他的權宜之計，並非眞有什麼誠意要與蒙古通商，命令傳達之後，他就帶著軍隊去攻打巴格達了。結果巴格達的戰爭並不順利，花剌子模折損不少兵力，而蒙古進攻西遼則是勢如破竹，遠在阿拉伯的摩訶末聽到消息，連忙領兵折返，想要分一杯羹，與蒙古共同瓜分西遼領土，想不到還來不及趕到，蒙古已將西遼全境併吞。

在此同時，成吉思汗興沖沖地派了一批人數多達四百五十人的商隊，帶著豐富的牲口商品，打算前去薩馬爾罕貿易，想不到行至花剌子模邊境，被守將俘虜，搶光了所有的財物，還向摩訶末奏報，說是抓到一群蒙古間諜。

摩訶末沒有多想，就下令把這四百多人全部處死。

成吉思汗聞訊，怒火沖天，他仰面流淚說道：「天上不能有兩個太陽，地上也不能有兩個可汗，我今日一定要爲死去的人們報仇！」於是他以花剌子模失信爲藉口，正式出兵西征，這是公元一二一九年的事。

領軍作戰的是成吉思汗自己與四名勇猛善戰的兒子，交戰之初，花剌子模軍隊在戰陣前部署戰象部隊，想以這種方式，震懾從未見過大象的蒙古士兵，不料蒙古軍隊見了並不害怕，他們使用從攻打金國之時搶來的火器，朝著花剌子模軍隊發射，戰象受到驚嚇，調頭就逃，衝入己方陣營，致使花剌子模隊伍大亂，蒙軍遂乘勢將他們殺得慘敗。

公元一二二〇年，蒙古大軍先後攻下了花剌子模重鎮不花剌（今烏茲別克布哈拉市）和都城撒馬爾罕，又派朮赤、窩闊台、察合台分兵包抄花剌子模舊都玉龍傑赤（今土庫曼斯坦烏爾根奇），攻陷的城池全都慘遭屠殺，摩訶末逃往裡海裡的孤島，病死在那裡。

摩訶末的兒子札蘭丁繼續領兵抵禦，曾經在八魯灣（今阿富汗喀布爾以北）挫敗蒙古軍隊，但是最後仍然逃不了滅亡的命運，最後被追殺得無處可逃的札蘭丁，跳進印度河，不知所蹤，公元一二二三年，成吉思汗佔有了花剌子模全境，啓程班師回朝，留下主將速不台、哲別率部隊入侵俄羅斯南部，說是要向他們討索蔑兒乞人流亡至此的酋長。

南俄大公穆斯提斯拉夫和基輔大公聯軍抵抗，與蒙古決戰於卡爾卡河畔，基輔大公投降，隨後蒙軍攻陷基輔舊都諾夫哥羅德，向亦的勒河（今伏爾加河）推進。

此次西征，爲將來橫跨歐亞的大蒙古帝國奠定了基礎，班師回朝以後，成吉思汗按照蒙古的舊習俗，分封所有的領土，幼子拖雷以蒙古人「幼子守灶」的傳統，分得蒙古本部；三子窩闊台分得乃蠻領土；二子察合台得到西遼全境；長子朮赤得到花剌子模。將來大蒙古國的四大汗國，雛形已經出現。

這樣的分封有點處理遺產的意味，大軍從西方返回之時，邁入暮年的成吉思汗已然身染疾病，但他仍不願服輸，尚未回到根據地，就決定大舉討伐西夏，左右大臣勸他暫緩，成吉思汗卻道：「當初我們西征，要求西夏出兵，他們卻不肯答應，現在是教訓他們一番的時候了。」

這次打西夏，成吉思汗不再拘泥著要把都城攻下來，大軍分道進攻，一部份包圍興慶，一部份到處攻城掠地，企圖以此逼使西夏投降。

戰無不勝，攻無不克，蒙古大軍本著一貫的態度，到處劫掠，將西夏週邊城市幾乎焚燒殆盡，被圍困在興慶城裡的西夏朝廷，只好派出使者，表達投降的意願。

此時成吉思汗大營兵屯六盤山，本營之中久久沒有動靜，西夏使者無論如何也見不到成吉思汗，只見到成吉思汗的兒子拖雷，西夏請求寬限一個月，好讓他們有時間準備貢品朝見成吉思汗，拖雷點點頭說道：「你們有這樣的誠心，很好，就讓你們一個月後再來投降吧！」

蒙古人對敵人很少這樣寬大，之所以答應西夏的請求，原因無他，成吉思汗病危！他的舊傷復發，再加上年老，一倒下去，就再也起不來了。回想起出兵西征之前，他已經注意到自己大限將至的問題，有人向他建議一位奇人，全眞教的長春眞人丘處機，據說有「保養長生之術」，他立刻命人邀請丘處機前來會見。

他問丘處機：「我想統一天下，應該怎麼做？」

丘處機答道：「應該減少殺傷。」

他又問：「我想治理天下，應該怎麼做？」

丘處機答道：「愛民爲本。」

「我聽說你們作道士的，懂得煉丹修行、成生不老之術，這是怎麼回事？」

丘處機微笑道：「我們有養身之術，卻沒有長生不老的靈藥，養身之道，首在清心寡慾，像大汗您這般殺戮過重，只怕有違養身之道。」

成吉思汗那時候聽得有些不高興，如果他是個清心寡慾的人，怎能建立這樣遼闊的帝國呢？但他還是很禮遇丘處機，如今相隔數年，成吉思汗眞的病倒，不由得對於「清心寡慾」的說法信服起來。

但他轉念一想，又覺得自己這一生最大的目標：消滅金國，尚未實現，就連西夏，都還沒有正式投降，「清心寡慾？哼！分明是要騙我！」他把拖雷叫入帳中，對他說道：「金國精兵，皆在潼關，山河險阻，不能直接進兵，但是只要向宋朝提出要求，他們與金國乃是世仇，必定會答應，我軍便可以藉由宋朝的唐州、鄧州等地直趨汴京，這時金兵想從潼關趕去救援，那也是絕對來不及的，這一番策略，等下一位大汗選出來，你一定要告訴他。」

拖雷心中悲痛至極，臉上卻沒有表情，只是對著臨終的父親頻頻點頭。

成吉思汗又說道：「至於西夏，千萬不要把我死去的消息傳出去，要不然他們聽到了，只怕又不肯投降……」說到此處，他的臉色一變：「哼，就是因爲他們不肯投降，才讓我必須要抱病作戰，我的死，就是他們造成的！等到興慶城陷落，你們要把所有的西夏人，不分男女老幼，全部處死，將來你們每一餐吃飯前，都要向我禱告，告訴我西夏人已經被完全消滅，一個也不剩下，我這一生的大仇終於得報……」

這一段遺言，拖雷並沒有照辦，「父汗病得太重了吧？他這一生已經造成太多的殺戮，我又怎能把西夏人全部殺死，徒增罪孽？」

公元一二二七年七月十二日，這位人類史上征服最多領土的帝王，病死在征戰的前線營帳之中，享年六十六歲。

端平入洛

成吉思汗死後，拖雷與其他的大將遵照遺言，密不發喪，等西夏投降之後，才將他的遺體運回故鄉安葬。

此後的兩年之間，拖雷依據蒙古人以幼子掌管父業的習俗，監國攝政，一面處理國內軍政大事，一面分別派遣使者，前往境內各宗族部落，召告各族親王、貴族、將領，籌備推舉新汗的「忽里勒台」大會。

成吉思汗生前已有遺旨，要將汗位傳給三子窩闊台，因爲他覺得長子朮赤與諸弟之間性情不合，二子察合台生性暴烈，兩人都不適合肩負起統治全國的重任。

至於拖雷軍事才能出眾，爲人謙遜有禮，向來最得成吉思汗的欣賞，可是成吉思汗卻知道拖雷的溫和性格絕對不能制得住其他兄弟與宗室，只有窩闊台足智多謀，善於交際，能使上下和睦。

西征花剌子模之時，窩闊台與朮赤、察合台一同出征，圍攻訛答剌城（今哈薩克國境內），又參與薩馬爾罕城之戰，他能夠善用自己的軍事才能立下戰功，又能夠調和彼此互看不順眼的兩個哥哥，使他們和睦相處，完成所有的任務，這些讓成吉思汗看在眼裡，終於決定把地位傳給他。

窩闊台雖然順利繼位，但是這項決定既違反了長子優先繼承權，又沒有遵守幼子守灶的傳統習俗，從此埋下將來蒙古繼承制度的不穩定因素。

大汗地位既定，窩闊台隨即展開滅金的軍事行動，以完成父親未竟的事業。

拖雷是這次軍事行動的主要負責人，他遵行成吉思汗「假道伐金」的策略，派遣使者速不罕前往宋廷，商量借道事宜。

說是「商量」，其實是「通知」，以宋朝的軍事力量，實在沒有能力拒絕蒙古人這項要求，臨安朝廷裡的皇帝、宰相等人都知道這個道理，因此也只能默許了。

此時正值南宋理宗紹定四年，公元一二三一年，史彌遠專政已經長達二十五年之久，坐在皇帝寶座上的宋理宗也是他所立，政治風氣敗壞，一片烏煙瘴氣，史彌遠年邁體衰，經常告假在家休養，仍然把大權攬在手中，任何大事都要通過他才能決定。

權工部尚書趙范反對蒙古人的提議，他上奏道：「想當初宣和年間，我朝與金人訂下海上之盟，共同消滅遼朝，但是金人隨即與我朝反目成仇，奪取開封，致使二帝蒙塵。如今局面，正與當年相似，實在應該引以爲戒！」

史彌遠卻覺得，蒙古人消滅金國乃是遲早之事，不如選擇與蒙古人合作，一方面能向蒙古人示好，一方面也能從中獲得一些好處。所以他派遣自己的姪兒史嵩之爲京湖安撫制置使，前往襄陽鎮守，代表他與蒙古接洽有關事宜。

第二年，史嵩之與蒙古之間達成約定，共同出兵滅金。

拖雷率領騎兵三萬，在宋兵的引導之下，從四川抵達鄧州（今河南鄧縣），直逼汴京，金國朝野惶恐不已，急忙從潼關調動二十萬大軍攔截。

一切就如同成吉思汗的預料，拖雷的騎兵迅速北上，金兵緊追在後，千里赴援，疲憊萬分，又遇上了三天三夜的大風雪，金兵凍得面無人色，幾乎不戰而潰。

拖雷見狀，立即下令調轉方向，對金兵發動攻擊，左右將領勸道：「窩闊台汗已經渡過黃河，即將與我們會師，還是等大汗抵達，再發動攻擊不遲。」拖雷堅決地說道：「機不可失！如果讓他們早一步進城，到時候再對付他們就難了。」

於是拖雷毅然在鈞州（今河南禹縣）三峰山對金兵展開猛攻，以三萬對二十萬，毫無懼色，只把金兵殺得瓦解冰消，慌忙逃散，拖雷追擊數十里，金兵屍橫遍野，血流成河。

窩闊台的主力部隊不久之後前來會合，檢視戰果之後，他拍著拖雷的肩膀說道：「除了你，誰也不能獲得這麼大的勝利！」

金國最後一股戰力遭到殲滅，距離亡國的日子就不遠了，金哀宗天興元年，公元一二三二年三月，各路蒙古軍隊會師，圍攻汴京，激戰十六晝夜，竟然不能攻克，只好暫時休兵。金哀宗完顏守緒見汴京四周無險可守，而且城中糧食耗竭，便在第二年正月棄城出走，汴京隨即陷落。

這年夏天，金哀宗輾轉逃往蔡州（今河南汝南），南宋也展開軍事行動，史嵩之派遣大將江海、孟珙領軍萬人，攜帶糧食三十萬石，從襄陽領軍北上，十一月間抵達蔡州，屯兵蔡州城南，與城西北的蒙古大軍遙遙相望。

蔡州城中亂成一片，朝廷搜刮百姓糧食，物價暴漲，錢幣不能流通，十二月，宋蒙聯軍對蔡州城展開猛攻。

金天興三年，宋端平元年，公元一二三四年正月十日，蔡州城失守，破城前一刻，金哀宗下詔傳位給東面總帥完顏承麟，對他說道：「你趕緊率領部隊，衝出城去，留得青山在，不怕沒柴燒，設法圖謀恢復，或許能替朕報仇！」

宋蒙聯軍打進城內，金哀宗自縊而死，完顏承麟本要領兵逃走，看見這種情況，心中悲憤莫名，調轉部隊，螳臂當車，與聯軍展開巷戰，沒過多久，就被亂軍所殺，而城中數百名大臣將領，沒有人願意投降，追隨著金哀宗與末帝完顏承麟的腳步，慷慨赴死。

立國一百二十年的金朝，至此宣告滅亡。

滅亡金朝之後，宋蒙商議，將金朝統治的河南地區劃分為兩個部分，以陳（河南淮陽）、蔡（河南汝南）為界，西北州縣劃歸蒙古所有，以南地區由宋朝佔領，劃分完畢，兩軍各自返回本國。

南宋聯蒙滅金的表現，比起北宋末年聯金滅遼出色許多，這年四月，宋理宗召集群臣，商討將來和戰攻守之勢，朝廷裡的每個人都知道，消滅了金國並不表示永遠的安穩，虎視眈眈的蒙古絕對是個比金國更為可怕的敵人。

宰相鄭清之、兩淮制置使趙范、淮東制置使趙葵、淮西安撫使全子才聯合上書，請求朝廷出兵收復三京，所謂的三京就是東京開封府、南京應天府、西京洛陽府，如果為宋朝取得，將可以憑藉黃河、潼關天險，與蒙古對峙。

士大夫們多半反對這種作法，他們對宋理宗說道：「收復中原本是滿朝上下的願望，只是如今並非時機！」「士卒未精銳，器械未犀利，城壁未繕修，就連防守都有困難，更何況是進攻呢？」

不過宋理宗卻有別的想法，這時史彌遠已死，三十歲的他親政未久，很想要做一番大事業，趙范等人提出的意見，正好對了他的心思，就在端平元年六月，下詔兩淮制置司出兵收復三京之地，以趙范為京河關陝宣撫使，知開封府、東京留守；趙葵為京河制置使，知應天府、南京留守；全子才任關陝制置使，知河南府、西京留守。

趙范趙葵兄弟乃是宋寧宗嘉定年間抗金名將趙方的兒子，他們秉承父業，身先士卒，在平定楚州、青州李全之亂時，立下許多汗馬功勞，堪稱名將。

收復三京絕對是蓋世的武功，兄弟二人抱著必勝的決心，領軍出征，但是他們犯了兵家大忌，沒有正確的掌握情報，僅憑推測行事：「蒙古韃子生性怕熱，六月天他們哪能待得住？必定全軍北返。」

襄陽的史嵩之反對出兵，他說道：「這時候蒙古軍勢正盛，出兵收復三京，無異於捋虎鬚，請朝廷不要衝動，以免招來大禍！」後來宋理宗命令他籌備糧草，支援兩淮軍隊，史嵩之竟然抗命，並以辭職要脅朝廷。

他不肯出兵的意見倒是不無可取，然而眞正的意圖是不願意讓兩淮制置司的功績超越自己。出征之前，內鬥已然展開，實在是一場十分不利的戰爭。

六月十二日，在趙范的催促下，全子才領軍萬人，從壽春（今安徽壽縣）出發，緩緩向北推進。當時中原城池受到蒙古蹂躪，殘破不堪，又因爲蒙古軍隊掘開黃河河堤，造成開封以南到處淹水，宋軍行軍十分困難，糧草運送也趕不上，幸虧沿路都沒有遇到敵人，乃在七月上旬進入開封。

經過十五天，趙葵率領的五萬主力也來到開封，當他發現全子才還待在開封沒有前進，十分不滿，責問道：「我軍目標乃是據關守河，你入汴京已經半個月，爲何還不趕緊進軍洛陽、屯守潼關？」

全子才道：「中原殘破，多年不耕，大軍辦糧困難，所以不敢貿然進發。」

「這是什麼話？」趙葵道：「兵貴神速，現在不出兵，難道要等蒙古韃子南下，再與他們決戰不成？」

在這樣的催促之下，全子才只好任命部下徐敏子擔任監軍，將領范用吉、樊辛、李先、楊義等人領兵兩萬四千人即刻出發，只帶了五天份的糧食，便往洛陽開拔。

他們花了七天才到達洛陽，軍中糧食已經吃完，士兵只好去拔野菜充飢。

這還不是最糟糕的事，致命的錯誤發生在料敵之不確，蒙古軍隊根本沒有離開洛陽，元帥塔察兒得知宋軍前來，派人在洛陽東郊埋伏，發動突擊，宋軍毫無準備，再加上餓了好多天，頭昏眼花，哪是蒙古兵的對手？只好向南突圍，拚命逃亡，掉進洛水裡淹死的不計其數，最後存活下來的不到三千人。

前線兵敗的消息傳到開封，趙葵、全子才無比震驚，連忙商量對策，趙葵不敢這麼大聲了，對全子才道：「唯今之計，恐怕以撤退爲上，然而此時忽然撤退，會讓全軍將士驚恐，萬一他們四下逃散，這場仗就敗到家了！」

全子才道：「若不欲見此，可以暫且封鎖敗績，就和全軍將領們說，我們將要開拔支援洛陽，如此當可全軍而退。」

正因爲這個決定，使得宋軍沒有繼續損兵折將，淮東軍隊安然回到駐地。

這場「端平入洛」之役，宋朝損失了不少兵馬，沒有獲得任何戰果，反而讓蒙古人得到了入侵的口實，不過，換個角度想，侵略南宋乃是蒙古的既定目標，即使宋朝不發動這場戰爭，蒙古也會另外找理由向南侵略，「端平入洛」至少表示宋朝還有心恢復中原，而且也付諸實際行動，不該全盤否定。

這年年底，蒙古派人前往臨安，指責宋朝破壞盟約，實際上是對南宋宣戰，次年六月，窩闊台發佈命令，分別向西域、高麗與南宋進兵，延續四十年之久的宋蒙戰爭，就此揭開序幕。

蒼狼來襲

蒙古的南征軍兵分三路，大將阿朮魯從東路攻打兩淮，窩闊台三子闊出領中軍攻打襄陽，窩闊台二子闊端率領西路軍攻打四川，此後主要戰場也都發生在這三個地區。

端平二年秋天，三路大軍同時南下。

荊襄方面，鎮守唐州的京湖制置副使全子才由於見識過蒙古的強大，不敢應戰，棄城而逃，鄧州守將趙祥開城投降，蒙古隨即攻克棗陽，包圍襄陽。

坐鎮襄陽的正是現任京湖安撫制置使趙范，史嵩之調回臨安朝廷當官，趙范接替他的地位不久，對於襄陽軍情尚未得心應手。

此時駐紮襄陽的士兵，正在大鬧省籍情結，出身自南宋的「南軍」與新近從蒙古統治區流亡而來投軍的「北軍」，明爭暗鬥，不能相容，趙范還沒弄清楚狀況，蒙古軍已經打來了。

南北兩軍先行內訌起來，北軍將領王旻、李伯淵見南軍不肯接納他們，放了一把火燒掉軍營，率眾投降蒙古，南軍將領李虎不但不去救火，反而趁火打劫，搶奪財物，沒過多久，襄陽就被打下來了，闊出命人再放火燒城，把這座江漢地區最爲富庶堅固的城池燒成灰燼。

襄陽失守，四周郡縣紛紛投降，宋軍只能退保江陵，情勢十分危急。

四川方面，端平二年九月，蒙古攻陷沔州，第二年又下陽平關（今陝西寧強西北），深入四川內部，攻陷成都，此後四川五十四州都被蒙古蹂躪，只有少數州縣得以倖免。

兩淮方面，端平三年冬天，阿朮魯相繼攻下固始、六安、霍丘等地（在今河南、安徽境內），嘉熙二年，公元一二三八年秋天，蒙古驅使北方調集而來的民夫，號稱八十萬大軍，攻打廬州，幸虧被廬州將領杜杲用計擊退，此後數年之間，蒙古軍隊不斷騷擾江淮地區，進逼長江沿岸，江北居民紛紛渡江南下，宋理宗只得下詔沿江州郡收留這些難民。

邊防重鎮相繼失守，南宋局面危如累卵，幸虧窩闊台並沒有把侵略重心放在宋朝，僅以擄掠財富為滿足，他的軍事重心，放在局勢生變的西方，往後幾年，南宋將領孟珙、呂文德相繼收復失地，奪回成都、襄陽等地，重新修築防禦工事，局勢轉危為安。

當窩闊台繼位的時候，花剌子模的國主札蘭丁又從印度回到波斯，在舊日部屬與伊斯蘭人民的協助下，重新建立聲勢，窩闊台一聽見這個消息，就派大將綽兒馬罕攻打花剌子模，札蘭丁不敢抵抗，逃入兩河流域（今伊拉克），又轉往迪牙別乞兒（今土耳其東部），被當地居民所殺。

蒙古大軍繼續留在當地，不時進兵兩河，征討波斯，終於將波斯完全征服。

滅金之後，窩闊台打算再次出兵討伐西方那些不肯屈服的國家，察合台建議道：「為了壯大聲威，應該實行長子出征！」

窩闊台聽從意見，命令諸王、駙馬、萬戶、千戶各派長子出征，因為每個長子麾下都有眾多部曲，因此實力特別強大，集結了十五萬人馬。由朮赤的長子拔都擔任統帥，察合台部以長孫不里統軍，窩闊台部由長子貴由統軍，拖雷部由長子蒙哥統軍。

大軍在公元一二三五年出發，勢如破竹，兩年之內相繼征服了欽察諸部、北俄羅斯、南俄羅斯，並且攻克莫斯科、基輔等大城，把整個俄羅斯都納入蒙古人的統治之下。

此後大軍繼續往西進兵，沿著多瑙河一路攻陷波蘭、波西米亞（捷克）、馬札兒（匈牙利），直抵奧地利、日耳曼邊境，進逼義大利威尼斯，所到之處不是搶奪便是屠殺，歐洲人被這場浩劫嚇得驚恐萬狀，對黃種人視若蛇蠍，稱之爲「黃禍」。

這是蒙古第二次大舉西征，領土又擴張了不少，拔都在伏爾加河下游建立了欽察汗國，統治斯拉夫人，直到公元一二四一年，窩闊台汗病逝，拔都才領軍返回。

窩闊台的死，讓蒙古對外的侵略暫時休兵，領軍出征的將領多半是蒙古貴族，都有參加忽里勒台選汗大會的資格，因此他們都回到蒙古本部和林，這次監國的是窩闊台皇后乃馬眞氏脫列哥那，窩闊台生前曾有遺囑，想把汗位傳給自己最鍾愛的三子闊出，不料闊出比窩闊台還要早死，於是窩闊台便打算傳位給闊出的兒子。

脫列哥那並不想照做，得到監國地位的同時，她便開始拉攏宗王貴族，支持她把汗位傳給自己的親生兒子貴由。

重臣耶律楚材不怎麼贊同皇后的想法，當皇后詢問他的意見時，他淡淡地說道：「這不是外姓大臣所應該議論的，不過，既然有先帝遺詔在，能夠遵守的話，想必能夠化解不少紛爭。」

脫列哥那聽了很不高興，於是暗中唆使親信指稱耶律楚材久居「必闍赤」相位，必定貪污了不少財富，藉由誹謗爲官清廉的耶律楚材，使他逐漸遭到疏遠。

耶律楚材從成吉思汗時代就是蒙古君主身旁的重臣，窩闊台對他尤其敬重，他替蒙古建立了許多可長可久的制度，創下兩元政治的基礎，建議漢人地區以漢人的辦法治理，不是漢人的地方才以蒙古的辦法治理，也建議蒙古大軍日後出征，應該要禁止屠城的舊習，推廣文教，以治理代替征服。

這些改革讓耶律楚材的地位十分崇高，可說是將來元朝建國制度的奠基者，這麼重要的人物，都被脫列哥那鬥垮，其他的大臣就更不敢多說話了。

貴由在公元一二四六年繼位，在位期間很短，只有三年，沒來得及有什麼建樹，就因病而亡。

這三年之間，成吉思汗諸子孫之間的不合持續發酵，朮赤家族的拔都是最有實力的，但是他的父親並非成吉思汗親生，所以不去爭奪汗位，轉而支持拖雷的長子蒙哥，與窩闊台家族對立。

貴由死後的忽里勒台，窩闊台的家臣跳出來指責拔都、蒙哥等人：「當年窩闊台汗去世之前，曾經說過要把汗位傳給自己的子孫，你們不奉遺詔，還要把大汗的地位讓給拖雷的子孫，這樣會讓天上的窩闊台汗震怒，降下災難來懲罰蒙古！」

蒙哥的弟弟忽必烈跳出來反駁道：「從前成吉思汗說過，親王犯罪，不經過忽里勒台決定，不得擅加處置，可是你們沒有照做；從前窩闊台汗說過，要把汗位傳給闊出之子失烈門，可是你們沒有照做！你們從來不肯照著祖先的命令做事，憑什麼拿祖先說過的話來壓制拖雷的子孫？」

另一個弟弟末哥也站出來說話：「蒙哥從小就是窩闊台汗撫養長大，窩闊台汗也曾說過，蒙哥的才幹可以君臨天下，你們既然要把窩闊台汗說過的話當作眞理，爲什麼忘記這一句話呢？」

幾名家臣無言以對，只得默默退回，其實窩闊台家族的內部也有爭執，意見無法統合，自然鬥不過拖雷家族，於是在一二五一年的忽里勒台之上，蒙哥被推舉爲新任的大汗。

在鎭壓了反對勢力，坐穩了大汗的位置之後，蒙哥隨即展開蒙古史上第三度的大舉對外侵略。

侵略的路線仍循窩闊台汗時代的大戰略，同時向東西南三個方向進軍。

西征大軍以蒙哥六弟旭烈兀擔任統帥，主要目標是波斯的木剌夷與兩河流域以巴格達爲首都的黑衣大食。木剌夷是阿拉伯語「迷途者」的音譯，專門從事陰謀暗殺等活動，屬於伊斯蘭教裡的異端。

公元一二五六年六月，旭烈兀領軍渡過阿姆河，到達木剌夷境內，先鋒大將怯的不花攻佔許多城堡，逼使木剌夷首領魯克那丁在極端不利的局面下，派遣他的弟弟沙歆沙來到蒙古陣營，向旭烈兀求和。

旭烈兀要求魯克那丁親自來投降，但魯克那丁擔心會被旭烈兀誘騙，猶豫不決，十一月，旭烈兀命令全軍發起猛攻，佔領木剌夷根據地阿剌模提堡（在今裡海南方），魯克那丁被迫投降，遭到旭烈兀處死，隨後全族都被蒙古人屠殺，木刺夷被徹底消滅。

次年三月，旭烈兀繼續西征，直指黑衣大食首都巴格達，當時阿拔斯王朝哈里發穆斯塔欣執政，既接統治黑衣大食，又管轄整個伊斯蘭教世界，是兩河流域伊斯蘭教的共同領袖。

冬季，蒙古大軍兵分三路，圍攻巴格達，蒙古軍隊用炮石攻打巴格達城，城門被炮火擊毀，穆斯塔欣自知不敵，率眾投降，蒙古軍隊進入巴格達，在城中大掠七天，旭烈兀看見城中財寶堆積如山，把木司塔辛抓到跟前，問道：「既然你有這麼多的財寶，為什麼不肯平分給你的部下，讓他們替你賣命？」

木司塔辛答不上來，旭烈兀說道：「既然你這麼喜歡財寶，就讓你擁有這些財寶！」

他命人把木司塔辛關進寶庫當中，不給飲食，沒過幾天，就把木司塔辛活活餓死在裡面，而傳國五百多年的阿拔斯王朝，也因此滅亡。

消滅了黑衣大食之後，旭烈兀繼續西進，進兵敘利亞，攻佔大馬士革，蒙古的勢力推進到西南亞，由於蒙古軍隊被埃及軍隊打敗，旭烈兀才被迫停止了西進，停留在波斯的大不里士，建立伊兒汗國。

蒙古向東方的侵略目標是高麗。其實在窩闊台汗時代，高麗就已經幾乎被滅，但在貴由、蒙哥汗初年，高麗國王退據江華島，對蒙古展開激烈抵抗。

結果他們招來的，是規模更大的侵略與更加悽慘的屠殺，光是遭到俘虜的男女，就多達二十萬六千八百多人，遭到殺戮的更難以計數，逼使高麗王只能低頭稱臣，奉蒙古爲宗主。

對於攻打南宋的態度，蒙哥絕對比窩闊台來得愼重，進軍路線分爲兩個方向，先由蒙哥四弟忽必烈與大將兀良哈台率領，入侵吐蕃、大理、交趾等地，先把南宋背後的屛障清除，再由蒙哥親征，越過大散關，進攻四川。

公元一二五七年，宋理宗寶祐五年，蒙哥在和林召集忽里勒台，在各部族領袖的面前宣布，即將御駕親征宋朝，兵分五路，以塔察兒進攻荊山（今安徽懷遠），牽制淮東宋軍；以益都行省李璮進攻海州，牽制淮東；以大將兀良哈台從大裡出兵，進攻廣西，再與蒙哥在潭州會師；以四弟忽必烈進攻鄂州（今湖北武漢），然後順長江東下，進攻南宋國都臨安；以七弟阿里不哥留守蒙古本部。

第二年七月，蒙哥率領蒙古軍、西域人組成的探馬赤軍、歸降漢族組成的漢軍合計七萬人，從六盤山出發，經寶雞入大散關，九月抵達漢中，十一月入劍閣，到了年底，已經橫掃了大半個四川。

公元一二五九年正月，蒙哥駐紮在重貴山，召開前線軍事會議，針對是否要繼續攻擊宋朝提出討論，最後蒙哥決定要把四川全境拿下，這樣便可以順江而下，出荊楚兩湖之地，與圍攻鄂州的忽必烈會合。

宋朝把四川所有的精銳都集中在合州（今四川合川）釣魚城，那裡是南宋名將余玠苦心經營的防禦要塞，位於嘉陵江、渠江、涪江交會之處，地形險要，全城依山而建，多重城牆、碉堡、城寨，是一座專門以防守爲重點的城池。

現任合州知州王堅就任以後，調集大量人力，擴建釣魚城，使得釣魚城成爲一座擁有十幾萬軍民，水源豐富而且固若金湯的要塞。

蒙哥領軍來到釣魚城下，仰頭觀看，不知應該從何下手，就派遣宋朝降將晉國寶入城勸降，王堅冷笑一聲，命人把晉國寶抓起來，拉到城樓之上，當著全城士兵的面前，痛斥晉國寶降敵不忠，並且將他斬首示眾。

蒙哥聽說王堅把自己的使者斬了，大爲震怒，於二月初三指揮各路兵馬，向釣魚城展開猛攻。

飛石、箭簇齊飛，吶喊、衝殺之聲不絕，釣魚城周邊的一字城、鎮西門、東新門、奇勝門、鎮西門及其附近碉堡，都發生了激烈的戰鬥，全都被宋軍擊退。激戰兩個月，蒙古軍毫無所獲。

四月初，接連下了二十多天的傾盆大雨，蒙古軍被迫停止進攻，直到四月廿二日才又發動攻擊，這一回蒙哥集中兵力，強攻護國門，三天之後打破城門衝了進去，竟發現門裡面還有一道城牆，精疲力竭的結果，只不過打下了外城而已，幾天之後，王堅又率領部下反擊，搶回護國門重新修復。

五月間，蒙古陣營爆發瘟疫，戰力大爲減損，而新任四川制置副使呂文德又在此時從襄陽出發，領軍突破了蒙古在長江的防禦，以戰船千餘艘從嘉陵江逆流而上，增援釣魚城。

蒙哥指揮將領史天澤率領步兵、騎兵把守嘉陵江兩岸，朝著江中宋軍水師射箭，自己則率領蒙古新近成立的水軍戰船，順流衝擊宋軍船隊，呂文德無法前進，只好退守重慶。

六月中旬，蒙古漢軍將領汪德臣利用黑夜進攻，佔領外城馬軍寨，王堅立即發動反攻，一直與敵軍激戰到第二天凌晨，此時天上雷雨大作，登城用的雲梯折斷，攻入馬城寨的蒙古軍遭到全滅的命運，汪德臣羞憤無比，單騎來到城下，對著王堅大喊道：「你們不要再做頑強抵抗了，我是來拯救你們性命的，如果現在投降，我可以向大汗勸說，不要屠城……」語音未了，城上砲石如雨點一般落下，將汪德臣砸得頭破血流，腦袋迸裂。

蒙哥心想：「我蒙古大軍縱橫天下，什麼時候遭遇過這種抵抗？這些南方蠻子爲什麼就是不肯投降？」越想越怒，怒急攻心，再加上日前督戰之時淋了雨，身染疾病，七月廿一日，蒙哥就死在合州，享年五十一歲。

大汗亡故，蒙古又得要面對選汗問題，於是各路軍隊分別撤退，南宋也因此暫時得以倖存。

蟋蟀宰相

宋理宗當了四十年的皇帝，前九年有著宰相史彌遠的專政，等到史彌遠死去，宋理宗親政，曾經想要有一番作爲，但是這樣的熱情爲時甚短，沒過幾年，這位皇帝就變得懶散墮落。

步入中年以後的他，沉溺於聲色飲宴，在臨安城四周修建了許多富麗堂皇的宮殿庭榭，整日與心愛的妃子們徜徉在西湖的風光明媚裡，無心治理朝政，偏偏又喜歡把大權攬在手裡，只好把大事丟給自己比較寵信的幾個宦官去辦，這讓宋理宗一朝的宦官氣焰特別囂張，特別是宋理宗最信任的宦官董宋臣，貪婪狡猾，大開賄賂之門，官場之人個個對他又畏又恨，私下稱呼他為「董閻羅」。

朝中重臣通常都得透過董閻羅，才能夠取得皇帝的信任，可是偏偏宋理宗又沒有什麼識人之明，任用的宰相往往不是無才，便是無德。

宋理宗親政之後任用的宰相，先有喬行簡、李宗勉，這兩個人一個好高騖遠，一個鑽牛角尖，都不是宰相的材料，但至少品德還算不錯，有著「賢相」的美稱，接下來的史嵩之就是個被斥責為「奸佞」的人物了，史嵩之是史彌遠的姪兒，當他坐鎮襄陽的時候，處理軍政事務頗有成績，被調往臨安擔任中央官員，不久拔擢為宰相。

當時臨安朝廷裡的主要大臣，都是史彌遠黨羽垮台以後任用的，他們以君子自相標榜，大談君子與小人之辨，打從史嵩之調回臨安的那一刻起，他們就覺得皇帝重用了小人，而史嵩之為了要站穩腳跟，與這些「君子」們對抗，只好聯合政治意見與「君子」們相左之人，與之對抗。

不是君子，就是小人，在這樣的觀念之下，史嵩之成了不折不扣的小人，禮部進士徐霖就曾經指責史嵩之：「植黨專國」，太學生們也指責他：「竊宰相位，羅天下之小人為之私黨，奪天下之利權歸之私室」，把史嵩之比喻爲漢代的王莽，魏國的司馬氏，並且大言：「天下將壞於史氏之手！」

起初宋理宗還因爲史嵩之頗有才幹，對他十分倚重，因此對這些批評，置之不理，但是經過幾年，抨擊的聲浪越來越大，連史嵩之自己都受不了，請求辭職，最後宋理宗只好勉爲其難的同意。

史嵩之還算是比較有風骨的，接下來的丁大全就更爲不堪，他是一個只會逢迎拍馬的人，靠著巴結權貴，步步高升，與董宋臣狼狽爲奸，寶祐三年，官拜右司諫，成爲言官，與他同一時期的言官還有正言陳大方、侍御史胡大全，這三個人都是只知阿諛，不曾忠諫，人們將他們戲稱爲：「三不吠犬」。

當時宰相董槐爲人正派，丁大權想要和他結交，卻被他拒絕：「我聽說人臣無私交，爲人臣子的，怎可私下結黨？」

丁大全懷恨在心，就憑藉自己言官的身分，頻頻向宋理宗數落董槐，讓宋理宗下詔罷董槐相位，詔書還沒宣布，丁大全就帶了一票家丁，趁著半夜跑去包圍董槐的府邸，硬是將他趕走。

兩年之後丁大全拜相，在後宮閻貴妃的暗中支持下，與樞密院事馬天驥欺上瞞下，恃寵而驕，收受賄賂，把持朝政，朝野上下人人自危，甚至有人在朝門上題寫了「閻馬丁當，國勢將亡」八個字，無奈朝廷佈滿丁大全的黨羽，官官相護，丁大全對於各界批評毫不在意。

蒙哥兵分三路大舉入侵，丁大全爲了粉飾太平，竟然隱匿軍情不報，直到戰事日趨不利，蒙元帥兀良哈台由雲南入交址，從邕州攻廣西破湖南，忽必烈渡過長江，猛攻鄂州，城池幾乎不保，消息才傳開。

宋理宗大怒，罷免了丁大全，將他流放，還把董宋臣趕出宮中，一時之間大快人心，想不到隨之而來的，又是一個更糟糕的賈似道。

賈似道的父親賈涉曾經擔任淮東制置使，賈涉死後，賈似道整天遊手好閒，流連青樓、賭場，最喜歡美女、賭博、鬥蟋蟀。

他的姊姊是宋理宗十分寵愛的妃子，先封爲文安郡夫人，後晉封爲貴妃，基於這層裙帶關係，賈似道得以「國舅」的身分，攀龍附鳳，躋身政治舞台，屢次得到破格提拔，當了太常卿、軍器監的官職。

爲官以後的賈似道，仍然不改本色，整日流連青樓妓院，夜夜笙歌，通宵達旦地嘻笑遊樂，有一回他在西湖泛舟遊樂，湖面之上燈火通明，樂師們大奏音樂，賈似道與心愛的妓女們在舟船之上追逐笑鬧，市井街上與他廝混的賭友大聲地喧嘩，吵得連皇宮裡面都聽得見，宋理宗登上高樓眺望，看見這種情況，搖頭笑道：「一定又是賈似道這個小子！」

一旁陪同的大臣聽宋理宗之言，知道賈似道很得他的歡心，就湊趣地說道：「陛下別看賈似道年紀輕輕，喜歡玩樂，其實他是非常有能耐的！」

「是嗎？」宋理宗瞟了大臣一眼：「那朕倒想看看他有什麼能耐。」

第二天賈似道宿醉未醒，就被宋理宗召入宮中問話，賈似道慌慌張張地進宮，只見宋理宗似笑非笑地看著他，對他說道：「近來有不少人對朕說你的好話，說你是個治國的人才，你倒是說說看，這治國該用什麼方法啊？」

「治國嗎？」賈似道心想：「治蟲玩女人我倒是挺在行，治國的話……」靈機一動，酒意全消，對著宋理宗侃侃而談，拿出他最擅長的鬥蟋蟀當話頭，把養蟋蟀比喻成治理國家，竟然講出一番以柔克剛的大道理。

宋理宗聽了大為高興，對賈似道更加欣賞，從此賈似道官運亨通，先後擔任京湖安撫制置大使、兩淮制置大使、同知樞密院事、參知政事、兩淮宣撫大使等職，權勢亦發喧赫。

寶祐六年，公元一二五八年，蒙古大軍二度南下，大汗蒙哥親自督戰合州，王子忽必烈、大將兀良哈台分兵夾攻兩湖的鄂州（今湖北武漢）、潭州（今湖南長沙），忽必烈抵達江北的黃陂，正要渡江一舉打下鄂州城，忽然從使者傳來噩耗：「蒙哥汗在合州釣魚城戰……戰死！」

忽必烈道：「是戰死嗎？」

「有人說戰死，也有人說病死……我想大汗春秋鼎盛，怎會生病呢？想必是打釣魚城的時候激戰身故……。」

「哼！宋軍這麼不堪一擊，怎麼可能讓我們的大汗戰死？一定是那合州地方滿是瘴痢之氣，大汗水土不服的關係吧！」忽必烈說罷，指揮大軍繼續渡河。

一旁的謀士元好問、郝經等人對他說道：「大汗靈柩已然北返，忽里勒台就要召開，您怎麼不趕緊返回與會？以您的聲望，以您這些年來在金國故地的治理功績，大汗的地位，垂手可得！」

忽必烈說道：「現在大軍進發在即，我又尚未立下大功，如果此時退兵，那不是示弱嗎？」

「王子這話也有道理。」郝經說道：「我看那鄂州也不是很難打下，不如先攻破鄂州城，然後再行北返，挾此大功，汗位更加容易到手。」

於是蒙古大舉渡江，猛攻鄂州，戰況異常激烈。

警報一個接一個送到臨安，南宋朝廷大爲震動，宋理宗下詔各路兵馬援救鄂州，並且把賈似道找來，對他說道：「鄂州如果失守，建康、鎮江都守不住，臨安就危險啦！朕現在命你爲右丞相兼樞密史，京滕、湖北、湖南、四川宣撫使，並都督江西、兩廣兵馬，即日啓程，前往鄂州督戰！」

賈似道一直聽著皇帝的話，細數著自己的官職，幻想著又能獲得多少好處，頻頻點頭，眉開眼笑，聽見最後兩句話，忽然愣住，問道：「皇上，您要我親自……親自前往鄂州？」

「當然啦！」宋理宗道：「你不是懂得蟋蟀以柔克剛的道理嗎？現在，正好是讓你去實踐你那種精妙理論的時候啦！」

著。

「這……臣……臣領旨。」賈似道拜謝皇恩，退出朝堂，心中五味雜陳，「領死吧！」他想

硬著頭皮到了前線，賈似道先進駐漢陽，與鄂州隔江相望，遠遠聽見對岸傳來的殺伐之聲，嚇得他心驚膽戰，躲在城塞裡面不肯出來，朝廷不斷派遣使者催促，他只是想盡了辦法拖延。

其實賈似道底下的許多大將如高達、曹世雄、向士璧等人，都是能爭善戰，經驗老到的勇將與智將，與鄂州城的守將張勝相互支援，努力防守，蒙古攻勢雖猛，城中軍民死傷雖重，終究沒讓敵人越雷池一步，如果賈似道眞懂兵法，率軍從城外突襲，勝敗還在未定之天。

賈似道卻覺得蒙古人太過強大，根本沒有活命機會，派了使者前往蒙古軍中，提出稱臣納幣的條件，請忽必烈答應撤兵，忽必烈那時一心想要立功，沒有答應賈似道的條件。

不久之後，左丞相吳潛要求賈似道把部隊從漢陽移防到黃州（今湖北黃崗），將鄂州防務交由曹世雄負責，以免蒙古從潭州打入江西，他才勉爲其難地從堅固的碉堡裡出來，下令移防。

移防的途中，隊伍忽然遇到一批蒙古士兵，賈似道驚呼道：「完了完了，我命休矣！」嚇得差一點尿褲子，吵著要逃跑，侍衛將領孫虎臣請賈似道稍安勿躁，自己率領五百騎兵出戰，把蒙古隊伍衝散，這才發現原來那只是一群老弱殘兵組成的輜重隊。

正在此時，蒙古陣營的態度轉變，忽必烈接到妻子從北方捎來的信，說蒙古的貴族正在密謀，打算推舉阿里不哥成爲大汗。眼見鄂州久攻不下，忽必烈也急了，戰功畢竟只是附加，大汗

的地位才是最實際的，就讓探子去和賈似道接觸，商量議和事宜。

賈似道一聽和談還有希望，哪有不同意的道理，連忙派遣使者前去與忽必烈交涉，最後雙方議定：「南宋向蒙古稱臣，割讓長江以北土地，並且每年向進貢歲幣銀二十萬兩、絹二十萬匹。」

忽必烈得了賈似道的口頭承諾，就急忙掉頭回北方去了，鄂州、潭州的蒙古大軍，絕塵而去，一個也不剩。

賈似道沒料到蒙古人會撤退得這麼快，心下一琢磨，就知道是蒙古內部有了變故，不禁喜出望外，可是轉念一想，自己私自求和，答應對方稱臣納幣，畢竟是件可恥之事，也是一樁滔天大罪，於是決定隱瞞不報，回到臨安，把部下奮勇作戰好不容易抓到的幾個蒙古兵獻上，吹噓各路宋軍取得大勝，不但趕跑了鄂州的蒙古兵，還把長江一帶敵人勢力全部肅清。

宋理宗聽信了這個彌天大謊，笑得合不攏嘴：「治國如治蟋蟀，治軍也如治蟋蟀，賈似道這小子，真有他的一套！」特別下詔嘉獎，表彰賈似道對朝廷的「再造之功」，並且在朝會之上公開表揚，當眾宣布進封賈似道爲少師、衛國公，訓令文武百官人人向他效法。

一個與街頭無賴相去不遠的人物，如今成爲國家的棟梁與民族的救星，賈似道一躍而成爲南宋朝廷最有權勢的重臣。

忽必烈稱帝

忽必烈率領大軍一路北返，從和林捎來的信也一封封地傳到，「阿里不哥正在大漠南北徵兵，準備登上汗位」、「忽里勒台即將召開，阿里不哥呼聲很高」、「皇后忽都台、蒙哥汗之子阿速台、玉龍答失等人，都極力支持阿里不哥」、「阿里不哥請您參加忽里勒台，其實想要對您不利！」

看到最後一封信，忽必烈的進軍速度忽然慢了下來，此時他已抵達燕京，確認自己的弟弟即將在蒙古保守派貴族的擁戴下即位，十分生氣，他道：「我這幾年積極推行漢法，讓那些不願意改革的老頑固把我當成眼中釘，早就知道會有這一天，只是想不到阿里不哥會與我作對，甚至想要置我於死地！」

維吾爾族的謀臣廉希憲向忽必烈進言道：「凡事都講究天時地利人和，如今阿里不哥請您去參加忽里勒台，表示他還沒有宣布登上汗位，唯今之計，四王子應當搶先一步，先承大統，然後詔告天下，那時就算阿里不哥心有不服，也會落個叛逆的罪名。」

忽必烈道：「可是忽里勒台要在和林舉行，貴族們不肯擁戴我，那也是沒有用的啊！」

廉希憲笑道：「成吉思汗把汗廷設在和林，可從來沒說過忽里勒台一定要在和林舉行啊！支持您的貴族有的是，您難道不會在開平召開忽里勒台嗎？」

忽必烈一拍大腿，喜道：「說得好！我與蒙哥汗乃是兄弟，誰說我不能召開忽里勒台！」

廉希憲又道：「中國人有句俗話說，先發制人，後發制於人，凡事都要掌握時機，就請四王子即刻籌備吧！」

開平府位於今日內蒙古正藍旗東方，是忽必烈經營華北的根據地，他十分喜好漢族文化，營造開平府時並不依據蒙古傳統的斡耳朵（營帳，就是蒙古包）制度，而是仿造中國城池規模，在當地興建宮室，招賢納士。

接受了廉希憲的意見之後，忽必烈連忙率領大軍從燕京趕往開平，公元一二六〇年三月，一場違背蒙古傳統的忽里勒台大會，就在此地展開。

出席會議的都是支持忽必烈的王公貴族，旭烈兀、察合台、朮赤家族的子孫都沒有到場，會議進行了將近一個月，由與會諸王依照事先安排好的腳本，聯合起來對著忽必烈勸進，忽必烈受到漢人文化的影響，依據中國「傳統禮節」，三次謙讓，而諸王也照著規矩三次勸進，忽必烈終於「勉爲其難」的答應，繼承汗位。

一個月後，忽必烈自行稱帝的消息傳到和林，阿里不哥也趕緊召開籌備許久的忽里勒台大會，宣布即位爲大汗，於是，自從蒙古建國以來，草原之上首度出現了兩個大汗對峙的局面。

靠著戰爭與侵略起家的蒙古，面對這種狀況，解決之道，自然只有大戰一場。

不過，在忽必烈與阿里不哥的衝突正式展開之前，還發生了一樁小小的插曲，影響到往後的歷史發展。

忽必烈稱帝之後，仿效中國制度，建立年號為中統元年，此時他忽然想起了先前在鄂州與賈似道訂下的和議，心想若是把長江以北的土地都納入掌握，必定能夠增加與阿里不哥相爭的本錢，因此派郝經擔任使者南下，前往臨安要求宋朝履行和約。

郝經是個博學儒者，一心想要促成南北和平，奉命之初，有人認為此行任務艱難，勸他稱病推卻，郝經說道：「自從南北大戰展開，邊境百姓，死的死，俘虜的俘虜，兵禍連結，悽慘萬狀，如今主上願意通兩國之好，此乃上天有好生之德，就算身處險境，我也應該當仁不讓。」

這年七月，郝經來到眞州（今江蘇儀徵），先派副使捎了一封信給賈似道，請他早做安排，規劃領土交割事宜。

賈似道那時還在朝廷裡吹噓自己的戰功，一聽見這個消息，擔心自己的騙局暴露，竟然派人到眞州把郝經扣留在軍營之中。

郝經在營中不斷上書：「我來此地，只為排解紛爭，不只為北，更是為南，怎可如此對待，置百姓生靈於不顧？」這些書信也都被賈似道扣下。

蒙古方面見郝經一去音訊全無，再派使者前去南方詢問，也都被賈似道所阻隔，不得其門而入。

忽必烈聽到這個消息，異常震怒，立即下詔指責宋朝以衣冠禮樂自居，卻是這般言而無信，隨即命令準備伐宋。

不過詔書雖發，伐宋之兵卻未出動，原因就在於他必須要集中全力，與阿里不哥相爭。從蒙古的法理上看，雖說忽必烈照著廉希憲的話，提前一步宣布即位，但是他的正統性並沒有比阿里不哥來得高，雙方都是在貴族成員未曾到齊的忽里勒台上被擁立的，只好以成敗論英雄。

支持阿里不哥的蒙古貴族人數較多，不過忽必烈重用漢人，身旁謀士不斷獻計，讓他可以掌握先機，首先他控制了中原關隴地區，設置中國式的地方行政制度，又派兵前往六盤山，擊敗了渾都海率領的部隊，把阿里不哥可以憑藉的唯一一股生力軍消滅。

緊接著，忽必烈便將兵鋒直指漠北，朝阿里不哥發動攻擊。中統元年七月，忽必烈親自領軍，並以宗王移相哥爲前鋒，大舉進攻和林，前後歷經兩個月的激戰，阿里不哥節節敗退，逃往自己的根據地謙州（今葉尼塞河上游），忽必烈命移相哥率領部眾留守在漠北邊境，嚴防阿里不哥來犯。

阿里不哥在謙州恢復實力，在第二年秋天派了使節前往開平，向忽必烈表示願意歸服，這讓忽必烈放鬆了警惕。阿里不哥就以入朝爲名，領軍從謙州返回，突然發兵襲擊移相哥軍隊，取回和林，收復漠北全境，順勢南下，往開平進發。

忽必烈的反應很快，十一月，雙方軍隊在昔木土腦兒（今蒙古蘇赫巴托省南部）展開激戰，阿里不哥又兵敗北撤，忽必烈率兵追至和林後還師。

此後雙方展開對峙，忽必烈切斷了對漠北的物資供應，阿里不哥陷入困境，只好放棄和林，以謙州和阿爾泰山爲根據地向外擴張，適逢察合台汗國國主阿魯忽背叛，阿里不哥乃發兵西征，控制了察合台和窩闊台後裔的一部分封地，並且進攻察合台汗國國都阿力麻里城，阿魯忽不敵，率眾逃往薩馬爾罕，阿里不哥隨即進駐阿力麻里城。

這座城裡積蓄了不少糧食財富，過久了苦日子的阿里不哥，縱情歡宴，又大肆屠殺城中百姓，惹來普遍的不滿。

公元一二六四年春天，阿力麻里城爆發饑荒，百姓紛紛起來反抗，許多部眾都逃了出去，聚集起來商討歸降忽必烈的事，這個時候，阿魯忽又率領殘餘部眾來攻，阿里不哥處於眾叛親離、兩面夾攻的不利局面，走投無路，只得選擇向忽比烈投降。

忽必烈認爲諸王皆是骨肉至親，並不加以追究。至此，蒙古兩名大汗之間的爭鬥才告終止。這一年，忽必烈正式建都於燕京，並將燕京改名爲大都，改年號爲至元元年，一個由蒙古人建立的中國式朝代，正式展開，八年之後，忽必烈召集學者群聚大都，共同決定取《易經》：「大哉乾元，萬物資始」之義，將國號定爲元朝。

在姚樞、許衡、劉秉忠等人共同制定下，元朝的制度漸漸形成，中央有中書省、樞密院、御史台，地方有行省、行台、宣慰使、訪廉使等，此外尚有路、府、州、縣各級政治組織，長官多半是蒙古人，漢人充當副手。

元世祖清楚的認識到，以蒙古草原發展出來的遊牧制度以及簡略的行政組織，絕對不足以治理人口上億的中國，此後漢人的辦法治理漢人，蒙古的辦法治理蒙古人，「二元政治」成爲這個龐大帝國政治制度的特色。

南宋滅亡

當一個人撒了謊，往往必須以更多的謊言來彌補，這就像是滾雪球一樣，難以阻擋。賈似道現在的情況，就是如此。

扣留了蒙古使者郝經之後，蒙古接連派來的使者都被他擋了駕，景定三年，蒙古山東行省大都督李璮率領部眾反正歸宋，李璮的父親李全本是宋朝北方的忠義軍將領，後來由於遭到蒙古人攻擊，率眾投降，此時李璮重回宋朝懷抱，其實是宋朝很好的反攻機會。

宋理宗大喜，接受李璮歸降，任命他爲保信寧武軍節度使，都督京東河北諸路兵馬，李璮就在當年三月，攻入山東淄州，展開攻城掠地的行動。而賈似道因爲擔心和蒙古人翻臉，蒙古人會把自己的醜事抖出來，因此對於李璮的進軍，並沒有任何支援。

五月，元世祖派遣宗室哈必赤、丞相史天澤、行軍總管張弘範領兵討伐，李璮得不到支援，兵敗撤退，逃往濟南，立刻被元軍包圍，賈似道才在朝廷大臣的議論紛紛之下，很不情願的派兵援救，宋軍緩慢前進，尚未抵達戰場，濟南城已經陷落，李璮攻佔的山東州縣，都回歸蒙古掌握。

宋景定五年，蒙古至元元年，公元一二六四年，元世祖平定阿里不哥之亂與李璮的叛亂後，建都燕京，把力量投注在對宋的戰爭之上，他聽從宋朝叛將劉整的建議，決定先打襄陽，然後沿江而下直取臨安。

劉整還建議元世祖，攻打南方水鄉澤國，以蒙古的水軍，恐怕是力有未逮，應當要修造戰艦，訓練水師，才能夠克制南宋所擅長。

大將阿朮表示贊成，此後對南宋的戰略，便從過去的騎兵轉變為步兵與水師合力進擊。

在位四十一年的宋理宗在這一年因病去世，太子趙禥即位，是為宋度宗。

宋度宗是在賈似道的支持之下登基的，因此對賈似道的信任與倚重比之父親更甚，封賈似道為太師，拜魏國公，權勢滔天。

賈似道一面裝模作樣，故意要求告老還鄉，一面又派親信散播謠言，說蒙古軍又要打過來了，朝廷裡只有賈似道才有能力對付蒙古人，宋度宗就苦苦留他，如此一來，賈似道更加肆無忌憚。

宋度宗專門替賈似道在西湖葛嶺造了一座豪華的宅邸，取名「半閒堂」，讓年紀漸老的賈似道可以同時滿足「告老還鄉」的慾望與「把持朝政」的目的，他整天都在半閒堂裡過著享樂的生活，與一大群美貌的姬妾鬥蟋蟀，可是朝廷大事，他還是一手掌握，有什麼問題都得由官員拿著公文前往半閒堂請他裁示。

其實賈似道絕非一個全然無能的人，要不然就算宋理宗與宋度宗眞的智能不足，也不會這樣縱容他，他不喜歡理學家講的那一套虛幻抽象的理論，擔任宰相講究務實，對自己也很有信心，雖說在對蒙古政策上完全搞砸，卻在內政上，特別是財政方面頗有一番作爲。

爲了改善朝廷惡劣的財政狀況，賈似道特別推行「公田法」，下令無論官戶、民戶，凡是擁有田地超過兩百畝的，便由朝廷收購三分之一，設置官田所，負責供應軍糧與抒解地方上的財政壓力。

這項制度頗具抑制兼併的特性，也具備些許社會福利的思想，很可惜的是，當時有能力擁有兩百畝以上田地的人，多半是朝廷裡的士大夫與有權有勢的大地主，而且朝廷收購田地的價格很低，政策一經公布，引起普遍的反彈，朝中大臣紛紛指責賈似道橫徵暴斂，是個貪婪如惡虎的權奸。

對於這些，賈似道毫不在意，因爲他知道該如何掌握皇帝的心思，只要皇帝信任他，就沒有任何人能夠鬥垮他。

元世祖至元四年，宋度宗咸淳三年，蒙古大軍在阿朮、劉整等人的率領下，團團包圍了襄陽，不久又包圍了襄陽城對岸的樊城。那時負責鎭守襄陽的將領是呂文煥，頗有將才，率領襄陽城中軍民，竭力抵抗，並且架設浮橋，與樊城聯繫，沒有讓蒙古大軍打進城來。

朝廷派遣大將夏貴、范文虎等人率領水師救援，都被蒙古擊敗。

襄陽城被圍好幾年，始終打不下來，元世祖派遣丞相史天澤與樞密副使忽剌領兵增援，史天澤在襄陽城外築起一道長長的城牆，把整座城包圍起來，阻隔了襄陽與外界的聯絡。

宋朝方面的援軍由京湖制置使李庭芝率領，打算增援襄陽，但是前線的將領范文虎等人不肯奉命，遲遲沒有進展。

到了咸淳八年，襄陽、樊城已被包圍了五年，呂文煥只能依賴城中積存的糧食苦苦支持，並對援軍遲遲不來怨恨不已。

賈似道又發揮粉飾太平的本色，把前線消息封鎖起來，不讓宋度宗知道，只要有任何官員膽敢上表告急，立刻就會被革職。

一天朝會之時，宋度宗偶然問起：「朕聽說襄陽城已經被蒙古兵圍了幾年，這是怎麼回事？」

賈似道故意裝出驚訝的樣子說：「蒙古兵早就被擊退了啊，陛下從哪兒聽來這種謠言？」

宋度宗道：「方才聽見一個宮人順口提及，既然是謠言，那就是朕多慮了。」

散朝以後，賈似道查明了那個透露消息的宮人，派人將他殺死，從此以後，再也沒有人有膽子談論襄樊前線的緊急軍情。

前線吃緊，賈似道故做姿態，上書表示自己願意帶兵前去抵抗蒙古，卻又私下動員自己所掌控的言官，上表請求皇帝要把賈太師留在朝廷運籌帷幄，實際上賈似道哪敢領兵出征？整天躲在半閒堂裡玩樂，有一次，有個親信前去拜訪，見賈似道正與幾個侍女鬥蟋蟀。親信臉上笑著，語帶諷刺地對賈似道說道：「太師常說您爲國事操煩，這難道也是國事嗎？」

賈似道玩得正起勁，沒把這話當一回事。

咸淳九年正月，樊城失守，蒙古集中全力猛攻襄陽，呂文煥每次巡視城池，總是痛哭失聲，將領們紛紛勸道：「朝廷對我們不義，就不該怪我們不忠，既然不肯派兵救援，難道要我們等死嗎？」於是，呂文煥開城投降。

襄樊失守，江南再無天險，臨安震動。京湖制置使汪立信修書致與賈太師：「如今天下之勢，十去八九，請太師暫停酣歌嬉戲，一心爲國，以扭轉局勢。」同時在信中寫了三種挽回局面的辦法。

賈似道看完信，勃然大怒，把汪立信革職。

控制了長江中、上游的蒙古軍，決定一鼓作氣消滅南宋。元世祖派中書左丞相伯顏率領二十萬大軍，分兩路進攻，一路由伯顏親自統帥，與阿朮、呂文煥順漢水而下，走西面攻郢州（今湖北鍾祥）；另一路由大將孛羅懽、劉整領軍，從東面出淮南攻揚州。兩路大軍最後的目標，當然只有一個，就是南宋都城臨安。

就在蒙古大軍鋪天蓋地而來之時，宋度宗病死，賈似道擁立年僅四歲的嘉國公趙㬎爲皇帝，是為宋恭帝。由太皇太后謝氏臨朝聽政，實際上的軍國大事還是取決於賈似道。

伯顏攻下郢州，進逼鄂州，沿江東下，直取臨安。

賈似道在太學生與群臣聯名上書請願的逼迫之下，知道自己難以推卸責任，只好答應領軍出征，臨行之前，對殿帥韓震、臨安知府曾淵子說道：「如果戰況不利，你們趕緊保護皇上，走海道前往慶元府，我會率領大軍前去和你們會合！」一面帶領七萬宋軍駐守蕪湖，一面派使臣前往元營乞和。

伯顏拒絕議和，命令蒙古水師與兩岸大軍發起進攻，宋軍全線崩潰，溺死者多得數不清，江水都被士兵的鮮血染紅，賈似道大驚，連忙逃回揚州，於是鎮江、寧國、隆興、江陰等沿江要塞都棄城投降。

到了這個時候，南宋滅亡的局勢已經無法挽回。

躲在揚州的賈似道，不敢返回臨安，就在當地上奏，請求朝廷趕緊遷都，太皇太后與朝中群臣商議了半天，難以決定，有人上書說道：「陛下能夠移駕到哪裡去呢？朝廷到得了的地方，蒙古兵也能夠追到，這不是徒然增加驚擾嗎？」

謝太后覺得有道理，放棄遷都的打算，趕緊下詔，要求各地將領帶兵援救朝廷。

詔書發到各地，回應的人很少，大家都採取觀望的態度，只有江西刑官文天祥和郢州統制張世傑等少數人奉召前來。

文天祥是宋理宗寶佑四年的狀元郎，在朝爲官之時，國家局勢已是動盪不安，蒙古軍打來，宦官董宋臣勸宋理宗棄城逃走，文天祥立即上奏要求殺掉董宋臣，以免動搖民心，結果因爲此事遭到撤職，後來，他又回到臨安擔任起草詔書的工作，因爲得罪賈似道而丟官，直到最近國事糜爛至此，才又啓用他擔任江西刑官。他家裡很有錢，也喜歡享受歌舞音樂與美食，然而當他接到朝廷詔書，立刻散盡家財，招募了三萬人馬，準備趕到臨安去。

有人勸他道：「如今韃子兵長驅直入，這些臨時招募起來的人馬和他們相比，如同羊群與猛虎啊！根本沒有勝算，何苦來哉？」

文天祥嘆道：「我何嘗不知道呢？只是，國家養兵多年，現在朝廷危急，卻沒有人願意出力，這不是令人心痛嗎？我知道自己能力有限，能夠做的，只有拚著這一條命報效國家了，但願拋磚引玉，讓天下忠義之士，聞風而起，國家得以保全。」

抱著必死的決心，文天祥帶著三萬名拼湊而成的部隊來到臨安，右丞相陳宜中派他到平江（今江蘇蘇州）防禦。

此時，伯顏大軍已經渡過長江，分兵三路進攻臨安，一路從建康出發，越過平江，直取獨松關（今浙江安吉）；一路走海道由許浦登陸，進入浙江；伯顏主力則攻常州，從太湖方向直攻臨安。

三路兵馬漸漸逼近，沿路州縣紛紛投降，平江、獨松關相繼失陷，文天祥回到臨安，跟郢州來的張世傑商量，向朝廷建議，集中兵力與蒙古決一死戰。

但是膽小的陳宜中不肯同意，只上奏太皇太后請求誅殺賈似道以謝天下人心，並且遣使去向伯顏求和。

起先太皇太后不肯殺賈似道，只是下詔將他貶官，賈似道躲在揚州不肯離去，被參知政事李庭芝派兵押解而出，行至中途，這位誤國奸臣就被負責押解他的官員鄭虎臣處以私刑殺死。

伯顏不肯接受宋朝議和，帶兵進駐離臨安只有三十里地的皋亭山（在今杭州東北），朝中大臣紛紛逃走，謝太后和陳宜中驚慌失措，只好決定投降，派人帶著國璽和降表前去伯顏大營，不料伯顏竟不接受，指定要南宋丞相親自去談判。

陳宜中擔心被扣留，不敢到元營去，逃往南方去了；張世傑不願投降，悲憤之餘帶兵從海道出走。謝太后沒辦法，只好臨時指派文天祥接替陳宜中擔任右丞相兼樞密使，要他偕同大臣吳堅、謝堂、賈餘慶等人代表議降。

文天祥答應前去蒙古大營，心中卻另有打算，到了皋亭山，見到伯顏，根本不提求和的事，反而嚴正地責問伯顏說：「你們究竟是想跟我朝友好呢，還是存心消滅我朝？」

伯顏愣了一下，說道：「我主曾經下旨，並不是要消滅南朝。」

文天祥道：「既然如此，那麼請你們立刻撤兵到平江或者嘉興，如果你們執意攻打臨安，南方軍民一定跟你們硬拚到底，恐怕對你們未必有好處。」

伯顏臉色一沉，威脅道：「你是來投降的吧？再不老實奉表，我就饒不得你們。」

文天祥昂然說道：「我乃堂堂大宋宰相，國家危急，我已決定拚死報效，哪怕刀山火海，我也毫無所懼，更何況是你的威脅？」

他的聲音非常高亢，營帳之中的人們只覺耳膜嗡嗡作響，蒙古兵很好奇地看著這個與其他南朝官員截然不同的人物；宋朝官員個個嚇得發抖，誰也沒料到這個剛上任的丞相會這樣不按牌理出牌。

伯顏停頓一下，揮揮手對吳堅、賈餘慶等人說道：「你們幾個先回去，叫你們的皇帝再派個人來投降！」

文天祥看見自己被扣留，知道伯顏不懷好意，向伯顏抗議。

伯顏裝出若無其事的樣子說：「您別發火，您是南朝宰相，國家大事，還得要與您好好商量。」

吳堅、謝堂、賈餘慶回到臨安，把文天祥拒絕投降的事回奏。謝太后投降之意已決，便讓賈餘慶做右丞相，接替文天祥，再往元營求降。

這次的降表順利遞出，伯顏接受之後，再請文天祥進帳，對他說道：「你們的皇帝，已經另外派人來投降啦！」

文天祥轉頭一看，只見賈餘慶佇立當地，氣得把他痛罵一頓，賈餘慶低下了頭，默然無語，但是，投降的事已經無法挽回。

元世祖至元十三年，公元一二七六年，蒙古大軍進入臨安，謝太后帶著宋恭帝出宮迎接，元軍把謝太后、小皇帝、王公貴族扣押起來，與文天祥等大臣一同解送大都，情況如同當年徽欽二帝被金人俘虜，南宋至此，可以算是滅亡了。

不過，事情有了轉變。

原來臨安投降之前，宋度宗的兩個兒子益王趙昰、廣王趙昺以及他們的母親楊妃，分別被幾個不願意投降的大臣、宗室帶出城外，往南方逃去，一路躲躲藏藏，遇見統制張全的援兵，一同逃往溫州，後來，陳宜中、張世傑、陸秀夫、蘇劉義等官員分別前來會合，共同推舉趙昰為元帥，他們聽說臨安城破，蒙古兵繼續南下，不敢逗留，連忙繼續南下，逃往福建。

這年五月，這群官員共同奉立年僅九歲的趙昰為帝，升福州為福安府，改元景炎，以小皇帝的母親楊妃晉位為楊太后，垂簾聽政，以陳宜中為丞相兼樞密使，張世傑為樞密副使，陸秀夫為直學士，蘇劉義為殿前司，一個小小的朝廷，延續了南宋最後一絲氣息。

伯顏大軍北返，一路上浩浩蕩蕩，慶祝著海內的一統，文天祥在囚車之內，不斷思索著逃脫之法，路過鎮江之時，他和幾個隨從商量，趁著元軍防備鬆懈，逃出元營，乘船到達眞州。

眞州守將苗再成聽到文丞相到來，十分高興，打開城門迎接，得知臨安陷落，表示願意跟文天祥一同努力，召集淮東淮西的兵力，抵抗元兵。

文天祥十分欣慰，誰知揚州宋軍主帥李庭芝聽信謠言，以為文天祥投降元朝，是元軍派往眞州的內奸，修書命令苗再成把他殺死。

「那文丞相光明磊落，怎麼可能是這樣的人？」苗再成拿著那封信，心裡亂成一團，他不想殺文天祥，又不敢違抗李庭芝的命令，只好把文天祥騙出眞州城外，把揚州的來文給他看，對他說道：「文丞相受人誣陷，還是保全有用之身，趕緊離去吧！」

文天祥心中氣苦，卻也別無他法，只好帶著隨從連夜南下，趕往揚州，到了城下，聽見旁邊一些等著進城的人閒談，知道揚州正在懸賞緝拿他，只好改名換姓，變裝潛行，專揀僻靜的小路走，歷盡千難萬險，終於在地方百姓的幫助下，從海口乘船到了溫州，在那裡，得知張世傑和陳宜中在福州擁立新帝即位的消息，又輾轉前往福州。

到了福州，文天祥表明身分，訴說自己從北方逃回來的過程，陳宜中等人聽了十分感動，便以新帝宋端宗的名義，任命他為右丞相。

此時，元朝將領阿里海牙已經領兵從湖南往南攻陷廣州，這個風雨飄搖的朝廷，只能侷限在福建一隅，東方是大海，西、北、南三面都被敵人包圍，文天祥向陳宜中建議，從海路進攻元軍，收復兩浙地區，但是陳宜中認為此法太過冒險，不願採納，命他前往南劍州（今福建南平）建立都督府，招募人馬，另外以張世傑統帥福州兵馬，往浙江方向反攻。

元軍繼續南下，擊敗張世傑的軍隊，同時南攻福建，連下處州、溫州、建寧等地，宋軍節節敗退，眼看福州也將失守，陳宜中便與張世傑、陸秀夫等人帶著小皇帝與他的家人一同乘船渡海，來到泉州。

泉州在當時是個十分重要的對外港口，朝廷在此設置有市舶司，專門管理海外前來經商貿易的船隻與貿易的細節，市面頗爲繁榮。

泉州招撫使蒲壽庚是個阿拉伯籍的伊斯蘭教徒，歸化宋朝已久，在當地經營市舶超過三十年，有錢有勢，陳宜中等人原本以爲他會願意幫忙，不料商人無祖國，蒲壽庚不願意自己的利益斷送在這個沒有希望的朝廷手上，竟然發動叛變，攻擊宋端宗一行人，殺掉了許多的宗室、大臣，藉此向即將追趕而來的蒙古兵示好。

倉皇之中，一行人保著小皇帝，坐著船一路流亡，從泉州到潮州，從潮州到惠州，往廣州方向前進，在此同時，文天祥與張世傑各自率領著一批人馬，與元軍苦苦周旋，文天祥在福建江西之間轉戰，張世傑則在福建廣東之間遊走。

後來張世傑一敗再敗，只好與宋端宗等人會合，一同在廣東南方沿海的島嶼之間躲藏，那時正值隆冬，氣候嚴寒，海面狂風大作，一陣大浪打來，居然把皇帝的座船吹翻，兵士溺死了一大半，小皇帝雖被救起，卻受了極度的驚嚇，幾個月後就病死了，年僅十一歲。

小皇帝宋端宗一死，那些大臣們眼看毫無希望，紛紛想要離去，連宰相陳宜中也以對外交涉爲名，一去不復返。路秀夫對他們說道：「度宗皇帝仍有一名子嗣，你們要他怎麼辦呢？古人有少康中興，有田單復國，都是在絕望之中重振大業，如今我們還有文武百官，也還有兵有將，這表示天無絕人之路，怎麼可以輕言放棄？」

於是，他與張世傑就在這海中荒島之上，擁立八歲的趙昺即位，不久之後，又把水軍轉移到厓山（今廣東新會南），張世傑認爲此地形勢險峻，可以扼守，命令士兵砍伐木材，修造兵營，也用木頭搭了一間「行宮」，固守著這份得來不易的殘局。

此時所謂的「南宋朝廷」，甚至比一個地方上的流寇實力還要衰弱，顚沛流離之間也顧不得什麼皇室禮儀，行宮之外便是軍營，元朝卻不敢掉以輕心，因爲他們畢竟奉著朝廷正朔，有號召力，元將張弘範就曾向元世祖報告，如果不迅速撲滅，恐怕有更多的宋人響應。

因此元世祖便以張弘範爲元帥，李恒爲副帥，帶領精兵二萬，分水陸兩路南下，張弘範攻厓山，李恒對付江西南部的文天祥。

李恒很輕鬆的就把文天祥擊敗，殺死了文天祥身邊的許多部將，甚至俘虜了他的妻子，文天祥率領殘兵退往海豐（今廣東海豐），張弘範又派兵增援，五坡嶺一戰，終將文天祥俘虜。

元兵把文天祥送到大營，張弘範對他頗爲禮遇，命人替文天祥鬆綁，讓他留在軍營裡，接著下令集中水軍，開往厓山。

厓山位處海灣之中，背山面海，易守難攻，張世傑命人將一千多艘戰船排成一列，以繩索串連起來，並在船的四周築起城樓，與元軍對陣，張弘範用小船裝滿茅草，澆上油點起火，用當年周瑜大破曹兵之計，以火攻之。

張世傑早有防備，已先在船上塗了一層濕泥，還在船首綁上一根根長木頭，阻擋元軍火船。火攻失敗，張弘範便命人用船隊封鎖海口，斷絕張世傑通往陸地的交通。

宋兵在海上靠著身邊所帶的少數乾糧，混著海水充飢，海水又鹹又苦，士兵們喝了紛紛嘔吐，情況極爲艱苦，仍誓死抵抗，與元軍相持不下。

張弘範見狀，就派人勸降，他先讓人上前叫陣，喊道：「你們毫無退路，還是趕緊投降，朝廷對你們絕不虧待！」

張世傑回聲道：「朝廷？我只知有大宋朝廷，何時還有別的朝廷？怎會像你們一樣，對著蒙古韃子搖尾乞憐！就算把金銀財寶堆在我面前，就算把鋼刀架在我的脖子上，我也絕不變節！」

張弘範又請文天祥寫信給張世傑，勸他投降，文天祥冷笑道：「我自己不能救父母，難道會勸別人背叛父母嗎？」張弘範叫人拿來筆墨，逼著他一定要寫，文天祥也不再推卻，接過了筆，寫了一首〈過零丁洋〉詩：

辛苦遭逢起一經，干戈寥落四周星，山河破碎風飄絮，身世浮沉雨打萍。
惶恐灘頭説惶恐，零丁洋裡嘆零丁，人生自古誰無死，留取丹心照汗青。

張弘範看了，也覺得感動，便不再強迫。眼看勸降沒有希望，就只有加緊攻打，此時副帥李恒也從廣州前來會師，張弘範增加了實力，重新編組，將元軍分爲四路，圍攻宋軍，以潮水的漲落，從南北兩面襲擊，厓山的海上，海潮洶湧，殺聲震天，從晌午到傍晚，未曾有過半刻歇息。

張世傑領著全軍奮勇作戰，精疲力竭仍不屈服，但那股愛國的拚勁終究難以抵擋強大的敵軍，戰船接連沉沒，海灣裡到處都是浮屍，底下的將士不願繼續送死，有的開始商議投降。情知大勢已去，張世傑把剩餘戰船集中起來，並派人去迎接小皇帝趙昺，打算突圍逃走。

陸秀夫守在小皇帝的座船之旁，只見四周皆是元軍，對於張世傑派來的使者，分不清是眞是假，擔心小皇帝落在元軍手中，就拒絕了使者的要求，轉頭對八歲的小皇帝哽咽說道：「國家到了這步田地，陛下也只好以身殉國了。」說完，背起小皇帝跳進大海，淹沒在滾滾的波濤之中。

張世傑沒有接到趙昺，只好指揮戰船，趁著黑夜，突圍撤退，前往海陵山，他點了一下戰船，一千艘戰船只剩下十幾艘，這時候，有人將小皇帝殉國的消息傳過來，楊太后聞言，嚎啕大哭：「我之所以忍受艱苦，支持到如今，就是爲了趙家的骨肉，如今我還有什麼希望呢？」隨即轉身跳入海中，一旁的侍女根本來不及阻攔。

岸邊又刮起了狂風，有人勸張世傑登岸避風，張世傑堅持不肯上岸，命人尋獲了楊太后的屍首，愼重地安葬在海濱，隨即對將領們說道：「中國已無我等容身之地，不如駕船南下，前往占城避險。」

占城就在今日的中南半島柬埔寨一帶，軍中將士大部分都是廣東人，他們的親人家屬都在中國，自然不肯聽從張世傑的命令，張世傑無奈，只好下令折返廣東，海面之上波濤洶湧，一陣巨浪襲來，竟把張世傑的船打沉了，誓死抗敵不肯投降的他，最後也葬身在茫茫大海之中。

這是元世祖至元十六年，公元一二七九年二月的事，宋朝的最後一絲希望破滅，江南嶺南也全部納入大蒙古國的疆域之中。

元軍攻下厓山後，張弘範召集將領，舉行宴會慶功，也把文天祥請來。

宴會席上，張弘範向文天祥敬酒，微笑說道：「如今南朝已然滅亡，文丞相對國家盡忠，已然鞠躬盡瘁。只要您回心轉意，歸順我們大元朝，以您的才學聲望，想必還是能夠保得丞相的尊位。」原來，他曾經修書回國，詢問應當如何處置文天祥，得到元世祖的指示：「誰家無忠臣？」希望他能說服文天祥投降，也好瓦解南朝民間的反抗氣焰。

文天祥不理會張弘範向他敬酒，含淚嘆道：「國家已亡，我身爲大宋臣子，不能挽回頹勢，死有餘辜，豈可貪圖活命。」

張弘範一再勸降，沒有結果，只好把他送往大都，半年後，文天祥來到這座經過重新整修的元朝都城，元世祖立即下令將他送往迎接貴賓的宅邸，用美酒好菜招待他。

過了幾天，元朝丞相孛羅派了幾個宋朝投降官員，以前宰相留夢炎爲首，前去勸降，文天祥沒等留夢炎開口，就一頓痛罵，把留夢炎罵得抬不起頭，只好悻悻然離去。孛羅又讓投降的宋恭帝前去勸降，文天祥見到他，痛哭流涕，跪在地上叩頭，宋恭帝說道：「文丞相，大勢已然至此，你還是……」

文天祥不讓前任皇帝把話說完，只是拜伏道：「聖駕請回！」

元世祖聽見文天祥的態度，不禁有些生氣，就下令把他綑綁起來，戴上腳鐐手銬，移送到兵馬司衙門，整整一個月不讓他脫去枷鎖。

即使這樣，文天祥還是不願投降，孛羅只好把他提往樞密院，打算親自審問，文天祥被兵士押著，來到大堂，只見孛羅神情不善，端坐其上，文天祥昂起頭，挺直腰走上前去，向他拱了拱手。

左右兵士吆喝他跪下，遭文天祥嚴詞拒絕，孛羅大怒，喝令左右動手，兵士們把文天祥強力按倒在地，文天祥仍然仰面向上。

孛羅怒道：「你還有什麼話可說？」

文天祥坦然答道：「從古以來，國家興亡，大臣引頸受戮，這也不是什麼奇怪的事！我乃大宋的臣子，現在既然已經失敗，只願早死。」

孛羅擔心審不出個名堂，只好轉了一個話題，說道：「自從盤古到現在，有幾個帝王，又有多少大臣引頸受戮，你倒是說說看啊！」

文天祥哼了一聲，冷冷說道：「一部十七史從何說起？我乃是大宋皇帝欽點狀元，你以爲你是誰？想要來讓我殿前應對嗎？」

孛羅被搶白幾句，摸摸鼻子，又道：「你們的皇帝早就對我朝投降，國璽降表都在，你身為大宋臣子，怎麼可以丟棄你們的皇帝、你們的都城逃走？還另外推舉了兩個皇帝來與我們作對，難道這樣就算忠臣嗎？」

文天祥不假思索道：「皇上出降，那是受到奸臣蒙蔽；大宋京師乃是汴京，臨安並非大宋都城，僅為皇帝行在，有何不可棄？凡我大宋子民，皆不願意受到胡虜統治，我等另立新君，號召反抗，此乃大節之所在，怎不算是忠臣？」他慷慨激昂地說：「我今天落在你的手裡，早已準備一死，你就不要再囉唆了，趕緊砍下我的腦袋吧！」

孛羅大發雷霆，怒吼道：「你想死？我就偏不讓你死！」

原來元世祖有令，不要殺害文天祥，以免百姓怨恨，於是孛羅喝令把文天祥押回兵馬司。

這一關，就是三年，牢房之中，又矮又窄，陰暗潮濕，天上下雨，地上便會積水，到了夏天，地面上發出陣陣悶熱的蒸氣，牢房周圍，有獄卒的爐灶，有陳年的穀倉，發出陣陣煙火氣、黴氣，再加上茅廁裡的糞便臭氣，夾雜著死老鼠的腐臭。

惡劣的環境摧殘著文天祥的身體，卻不能消磨他的意志，他認為只要能憑藉著自己滿腔忠誠的浩然正氣，就能夠戰勝一切。於是在這樣的思想下，他在牢房中，寫下了千古傳誦的〈正氣歌〉：「天地有正氣，雜然賦流形。下則為河嶽，上則為日星。於人曰浩然，沛乎塞蒼冥。時窮節乃見，一一垂丹青……哲人日已遠，典型在夙昔。風簷展書讀，古道照顏色。」

在監獄裡，他曾經收到女兒的來信，得知自己的妻子與兩個女兒都在元朝宮中爲奴，遞信的人對他說道：「只要您願意投降，就可以和家人團聚啦！」

文天祥沒有說話，提起筆寫回信：「收到來信，肝腸寸斷，誰無妻兒骨肉之情？但今日事已至此，我豈能不死？這都是天命，奈何，奈何！……你們就算發配爲奴，也別忘記要當好人，爲父不能與你們團圓，悲痛欲絕。」

元世祖之所以執意勸降，那是受到左右群臣的推薦，他們紛紛進言：「文丞相有蓋世奇才，北方賢相無人比得上耶律楚材，南方賢臣無人比得上文天祥。」

至元十九年的冬天，牢房的窗外刮著冰冷的寒風，河北中山府地區，爆發一場小規模的變亂，爲首之人自稱奉了文丞相之命，誓言推翻胡虜政權，聚集幾千人馬，號召大家打進大都，救出文丞相。

變亂很快就被平息，然而元世祖擔心夜長夢多，就動了殺人之念，但他還不放棄招降，決定親自審問文天祥。

十二月八日，文天祥被人從牢房裡押出來，帶往皇宮，面對這個古今中外最大帝國的皇帝，仍然不肯下跪，只作了個揖。

元世祖道：「你在此地待了這些日子，如能改變心意，用效忠南朝的忠誠對朕，那麼朕可以讓你掌理中書省，仍任你爲宰相！」

「我是大宋宰相，竭心盡力扶助朝廷，可惜奸臣賣國，叫我無用武之地，不能恢復國土，反落得被俘受辱，我只求速死，不願苟活！」文天祥說到義憤塡膺之處，咬牙切齒，頓足捶胸。

元世祖和顏悅色地勸道：「你不願做丞相，做樞密使如何？」

文天祥慨然說道：「我是大宋子民，哪有服侍二朝的道理？我不死，哪還有臉去見地下的忠臣烈士？我只求一死，別的沒有什麼可說了！」

元世祖覺得有些懊惱，他這一生，什麼事情做不到？竟然無法說服一個階下囚！他揮揮手，叫侍從把文天祥帶出去，第二天，就下令將他處死。

這一日京城柴市口的刑場上，戒備森嚴，天上颳著怪風，日正當中卻是陰氣森森，大都城裡的百姓聽到今日要斬的是文丞相，紛紛前來柴市口，他們雖非大宋子民，對於文天祥的事蹟卻知之甚詳，十分佩服，一下子就聚集了上萬人，團團圍住刑場。

文天祥戴著手銬腳鐐，神色從容，坐著囚車來到刑場，鬧哄哄的百姓們一下子鴉雀無聲，監斬官命人將他押上刑台，問他：「你現在還有什麼話說？」

他道：「只有一件事。」低聲問一旁的百姓，哪一面是南方，百姓們指給他看了，他便朝著正南方向下拜叩首，意思是他到這時還是不忘記南方的朝廷，然後端端正正坐了下來，對監斬官說道：「我的事結束了，心中已無愧疚了。」

這位大宋三百餘年來最後一位忠臣，就這樣毫不畏懼的從容就義，享年四十七歲。

帝國鼎盛

滅亡宋朝，統一全國，一個以遊牧生活崛起，並以草原爲生活中心的族群，成爲中國的統治者，元世祖建立的元朝，也將世界性的蒙古帝國，轉化成中國式的元王朝。

唐末五代以來，中國處於四分五裂的情況，宋太祖趙匡胤雖然在名義上統一了中國的本土，然而他並沒有成功的解決民族問題，契丹族、女眞族，始終與這個朝代對立，在文化概念上的「中國」，仍舊是分裂的。

蒙古人的統治，把這種分裂重新糅合、統一，建立了有史以來最爲廣大的統一局面，遠比秦、漢、隋、唐的疆域來得廣大，如果再加上西方那四個名義上臣屬於元朝的四大汗國：欽察汗國、察合台汗國、伊兒汗國、窩闊台汗國，統治範圍的遼闊，更是超越了人類歷史上任何一個大帝國。

廣大的版圖裡，居住著各式各樣的人民，蒙古人、漢人、突厥人、波斯人、阿拉伯人……他們有著各自不同的生活習慣，信奉不同的宗教，佛教、道教、喇嘛教、伊斯蘭教、基督教……蒙古人對於宗教信仰十分寬容，對於百姓的生活習慣也不多過問，因此在帝國境內，每一種宗教都得到了發展的機會。

帝國的統一，也有助於商業的流通，原本橫阻在歐亞二洲之間的小國，幾乎都被蒙古人消滅殆盡，中西之間的交通變得更為順暢了，交流也變得更為頻繁了，他們不只經由陸路往返，也從海上乘船進出，泉州、杭州、溫州、廣州等沿海城市日漸發達，市舶司成為主管貿易的機構，出口綢緞、瓷器、漆器、茶葉，進口香料、寶石、珍珠、毛氈等等飄洋過海的舶來品。

通往國外的交通主要有三大路線，第一是走海道從泉州出發，航向爪哇、馬來、錫蘭、印度、波斯乃至於土耳其的君士坦丁堡；第二是從敦煌走天山南路越過蔥嶺（今帕米爾高原）直達波斯各大城市；第三是從敦煌走天山北路，經由察合台汗國，進入欽察汗國，直達中亞克里米亞半島各港口。

能夠維繫這樣廣大的領土，蒙古人的驛站制度發揮極大的作用，從窩闊台時代，就在各地交通要衝之上，設置「站赤」，每個站赤裡都隨時待命著快馬與騎士，負責轉運與傳遞等工作。

到了元世祖滅宋，這種制度更加完備，除了原有的驛站之外，還設置「急遞鋪」，專門負責遞交中央政府與地方政府之間的加急文書，讓大都發出的號令，可以有效的深入廣大帝國的每一個地區，東至高麗，西到波斯，北達吉爾吉斯，南至中南半島，西南至西藏，到處都有設置驛站。

南方的經濟、物資遠比北方充裕，宋、金分裂長達一百多年，南北物資流通管道急遽縮小，為了解決糧食物資調度問題，元世祖曾經下令將廢弛已久的運河重新疏通，開鑿出會通河、通惠河，以便接通長達三千里的南北大運河，以備漕運；此外，更發展出海上運輸的方法，試辦之後，發現竟比漕運更爲省錢省事，於是海運漸漸取代南北大運河，江南的糧食，可以從沿海城市出發，再由渤海灣登陸，解送至京師。

強盛的武力，遼闊的疆土，輝煌的文化，這一切統治的中心，就是元世祖下令興建的大都城。

大都城就是遼、金時代的燕京，年代久遠，城池略嫌窄小，於是元世祖下令在燕京舊城的東北重新修建一座新城，整個修建工程從至元四年正月開始，到至元五年十月初步完成了宮城的修造，直到至元十一年，元世祖才從開平移往新城，接受群臣朝拜，又過兩年，這座規模宏大的新都才算基本完工。

遊牧民族並沒有修建城池的傳統，他們四海爲家，天寬地闊，對於其他民族喜歡用石頭磚塊把自己包圍起來的習慣，甚至有些瞧不起，當年成吉思汗的根據地和林，只不過是他所居住的宮帳所在地，幾個大汗一生當中，也都很少待在固定的場所。

元世祖興建大都，並以之爲京師，這象徵著元朝政治中心南移，入主了中原，與生活方式的改變。元世祖本身當然還是個蒙古人，然而由於他當年受蒙哥汗之命，負責經營從金朝打下來的土地，那裡大部分都是漢人居住的地區，元世祖也因此有機會與許多的漢人接觸，長年與他們接觸之下，元世祖心中的統治者，不該像個草原上的遊騎兵，而是一個端坐在瓊樓玉宇當中，指揮若定，睥睨天下。

大都城就是元世祖這種想法的具體呈現，它依照著中國傳統城市的設計原則，分爲宮城、皇城、外郭城三重，外郭城周長大約六十里（約等於三十公里），規模遠大於遼、金二代，也爲將來的明、清帝國都城北京，奠定了基礎。

皇城內就是皇帝、皇后與太子居住的宮殿，大致承襲中國傳統風格，但也融合了蒙古與西方許多民族的特色，主建築稱爲大明殿，那是皇帝接受百官朝見的地方，大殿當中設有「七寶雲龍御榻」，可以同時讓皇帝與皇后同時端坐其上，接受朝見，這是從前的皇宮大殿所未曾有過的，這表示蒙古女性的地位，比漢人來得高。

除了大都城之外，元世祖仍將自己登基稱帝的開平，視爲一處非常重要的政治中心，他把開平改名爲上都，每年只在大都居住半年，另外半年都在上都度過，主要的原因是避暑，也表示他不忘本，每年二、三月間起駕出巡北幸，到了八、九月間再回到大都，這就是「兩都巡幸」的制度。

巡幸上都之時，后妃、太子、諸王、文武百官、宗教領袖、名士大儒隨行，皇帝坐著用四隻大象馱著的大轎子，在華麗的儀仗與龐大的軍隊護衛之下，浩浩蕩蕩的往返於兩都之間，這樣做的目的，是刻意的展現帝國的強盛，藉以威震天下。

隨行的隊伍之中，有個名叫馬可・波羅的義大利威尼斯商人，懷抱著一股崇敬與佩服的心情，亦步亦趨的，將這樣輝煌盛大的場面，牢牢記憶在自己的腦海裡。

馬可．波羅的父親尼古拉．波羅和叔父瑪飛．波羅，原來是威尼斯的商人，也是當地的望族，兄弟倆常常到國外做生意，蒙古帝國建立以後，他們帶了大批珍寶，前往欽察汗國販售，後來，欽察汗國發生戰爭，他們回家的路被截斷，爲了避難，只好輾轉前往中亞的不花喇城（今烏茲別克布哈拉市），在那裡暫時安頓，這一住就是三年。

那時伊兒汗國的領袖旭烈兀遣使漢地，使者經過不花喇城，與兄弟二人結爲好友，對他們說道：「中國無所不有，你們去那裡必定可以發財！再說我們大汗沒見過歐洲人，你們如果能夠跟我一起去朝見大汗，得到他的喜歡，保能得到富貴。此去路途雖遠，但是跟著我們大蒙古國的使節團，到時候你們如果想回家，一路之上也沒有人膽敢爲難你們的。」

尼古拉兄弟本來是喜歡到處遊歷的人，聽見使臣的建議，都覺得十分有趣，兩人就跟隨使節團一起到了上都。

那時元世祖還在與阿里不哥相爭，但在百忙之餘，聽說來了兩個歐洲客人，仍然十分高興，就在行宮之中接見他們，詳細詢問關於歐洲各國的風土人情、立法、軍事、國際情勢等狀況，知道歐洲在各國的國王之上，還有一個羅馬教廷，以教皇統領，塵世之上，更有一個全能的上帝，諸如此類。

「這麼說來，歐洲的王，應當是教皇才對啊！不知道他與我們蒙古大汗，誰比較威風一些？」元世祖心想著，就對尼古拉兄弟說道：「我打算派使者去見見你們的教皇，請他派一些傳教士來我們蒙古人的地方，宣揚你們的宗教，也把你所說的數學、天文、地理、音樂還有科學一起帶來中國……對了，你不是說你們耶穌墳墓前面的燈油可以治病嗎，也請他們帶一些過來吧！」

尼古拉兄弟接受命令，並未在中國久留，便告別啓程回國，一路上他們又經過了很多城市，三年之後，他們來到地中海東岸的阿克兒（今以色列海法北），打算晉見教皇，然而那時教皇克萊門特四世剛剛去世，教皇地位虛懸，尼古拉兄弟無法完成使命，只好輾轉返回威尼斯。

尼古拉的妻子已經病死，留下的孩子馬可．波羅，已是十五歲的少年，他對父親的遊歷經過十分感興趣，經常央求著父親述說東方的風土人情，又過兩年，新教皇格列哥里十世就職，尼古拉兄弟得知消息，連忙前去晉見，十七歲的馬可．波羅求父親帶他一同前往，得到父親的允許，一家人就此上路。

當時的基督教歐洲，正在與東方伊斯蘭教徒作戰，處在「十字軍東征」的時期，對於蒙古人，他們既害怕又期待，教皇格列哥里十世聽說波羅一家人帶來了蒙古大汗的國書，十分高興，雖說一時之間沒辦法派出那麼多精通各種學術的傳教士，但是卻答應讓他們帶去一些耶穌墓前的燈油，並且寫了信，向蒙古大汗致意。

他們沿著伊兒汗國向東出發，經過薩馬爾罕、蔥嶺，繞過塔克拉馬干沙漠南端，直到至元十二年，公元一二七五年才抵達上都。

那時元世祖已經稱帝，正在進行攻打南宋的工作，聽到尼古拉兄弟來了，十分高興，派人出城迎接。

尼古拉兄弟入宮朝拜，元世祖看見尼古拉身邊多了一個少年，好奇地問那是誰，尼古拉答道：「這是我的兒子馬可，也是大汗您忠實的僕人。」

元世祖見到二十出頭的馬可．波羅，長相英俊魁梧，十分欣賞，讚道：「你們能夠帶來教皇的書信，又給朕帶來一位忠實的僕人，眞是太好了。」

當天晚上，元世祖特地舉行宴會款待他們，又任命他們在朝廷當官，馬可．波羅很有天分，沒過幾年學會了蒙古語和漢語，再加上前幾年旅行之時，又學了許多中亞小國的語言，通曉的語言就更多了，這令元世祖大爲賞識，經常派他前往全國各地辦差。

中國領土廣大，各地方言皆有不同，許多蒙古官員到了南方，由於言語不通，往往難以達成任務，馬可．波羅這個歐洲人，竟然沒什麼語言障礙，不論元世祖交代給他什麼任務，他都能夠順利完成，因此元世祖對他日漸倚重。

馬可．波羅在中國整整住了十七年，被元世祖派到許多地方視察，還經常出使國外，到過南洋好幾個國家，他也因此有機會得以考察各地的風土民情，增廣見聞。

元朝大都的莊嚴與輝煌，令他望之生畏，當他來到南方的大城市，又給了他完全不同的另一番感受。

南宋政權滅亡，臨安城的繁華卻未消滅，當時臨安的人口超過一百萬，街道錯綜複雜，行人川流不息，市面上的商業熱絡，舊時的宮殿仍在，依山傍水，遠比不上大都皇宮的華麗，卻有另一番雅致的格調。

類似臨安的城市，在江南還有不少，揚州、鎮江、福州、泉州，都是動輒數十萬人的大城市，那時候歐洲最熱鬧的就是馬可・波羅故鄉的義大利城市，最多也不過五、六萬人口，小時候引以為豪的家鄉，與這些中國城市比起來，不過只像個小村莊。

江南城市的佈局比較雜亂，但看在馬可・波羅的眼中，他還是覺得這樣的格局比較富有人性，城市的佈局是依照百姓需要建造出來的，並不像大都那樣，全是為了烘托皇帝的權力，「城市本來就是給百姓居住的……」馬可・波羅心中暗暗想著：「這也難怪江南百姓到現在都還不願意讓大汗當他們的皇帝！」

不過他並沒有把自己的想法表達出來，反而藉著自己與官府之間的良好關係，發揮他的商人本色，到處投資做生意，沒過幾年，就累積了鉅額的財富。

有道是衣錦還鄉，就連歐洲人也有這樣的想法，父子叔姪三人久居中國，不免想念家鄉，三番兩次向元世祖請求回國，卻都被元世祖挽留下來。

至元二十六年，伊兒汗國可汗阿魯渾的一個妃子死了，派使者兀魯帶、阿必失呵到大都來請婚，元世祖選了一個名叫闊闊眞的伯岳吾氏貴族少女，下嫁伊兒汗國。

兀魯帶、阿必失呵等人向元世祖表示，他們一路取道陸路，行程十分艱苦，想請熟悉海路的波羅家族帶路，護送皇妃，尼古拉·波羅等人此時又正好不斷請求回國，元世祖只好答應了他們的要求。

他們從大都南下，在至元二十八年自泉州啓程，在海上航行了兩年多，又在伊兒汗國逗留了一年多，這才回到威尼斯。

這時候，他們離開威尼斯已經二十年，當地鄰居朋友長久沒聽說他們的消息，本以爲他們死在國外，現在看到他們穿著東方的服裝回來，又聽說他們到過中國，帶回難以計數的財富，都對他們抱以羨慕的眼光，還替馬可·波羅起個外號，叫做「馬可百萬」。

第二年，威尼斯和另一個義大利城邦熱那亞發生衝突，雙方的艦隊在地中海交鋒，馬可·波羅以其雄厚的財富，在威尼斯具有舉足輕重的地位，面對家園安全遭受威脅，自然當仁不讓，出錢建造了一艘「東方號」戰艦，親自參加威尼斯的保衛戰。

激戰過後，威尼斯戰敗，馬可·波羅成爲階下囚，被送往熱那亞，關在當地的監牢裡，熱那亞的居民對馬可·波羅久聞大名，聽說他是個著名的旅行家，紛紛來監牢訪問，請他講述東方和中國的情況。

與馬可·波羅一起關在監牢裡的獄友之中，有個名叫魯斯蒂謙的小說家，把馬可·波羅講述的事都記錄了下來，編成一本書，這就是著名的《馬可．波羅遊記》，又名《東方見聞錄》。

這部「世界奇書」描述了馬可．波羅在中國的一切見聞，介紹了中國人「用黑色的石頭生火」、用石棉織布；元大都是如何金碧輝煌，臨安城有多麼繁華熱鬧；發達的驛站制度，站赤裡的馬匹、建築與四通八達的道路，串連起這個廣大的帝國，「這眞是一個十分完美奇異的制度！」而城市之中寬闊的道路、東方人才有的紙幣製造與流通、下水道、公共馬車、高大的橋樑等等，都一一地介紹。

當然，書中所言不無誇大之處，不過就算是平鋪直述，對當時的歐洲人來說，也還是不能相信，他們都說馬可．波羅騙人，以至於他的名字竟然成了騙子的代名詞，但他仍然鄭重聲明，他只介紹了中國的一半情況。

馬可．波羅被關了一年就獲釋，他回到威尼斯，又過了三十年富裕豪華的生活，才在公元一三二四年以七十歲之齡去世，死後安葬在聖羅倫斯教堂。

這本《馬可．波羅遊記》，對往後的歐洲產生了極大的影響，歐洲人紛紛以東方爲夢想中的天堂，一個世紀以後，義大利出了一個航海家名叫哥倫布，就是讀過這本書之後，依照著書中的記載向東航行，企圖前往印度，結果到了印地安人居住的美洲。

高壓統治

在輝煌與強大的另一面，還存在著陰暗的部分，蒙古人以遊牧民族統治中國暴露出來的「征服者」姿態，總是無法讓被征服的人們心悅誠服，元世祖雖是個頗能接受漢文化的君主，但是自從李璮叛變之後，他就不大信任漢人了，爲了避免人數比蒙古人多了幾百倍的漢人不服，遂施行高壓的統治方式。

掠奪財富，是遊牧民族傳統的生活方式，這在蒙古人的心目中，是天經地義的事，他們把這種觀念，推廣到整個統治範圍之內，在滅金亡宋初年，大量掠奪耕地，改成牧場，民間的馬匹，都被沒收充作軍用，統一中國後，對百姓的橫徵暴斂更是無所不用其極，農具、鹽、茶、酒、醋等日常生活必需，全部收歸國營，不准百姓自行製作與販賣，造成物資短缺，黑市橫行。

元世祖雖以帝王之尊入主中原，但在他自立爲汗，與阿里不哥相爭之時，面臨著十分嚴重的財政問題，原來蒙古人早年掠奪來的財富，都集中在和林的寶庫之中，那裡是阿里不哥的地盤，元世祖的用度不足，等他好不容易打倒了阿里不哥，又要面對永無停止的征戰，各項費用的開銷就更爲驚人。

爲此，元世組只好重用一批酷吏，如阿合馬、盧世榮、桑哥等人，刻意聚斂，除了平常徵收的賦稅之外，更巧立名目，多方榨取，百姓整天被搜刮，日子過得非常辛苦。

元朝把全國人民，由高而低分爲蒙古人、色目人、漢人、南人四個等級。

蒙古人在元代朝廷統治者的口中稱做「自家骨肉」，享有一切的特權；色目人包括西域、中亞各族人和西夏人，蒙古人把他們當作好幫手；漢人指的是北方曾受遼金統治的漢人、契丹人、女眞人，蒙古人叫他們「漢兒」，已經是相當的輕視；至於原本南宋境內的漢人及其他部族，則貶低身分稱爲南人，也就是蒙古人口中的「南方蠻子」、「南家歹」、「新附民」，主要的原因就是南宋境內的反抗聲浪與行動最爲激烈，讓蒙古統治者十分的頭疼。

爲了加強對漢人、南人的防範，蒙古在全國各地置兵駐防，並設立里甲制，以二十家爲一甲，蒙古人擔任「甲主」，負責監視全甲居民，禁止漢人、南人打造和私藏武器，不得出外打獵、私下聚眾、學習武藝，甚至不准在晚上出門。

在政治上，元朝規定中央和地方大員，只能由蒙古人或色目人擔任，漢人最多只能做到副職，往往眞正辦事的是漢人，卻永遠沒有出頭的機會；在刑法律令的制定上，蒙古人如果無故殺死了漢人、南人，頂多只會被處以罰款，但是如果漢人或南人殺死蒙古人，那就是殺頭抄家甚至滅族的處分。

元朝也舉行科舉，但在制度上，也充滿了不公平的特性，放榜之時分爲左右二榜，右榜較左榜爲高，只取蒙古人與色目人，而漢人、南人就算再有才學，也只能登上左榜，並在考試科目與出身待遇上都有差異。

元朝社會極度貶低儒生的地位，那時候有種說法，把社會上的職業分爲十等：官、吏、僧、道、醫、工、獵、娼、儒、丐，儒生的地位僅在乞丐之上，比起娼妓還要不如，故有「九儒十丐」之說。

自從蒙古佔有吐蕃之後，吐蕃的密宗佛教傳至蒙古，貴族階層普遍信奉，從元世祖開始，密宗佛教就近似於元朝的國教，每年花費在法事典禮的費用極其龐大，佔了國家開銷的一半，而密宗寺廟擁有龐大的田地產業，喇嘛們的地位崇高，又經常憑著自己的地位胡作非爲，本身的產業不納稅，更包庇寺屬的民戶不用納稅，使得那些必須納稅的貧困百姓，負擔更爲沉重，也使一般平民對這些仗勢欺人的喇嘛痛恨不已。

子曰：「夷狄之有君，不如諸夏之亡也。」當時有很多南方學者，便以此爲理由，指出元朝乃是夷狄入侵，號召中原江南人士，驅逐韃虜，還我河山，不過儒家學說之中又有「夷狄入中國，則中國之」的講法，因此也有一批漢人學者，認爲元朝可以算是繼承了「道統」的中原正統朝代。

但是，元朝政府的高壓統治與腐敗政治，讓那些幫著朝廷說話的學者也開不了口，反對的勢力漸漸因此而凝結，最後匯集出一股來自民間的勢力，展開一連串的反抗行動，終於在數十年之後，將這個暴虐的政權趕出中原。

諸王之亂

當這個有史以來最大的帝國同時迎接著鼎盛的國力與不良的政治時，元世祖還得要面對來自家族內部勢力的挑戰。

早年成吉思汗崛起於漠北之時，曾與家族中人商訂誓約：「兄弟同心協力，取得天下，多分土地，同享富貴。」隨著帝國領土日益擴張，家族之中的諸王也分得廣大的封地，蒙古本土由成吉思汗自己統治，後來傳給拖雷系的子孫；蒙古東方也就是遼、金故地，分封給成吉思汗的二弟合撒兒、幼弟鐵木哥斡赤斤；蒙古西方則有朮赤、察合台、窩闊台等皇子的四大汗國，另外還有諸王、公主、駙馬，也都有自己的領地。

這些諸王子孫不但可使世襲封地，擁有封地人民的支配統治權，並且可以設置官署，成立軍隊，徵收賦稅，所以，這個廣大的帝國當中，還有著許多獨立行使軍事、財政與行政的割據王國。

元世祖擊敗了代表傳統勢力的阿里不哥，以蒙古大汗的身分，進入中原建立元朝，在他的想法之中，蒙古帝國就該像中國的傳統政治形勢那樣，採行中央集權的制度，因此他採取了一系列措施，企圖削弱諸王的力量，包括將東北的地方行政機構昇爲行省等等，這就和割據王國之間有了衝突，而那些傳統勢力的諸王子孫，也對元世祖違背祖先的所作所爲看不順眼，內亂因此爆發。

至元二十四年，公元一二八七年四月，遼東籓王乃顏率先起兵叛變。

乃顏是鐵木哥斡赤斤的玄孫，成吉思汗當年分封諸王之時，對幼弟最爲照顧，封地之廣，居諸王之冠，到如今已有五六十年的歲月，佔地更廣，雄據整個大東北地區，並與朝廷漸行漸遠。他的叛變，純粹是爲了自身的利益，不過卻得到不少人的支持，貴族勝納哈兒、哈丹圖魯干等人紛紛追隨，西邊的窩闊台汗國海都汗也與之遙遙呼應。

一時之間，大都人心惶惶。叛變者分別來自東北與西北兩面，元朝隨時有被包圍的危機，不過，元世祖並不慌亂，他已經先一步察覺出乃顏圖謀不軌的蛛絲馬跡，早在叛旗尚未舉起之前，便先讓大將伯顏前去探聽虛實。

伯顏一行人帶了許多皮襖，沿路分送給驛站中當差的驛夫，這些驛夫十分窮困，得到了衣物，對十分感激。

他們到了遼東時，乃顏正準備起兵，卻還沒佈置好，見到元世祖派使者前來，只好假意設宴招待，並打算在宴席之上，將伯顏等人拘捕起來。伯顏察覺情況有異，與隨從們分成三路逃了出來，驛夫們和他有了交情，都把驛站當中最快的馬獻上，讓伯顏得以在最短的時間之內，趕回大都，把乃顏叛變的消息，報告給元世祖知悉。

元世祖仔細分析局勢，感到頗爲頭疼：「要是乃顏與海都聯合起來，同時向我們進攻，那就很難應付了。」

宗室阿沙不花說道：「如今首要之務，就是不讓東西兩道諸王合流，陛下如果要專心對付東道諸王叛變，就必須要安撫西北諸王，讓他們按兵不動，不去支援乃顏等人，這樣對付起來，就容易得多。」

「這我怎會不知道呢？」元世祖嘆道：「但是要怎樣安撫西北諸王？」

「當然得用離間之計。」阿沙不花說道。他對元世祖把自己的計謀說了一遍，元世祖頻頻點頭，就派他前去說服西北諸王。

阿沙不花向西出發，到了貴族納牙的廷帳之中，對納牙說道：「您聽說乃顏起兵反叛的消息了嗎？」

納牙答道：「我聽說過了，怎麼樣？」

阿沙不花微微一笑：「其實乃顏早已經向朝廷輸誠了，他對自己的反叛行爲非常後悔，派了使者來說他以後將會爲朝廷奉獻他的忠誠，這一點您大概不知道吧！」

納牙十分震驚，楞了半晌才道：「這個……我真的不知道啊！」

「您中了乃顏的計啦！」阿沙不花嘆道：「您打算爲他效命，那是要與他聯合起來對付大汗，如今他歸順朝廷，就是您一個人抗衡大汗的力量啦！到時候，大汗的軍隊把您的妻子、財寶都擄了去，乃顏也能夠分到好處呢！」

納牙又氣又急：「這該怎麼辦？」

阿沙不花安撫道：「您別慌，現在還來得及，只要您派個使者去大都，向大汗表明心跡，這樣大汗必定能夠寬恕你啊！」

跟隨在納牙之後的其他諸王，也紛紛向元世祖宣示忠誠，阿沙不花並沒有前去窩闊台汗國，因爲他知道海都與朝廷作對已久，不可能靠著三言兩語就可以說動，不過只要夾在中間的這些貴族不願支持，海都一時半刻也難以有所作爲。

這年五月，元世祖命令伯顏領軍鎮守和林，監視東西雙面諸王的行動，自己親率大軍，對乃顏叛軍發動攻擊。

大軍從上都出發，分爲蒙古軍與漢軍兩部分，起先元世祖以蒙古軍打前鋒，但是蒙古軍中有不少將校曾在乃顏麾下任職，毫無戰鬥意願，甚至打算開小差，影響了全軍的士氣，有謀士獻計道：「兵貴出奇，不在人數眾多，既然軍中有不少人與乃顏親密，陛下何不斥退這些只會浪費糧草的兵馬，讓眞正有心作戰的嫡系人馬以及漢軍打頭陣，迅速北上，這樣乃顏猝不及防，我軍必定可以勝券在握。」

於是元世祖以部將孛羅懽率領的五部前鋒以及漢將李庭所率領的部隊陣列在前，自己乘坐在大象的背上，頭頂張著御蓋，底下鋪著胡床，氣定神閒，態度從容地指揮前進。

軍隊抵達薩爾都魯（今木拉木倫河上游），遇上了乃顏部將塔不台、金家奴所率領的十萬大軍拒戰。此時元世祖的兵馬不過數萬人，以寡敵重，情況十分危急，大臣鐵哥說道：「敵我雙方兵力相差太多，硬拚的話只會送死，不如用計欺敵，使他們退兵。」

元世祖同意，讓人把他乘坐的大象拉到隊伍最前面，使敵人遠遠得以看見他，然後他在象背上的御輦之中，與鐵哥二人飲酒談笑，渾然不似大敵當前的模樣。

塔不台、金家奴見狀，以爲附近有埋伏，先自膽怯，便要撤退，元世祖一聲令下，戰鼓之聲大作，官軍一湧上前，不顧敵人眾多，奮死拚殺，雙方軍隊士氣一強一弱，勝敗很快便見分曉，元軍直抵乃顏老巢，將帶頭叛變的乃顏等人一舉成擒。

元世祖依照處死蒙古貴族宗室的傳統刑罰，命人用毛毯裹住乃顏的身子，用力往地上摔，直到摔死爲止，整起叛變不過一個多月，就告平息。

可是整個叛亂還沒有徹底結束，乃顏的餘黨，仍在東北各地不斷興兵，此後歷經數年，東北地區兵禍連結，大小戰役不斷，元朝以大將玉昔帖木兒、孛羅懽等人分兵討伐，費了九牛二虎之力，這才使局面轉危爲安。

就在此時，西北的局勢又生驟變，那向來與大都朝廷對立的海都，終於發動大軍，進犯邊境。

海都是窩闊台的孫子，爲人聰明果斷，總認爲自己才應該是正統的大汗繼承人，對於拖雷家族霸佔汗位，非常不滿，當初元世祖與阿里不哥相爭的時候，海都就是站在阿里不哥這邊，那是爲了加深拖雷家族之間的對立，後來，元世祖成了唯一的大汗，多次下詔要求海都入朝，海都總以馬匹瘦弱、道路遙遠爲藉口予以拒絕。

此後數年之間，海都發揮自己高明的政治手腕，成功拉攏了欽察汗國君主忙哥帖木兒與察合台汗國君主八剌，三人曾經共同召開忽里勒台，會中他們共同宣示向海都效忠，並且發誓：「我們要讓蒙古的子民，永遠生活在草原之上，不能到城市裡去！」

由此可見，海都的舉動，除了象徵著窩闊台家族與拖雷家族之間的持續對立之外，更代表著維護傳統草原文化與接受城市文化兩種觀念之間的角逐。

對於這種種的挑釁行爲，大臣紛紛勸說發兵討伐，元世祖看在眼裡，始終都以兵禍連年爲理由，不想大舉用兵，除了經常命使者帶著厚禮前往賞賜，盡力安撫之外，還不時派遣中央大員前去勸說，希望海都能夠回心轉意。

有一次，朝廷大員鐵連率同副使二名前往海都之處勸諭，海都覺得很煩，天天舉行宴會，想要在宴會之上抓住鐵連的把柄，藉口將他殺死，鐵連知道了海都的意圖，故意在用餐之時大聲對副使說道：「多吃飯，少廢話，免得禍從口出，被壞人陷害！」

海都怔了一下，隨即笑道：「你說話很直爽，我不怪罪你！」

鐵連隨即展開滔滔不絕的雄辯，讓海都十分欣賞，覺得自己身邊若能有這樣的能臣，有朝一日必能奪回大汗地位，他甚至打算把自己身上穿的皮裘脫下來賞賜給鐵連，這是蒙古族當中至高無上的榮譽，官員們低聲勸道：「他是敵人派來的奸細，您這樣對他，只怕會讓底下的人心不服！」

等鐵連走了，海都對自己的部下們說道：「你看這位鐵連，爲他自己的主人盡忠，不辱使命，如果以後你們代表我出使外國，能有他一半的表現，我就心滿意足啦！」從此他不敢輕視元世祖，更加小心謹愼地佈置一切。

鐵連回國向元世祖覆命，說道：「海都之兵人數眾多且精銳，實在不適合速戰速決，應該嚴陣以待，當他來犯之時以壁壘阻擋，等他退走時萬萬不可追擊，只要把邊境守好，就可以消除兵災。」

這個建議成爲元世祖日後對付海都的主要方針。

乃顏叛亂之時，海都曾經想要以十萬大軍支援，不過由於元世祖處置得當，計謀並沒有成功，後來自己忍不住了，就在至元二十五年年底，興兵進犯。

元世祖一面調集軍隊，準備抵禦，一面又派戶部尚書昔班前往勸說，希望他能罷兵入朝。昔班才剛到海都軍中，前線就已經打了起來，海都的部下火和大王遭到元軍丞相安童的突襲，丟棄了人馬輜重，倉皇逃亡。海都在撤退之前，對昔班說道：「你們對我搞這種兩手策略，本來我應該把你殺掉，可是，當年我父親合失，曾經跟隨你讀書，念在舊情，我不忍對你下手，你回去轉告忽必烈，這是他的過失，並非我的罪過！」

第二年，海都又聯合幾名貴族，大舉入侵漠北，攻佔了大片的土地，並且進逼和林，元世祖命令皇孫甘麻剌領軍出征，雙方在杭海嶺（今蒙古杭愛山）激戰，甘麻剌大敗，多虧大將土土哈奮力作戰，才讓甘麻剌突圍逃走，這一下漠北震動，元朝北安王那木罕放棄和林，海都順勢進駐。

局勢危急，元世祖不得不拖著又老又病的身子，再度披掛上陣，海都並沒有和他交鋒，就率眾退走，於是元朝奪回和林。

宿將伯顏再次受到重用，駐守和林，專門對付海都的侵擾，此後數年，伯顏多次在杭海嶺附近擊敗海都的軍隊，但雙方往來拉鋸，始終沒有決定性的結果。

這時竟有人在元世祖耳邊進讒言，說伯顏長年居住北方，心懷異志，與海都通好，打算背叛等等之類。元世祖年近八十，頭腦有些糊塗了，竟對這種讒言半信半疑，就讓皇孫鐵穆耳前往和林取代伯顏，並讓太傅玉昔帖木兒輔佐，叫伯顏暫時退往大同，另做處置。

鐵穆耳等人尚未抵達，海都又忽然來犯，伯顏讓人去轉告玉昔帖木兒：「你先稍安勿躁，待我剿滅敵軍，你再來收我兵權！」

伯顏指揮元軍與海都大戰七天，一面交戰，一面撤退，身旁的一些將領忿忿不平，指責伯顏道：「你如果無心與海都交鋒，那爲什麼不乾脆把兵權交給太傅，讓他來和敵人作戰？」

「我這次想要徹底消滅海都！」伯顏解釋道：「誘敵深入，再予以包圍，就能一戰成擒，抓住海都，如果這時候就和他決戰，他以孤軍深入，必不戀戰，到時候逃走了，誰來負責？」

諸將分別說道：「我們可以負責！」

伯顏無奈，只得下令總攻，果然不出所料，海都見到元軍來勢洶洶，又慌忙撤退，逃回國去。

擊退敵人，伯顏依照詔令，把兵權交給玉昔帖木兒，自己一個人前去大同待命，後來元世祖終究還是弄清楚了伯顏的冤屈，把他召回大都，好好的勸慰了一番，還是讓他統領兵馬。

此後，元朝與窩闊台汗國之間的戰爭，就這樣反反覆覆的進行著，直到元世祖駕崩，都沒有個結果。

至元三十一年，公元一二九四年正月，元世祖忽必烈以八十一歲高齡去世，遺詔以死去的太子眞金之子，三十歲的皇孫鐵穆耳繼承大統，改年號爲元貞，是爲元成宗。

元成宗的治國方針大體延續著元世祖的遺規，不同的是他曾多次下詔，推行「寬大」之政，對內多次宣布減稅、賑濟災荒、與民休息的政策，廢除了不少弊政，對諸王則以懷柔方式，勸說他們投降，只要他們宣示效忠，那就可以既往不咎。

利民的政策，由於下層官員的腐化，未能十分奏效，對諸王的懷柔，則有立竿見影的成績，元貞二年秋天，原本追隨海都的貴族藥木忽兒、兀魯思不花與大將朵兒朵哈，率領所部一萬兩千人馬，投降朝廷，希望以此將功折罪。

元成宗十分高興，這是朝廷對西北諸王叛變的一大勝利，因此下詔改年號爲大德，象徵著有德者四海來歸之意，可是，隨著邊境局勢的緩和，負責邊境防務的寧遠王闊闊出，總認爲敵人絕對沒有冬天來犯的道理，就放鬆了警戒，整天在營中與部將們飲酒作樂。

結果海都的追隨者，察合台汗國君主篤哇在大德二年秋天興兵前來偷襲，闊闊出的部將都爛醉如泥，只有駙馬闊里吉思倉促領軍出戰，兵敗被俘，元成宗聞訊，拔去闊闊出的地位，另以皇姪海山接替，統領西北兵馬。

雙方各自累積實力，朝廷方面不斷加派人馬，由晉王甘麻剌出鎮漠北，安西王阿難答也加入他們的行列；海都、篤哇也是秣馬厲兵，伺機而動，準備進行一場決定性的大戰，以取代大汗的地位。

大德五年，公元一三〇一年，海都、篤哇聯軍傾巢而出，窩闊台與察合台旗下王公貴族也有四十多人隨軍出征，他們以以前所未見的態勢，進兵漠北，想要藉由這次出兵，一路打向大都。元朝方面不敢怠慢，駐守漠北的軍隊也是全體動員，由海山總指揮，晉王、阿難答、樞密使月赤察兒等兵分五路，合力迎擊。

雙方在和林附近的堅古山展開會戰，海山親自披掛上陣，首度交鋒之時，由於元軍尚未集結完成，戰況一度吃緊，後來五路兵馬趕到，海山部將阿失彎弓射箭，射中篤哇的大腿，察合台汗國一線遂告潰散，後來又因爲海都在戰場上發病，慌忙撤軍，會戰便以元軍大獲全勝收場。

一個月後，海都病逝，長子察八兒繼位，繼續與元朝對抗，篤哇則因爲失去了海都的幫助，自知難與朝廷相抗，便在大德七年主動遣使請和，調過頭來蠶食窩闊台汗國的領土。

大德十一年，海山率軍翻山越嶺，攻打察八兒，俘虜了十多萬的部眾，察八兒不得已只好投奔篤哇，篤哇召集了數百名宗王舉行大會，宣布察八兒的罪狀，把他的汗位廢除，改立仰吉察兒爲窩闊台國汗，實際上已被併吞，不久之後，篤哇病死，察八兒想要恢復自己的地位，與察合台汗國軍隊作戰，又遭失敗，只好與仰吉察兒一同投奔元朝，途中，仰吉察兒被人毒死，元成宗收留了察八兒，封爲汝寧王，窩闊台汗國至此滅亡，領土被元朝和察合台汗國所瓜分，而西北的諸王之亂也算完全結束。

皇位紛爭

元成宗在位十三年而死，大體維持了元世祖開國時的強盛局面，平定諸王之亂，更是他統治期間最大的功績，然而從他死後，元帝國朝廷陷入了長達二十多年的皇位紛爭，皇帝寶座如走馬燈似的不停換人，當中甚至有五年內換了五個皇帝的情況出現，這是歷代宮廷少見的現象，也是元朝政治難有起色的主要原因之一。

元成宗的太子德壽早死，也沒有其他的子嗣，皇后卜魯罕與宗王明里鐵木兒、左丞相阿忽台等人密謀，打算以阿難答爲帝，卜魯罕臨朝稱制。

但是兵權掌握在元成宗的兩個姪兒手上，一個是海山，在阿爾泰山鎮守著北方邊境，另一個是愛育黎拔力八達，駐戍在懷州（在今河南境內），統轄南方兵馬大權。

右丞相哈剌哈孫向來與皇后不合，擔心自己的地位被剝奪，趕緊將皇后等人的密謀通報愛育黎拔力八達，並請他即刻趕來大都，愛育黎拔力八達領兵到來，逮捕了卜魯罕黨人，並將他們全部處死，自稱監國，隨即迎立其兄海山為帝，是為元武宗。

愛育黎拔力八達是個頗受儒家文化影響的蒙古人，因為有著擁立之功，被元武宗封為皇太子，兩人一文一武，兄友弟恭，感情深厚，互相約定將來皇帝的位置，由兄弟叔姪之間互傳，四年之後，元武宗死，愛育黎拔力八達即位，是為元仁宗。

依照約定，元仁宗即位之後，應該要立元武宗的兒子為繼承人，但是他聽信奸臣之言，立了自己的兒子碩德八剌為太子，並把元武宗的兒子和世㻋貶謫到雲南，引起元武宗舊部的不滿，他們一同在陝西起兵叛變，後來因為內部不合宣告失敗，和世㻋向北逃亡，依附察合台汗國。

元仁宗在位九年而死，太子碩德八剌繼位，是為元英宗。

元英宗外表柔弱，內心剛強，他是元朝皇室少數有心振作朝綱的皇帝，即位之後實行漢法，尊崇儒術，整肅奸黨，觸犯了既得利益的貴族，因此在位只有三年，就被御史大夫鐵失等人發動政變，趁元英宗從上都避暑返回大都時，在上都以南十五公里的南坡一地被刺殺，右丞相拜住也被殺死，史稱「南坡之變」，鐵失迎立也孫鐵木兒為帝，是為泰定帝。

鐵失等人自以為擁立有功，洋洋得意，不料泰定帝忽然對他們翻臉，將這一夥弒君逆臣一網打盡，全部處死，然而泰定帝在位也只有短短五年，便以三十六歲盛年死在上都，他的兒子阿剌吉八年紀小，皇位爭奪戰持續延燒。

左丞相倒剌沙、右丞相塔失帖木兒擁立阿剌吉八在上都稱帝，年號天順，而留守大都的大臣燕帖木兒則發動政變，宣佈天下正統當歸於元武宗之子，那時武宗長子和世㻋還在漠北察合台汗國，次子圖帖睦爾出居江陵（今湖北江陵），燕帖木兒乃迎接圖帖睦爾至大都，二人商議立和世㻋為帝。

然而和世㻋遠在異地，一時半刻趕不回來，燕帖木兒擔心夜長夢多，先讓圖帖睦爾在大都即帝位，是為元文宗，宣稱等其兄和世㻋歸來，便行讓位。

上都方面，並不相讓，遼王脫脫、梁王王禪，是擁立天順帝的主要人物，他們與燕帖木兒大軍激戰於大都、上都之間，戰火遍佈古北口、紫荊關，盧溝橋各地，結果上都方面戰敗，天順帝不知所蹤，王禪被俘，脫脫被殺，倒剌沙、塔失帖木兒都被處死。

於是和世㻋在和林即位，是為元明宗。

元明宗即位後，立圖帖睦爾為太子，並以燕帖木兒為太師，隨即從和林向大都進發。不料變故又生，圖帖睦爾拱手送出了皇帝寶座，非常不高興，燕帖木兒也認為，明宗身邊的那群官員，必定會搶奪自己的地位，於是兩人合謀，在迎接元明宗來大都的途中，便與燕帖木兒合謀，下毒將他害死，自己重新登上帝位。

以後文宗又害死明宗皇后，流放明宗長子妥懽貼睦爾於高麗，隨後又將他遷徙到廣西桂林，元明宗從來沒有在皇位上行使過任何權力，而他的一家人竟被權力鬥爭給迫害得無路可退。

也許是報應吧，元文宗在位也不過四年光景，竟與太子同時死去，權臣燕帖木兒請求文宗皇后卜答失里，立她的親生兒子皇子燕帖古思爲帝，卜答失里卻不同意，因爲有人卜卦，告訴她燕帖古思若是登基，必將夭折，於是在卜答失里的堅持下，立了年僅七歲的元明宗次子懿璘質班爲帝，是爲元寧宗，而這個小皇帝，在位僅僅五十三天，便告夭折，太后卜答失里只好遣人至廣西，迎接元明宗長子妥懽貼睦爾回來即位，是爲順帝，這就是元朝的最後一個皇帝。

元統元年，公元一三三三年，十三歲元順帝即位之時，這個朝廷已經被數十年的變亂與內訌搞得體無完膚。

動盪的局勢，跋扈的官僚，無能的朝廷，加上連年天災，經濟蕭條，政治與社會都是積弊已深，這時候就算是個英明有爲的君主，只怕也難力挽狂瀾，何況元順帝本身資質平庸，無法有所建樹，只能放著這顆爛掉的蘋果，繼續腐敗下去。

天災人禍接踵而至，受苦的永遠都是平凡的絕大多數老百姓，然而，這種局面，正好給予那些充滿野心的梟雄競相角逐的機會，河北的韓山童，倡言亂世之中將有彌勒佛降生，號召信徒；長江下游的鹽梟方國珍、張士誠，以雄厚的財力，分別擁有一片天下；江西湖廣一帶，有徐壽輝，又有陳友諒；四川陝西，有明玉珍稱帝於重慶。

安徽濠州有郭子興的紅巾軍起兵抗元，不久之後，有個面貌醜陋但智計過人的還俗和尚跑來投靠他，替他攻城掠地，還娶了他的義女馬氏爲妻，最後甚至取代了他的地位，成爲紅巾軍的領導者，他的名字叫做朱元璋。

至高無上的權力，化為一股能量，激盪出他們生命的特質與意義，伴隨著人性的光明與黑暗面，在這片古老的土地上，恣意的揮灑。

第三章：元末爭霸

以遊牧為生的蒙古人，在很短的時間內崛起，迅速建立了世界級的大帝國——元朝。這個橫跨歐亞大陸的帝國，表面上強盛、遼闊，但並不能掩蓋它以少數人統治多數人，且統治技巧十分拙劣的事實。當它先後消滅金、宋，將漢人區域納入帝國的一部分，並依據漢人傳統建號稱帝的同時，內部的問題也同時醞釀出難以挽回的危機。

草原的文化傳統，賦予蒙古人質樸、強悍、率真的天性，然而，面對發展數千年的漢人文化時，卻顯得太過單純，難以應付複雜多變的局勢。

被外族統治了九十年的漢人，在局勢惡化到難以收拾的地步時，紛紛興起，在這片土地上建立起漢人的政權。

金陵新皇朝

已是臘月時節，南京應天府裡，透著幾許寒意，倒也還不到刺骨的地步，厚實高聳的城牆，抵擋寒風，熙來攘往的百姓，忙碌地張羅著過年。

正陽門內，矗立著宏偉的吳王府，新漆的門柱，還嗅得出原木的氣息。

吳王朱元璋麾下中書省左丞相李善長掂了掂手裡捧著的奏表，深深吁了口氣，稍稍舒緩被緊張感壓得喘不過氣的胸膛。

「吳王要當皇上啦！」他的腦海中不斷迴盪著這個聲音。在此同時，另外一個聲音也隱約縈繞著：「朱元璋眞的適合當皇上嗎？他會善待我們這群陪著他打天下的老友嗎？」

李善長搖搖頭，試著讓第二種聲音摒除在腦海之外，理了理衣冠，向宮門口的管事使了個眼色。管事的朗聲說道：「宣國公率文武官員晉見！」聲調拉得很長，還沒當上皇帝，就已是十足的皇帝派頭。

身後那群文官武將排列在一起，聲勢頗爲浩大，只不過放眼望去，沒有多少位特別搶眼的人物。

搶眼的人物大多還在外征戰。征虜大將軍信國公徐達、副將軍鄂國公常遇春，兩員勇將領著步騎二十五萬，正在北方的中原掃蕩。攻陷大都，趕走蒙古韃子指日可待；征南將軍胡廷瑞、副將何文輝，還有猛將湯和，正在指揮往福建的征途之上，割據當地的陳友定根本不是對手。智勇雙全的將領們都在外南征北討，拱衛著即將成爲帝王之都的南京城。

「相國，大王讓您進去了。」

管事的已經把門打開，李善長還愣在原地，所以管事出聲提醒了那麼一句。

「……這些名臣名將都順服在他的帳下，願意爲他拚命，幫他打天下，這宏偉的南京城，又怎麼不能成爲帝王龍興之地呢？」在他腦中閃著徐達、常遇春、湯和、鄧愈、劉基、宋濂這些人的影子，當然還有他自己。「我還在懷疑什麼呢？」李善長又吁一口氣，對管事的點了點頭，踏進吳王府的大殿。

殿中央，坐著一個身著華服，相貌頗爲醜陋的中年漢子，那便是自稱吳王的朱元璋。一張長長的臉上滿是麻皮，笑吟吟地在那兒等著。他早已知道李善長今日前來求見的意圖，一見他進來，也不等他說那些冠冕堂皇的話，便道：「你要講什麼，就快點講吧！」

李善長愣了一下，隨即說道：「殿下，臣……臣有要事稟奏。」

「我不是讓你快講嗎？就別在那裡說廢話了吧！」

朱元璋本來就長得醜，眉頭一皺，變得更醜了。不過醜歸醜，卻有一種不怒自威的氣度，文武百官從來也不敢取笑他的長相。

李善長攤開奏表，不敢再多說些什麼，索性照著上面寫的唸了起來。奏表是他自己寫的，唸起來自然鏗鏘有力，行雲流水：「……開基創業，既宏盛世之輿圖；應天順人，宜正大君之寶位！」唸到此，他不經意地看了朱元璋一眼，朱元璋彷彿陶醉在字裡行間，神色飄飄然，這讓他更有把握了，繼續唸道：「……必當臨御於宸居，上以答於天心，下以符於人望。冀俯從眾請，早定尊稱……」這份由百官聯名，李善長撰寫的勸進奏表，事實上，是朱元璋自己的意思。早在多年前，當他的勢力剛剛穩定下來的時候，他就已經想要稱王稱帝了。當時身旁的謀士如劉伯溫等人，紛紛勸說：「如今天下群雄未平，急於稱王，只怕會樹大招風，成為眾矢之的。」

朱元璋一想也對，就把潛藏在內心的這股慾望強壓下來。但是此時此刻，陳友諒、張士誠、方國珍等人都已遭他消滅，南方已經沒有可以和他匹敵的割據勢力；北方的元朝，陷於反反覆覆的內訌，地方將領殺成一團，幾十年前縱橫歐亞無敵手的鐵騎，變得連讓人害怕的理由都沒有。

天下統一在即，朱元璋的權力慾望又如野火般熊熊燃起，三年前，公元一三四六年，元朝至正二十四年正月，剛在鄱陽湖打垮勁敵陳友諒的他，就已經自稱吳王了，不過用的還是他的舊主小明王韓林兒的年號，兩年後，韓林兒死去，他就改吳為他的紀年。

這回他再也忍不住，早已命人在南京城裡大肆修繕，營造宮室城郭，讓稱為應天府的南京成為一個具備帝王氣象的大城池。

但他倒也沒有忘記和部下們商量一下。劉基表示，元朝皇帝還沒逮著，此時稱帝，雖說稍顯急躁，卻也不失為宣示自身正統的好辦法。李善長也說，朱元璋就如當年漢高祖劉邦，同是平民出身，百姓受到蒙古人荼毒，正應該由朱元璋出來號召，使天下歸心。

既然部下們沒有反對意見，繼承大寶之事也就順理成章。李善長向來是最主要的文膽，尤其對這類辭令甚為熟悉，就由他負責起草奏表，宋濂在旁幫著潤飾一番，就成了這篇李善長朗聲讀給朱元璋聽的文章。

其實文章本身並沒有讓李善長花太多心思，就如宋濂半開玩笑時說的：「不是會三勸三讓嗎？這才只是第一篇，寫得太好，下兩篇就沒辭啦！」

自古以來，政權交替，就有這種不成文的規矩。文武百官勸進，主公假惺惺地表示自己才德不足，不能接此重擔，回絕百官的要求。

百官這時候如果就此罷手，那就要倒大霉了。主公回絕，只是爲了顯示自己的謙虛，並不表示他眞的不想當皇帝，因此文武百官還得再演一次，主公還得再讓一次，直到第三次，主公才在百般不願，無奈萬民擁戴、四海歸心的情況下，繼承皇帝大位。

原本李善長以及底下的文武百官都是這麼想的，誰知朱元璋卻不甩這一套，他聽完勸進奏表，笑瞇瞇的點點頭，「寫得很好嘛！」他道：「把我講得這麼了不起，呵呵！既然我這麼了不起，我不當皇帝誰當皇帝呢？」

他說得倒也沒錯，李善長不敢反駁，只不過沒想到他會這麼直接，這麼不加修飾的說出口，也許因爲他是平民出身的關係吧。

「這樣也好……」李善長心想：「至少……不用再寫底下兩篇奏表了。」

十天之後，奉天殿落成，朱元璋搬了進去，並且率領全體官員前往城郊築起的祭壇召告天地。「……惟臣帝賜英賢，爲臣之輔，遂戡定諸雄，息民於田野。今地周回二萬里廣，諸臣下皆曰生民無主，必欲推尊帝號，臣不敢辭，亦不敢不告上帝皇祉……」在這份寫給上蒼的奏表之中，他和天地約定，如果他登基那天，天氣清朗，就表示他可以擔任皇帝之職；如果不行，就請上天降下狂風暴雨，也好讓他心裡有數。

他將天下之號定為大明，以洪武為年號，以南京應天府為都城。於是，一個平民百姓出身的朱元璋，就此成為歷史上的明太祖。傳統觀念的華夏王朝正朔，又再度回歸到漢人的手裡。

洪武元年，公元一三六八年正月初四，就是明太祖與天地約定的登基之日，也不知道是眞有天命還是僅止於巧合，連日來的綿綿陰雨，竟然在那天放晴了。明太祖高興極了，連連稱讚劉基：「伯溫選定的這一天，眞是選得太好了，今天有個好兆頭，以後就會更好！」

「皇上過譽，皇上乃天命所依歸，臣也不過只是應著天意，如此而已。」

劉基其實是懂得觀天象的，其實這也沒什麼，只要多觀察雲的形狀與天色的變化，就能推測往後數日是陰是晴，這種知識是從生活經驗中累積而來的，卻往往被別人誇大成無所不知的神力，前知五百年後知五百載云云，他並不喜歡這樣。

他比皇帝大了快要二十歲，飽讀群書，學問淵博，皇帝向來很聽他的話，曾經對他說：「如果我是漢高祖劉邦，你就是我的張子房！」可見皇帝是多麼倚賴他。因此今天皇帝登基之日，能有這樣一個好預兆，劉基也替皇帝高興。

不過，到了接受百官朝賀之時，劉基站在百官行列之中，與眾人一同高呼「皇上萬歲、萬歲、萬萬歲」的時候，看著皇帝那張醜臉上明擺著一副天地萬物唯我獨尊的表情，當年陪著他一同打天下的好兄弟，如今全都成為他的臣子，生殺大權完全操縱在他的手上，頓時，劉基感覺到眼前的景象距離自己無比遙遠，同時心中也隱約升起一股不安的感覺。

大殿布置得金碧輝煌，文臣武將的神情也都受到這種富貴容華的氣氛所感染，苦難過完了，終於可以享福了！似乎每個人都是這麼想的。但是劉基卻被一個疑問困擾著：「能共患難，就能共享福嗎？」

有難同當的人多，有福能同享的人卻少，在歷史上，有太多這樣的例子了。儘管皇上當初曾經拍著劉基的肩膀對他說：「如果我是漢高祖，你就是我的張子房！」這代表什麼呢？漢高祖當年不是把大功臣韓信除掉了嗎？劉基隱隱覺得，這種時候，還是學學從前的張良，明哲保身比較妥當。也許朱元璋當初那樣說的時候，想要表達的就是這個意思。

他沒有把自己的想法告訴別人，只是默默地望著龍椅上的皇帝，腦海之中回想著過去自己幫著朱元璋出謀策劃，一步一步取得天下的種種。

「過去的日子，應該不會再回來了吧！」劉基長長地嘆了一口氣。

朱重八

過去的事，回想起來，也許只是生命過程的一部分。但是，想要再來一次，沒有幾個人願意，尤其是元朝末年的百姓。對他們來說，過去的回憶，只有瀕臨死亡的痛苦而已。

中國人常講究天與人之間的感應，尤其喜歡把政治的良窳與天象放在一起討論，當某處某地發生水、旱災，就顯示此時的皇帝昏庸，治國無方。

這其實是說得通的。中國境內幅員遼闊，不能保證全國境內每一個地方都年年風調雨順、五穀豐登，有地方欠收，就有地方豐收。以有餘補不足，如此百姓姑且還能活得下去，當中調度就需要靠政府的行政效率了。

政治腐敗時，內部協調機制就會出現問題。一旦地方欠收，就會爆發饑荒，饑荒就會產生流民，到處流竄找東西吃，讓那些有東西吃的地方也遭到破壞，這樣的破壞到達一個限度之後，政府體制的力量就難以掌握，惡性循環下，王朝也就趨向瓦解。

從秦始皇建立帝制以來，每一個朝代即將結束之時，幾乎都會面臨這類管理上的問題。只是，元朝的這種問題來得特別早，統治漢地不過幾十年，情況就已經惡化到難以收拾的地步。

這倒不是因爲蒙古人無能，只是他們的民族政策有問題。在他們統治的區域內，漢人的數量無疑是最龐大的，但是蒙古帝國將人民劃分等級，把漢人置於較低等的地位，在這樣的社會結構形成的當下，問題已經產生，蒙古的統治因此無法長久。

元順帝至正四年，公元一三四四年，濠州（今安徽鳳陽）地區連續幾個月沒下半滴雨，該抽穗的稻禾都枯弱憔悴，偏偏又飛來鋪天蓋地的蝗蟲群，啃光了所有的植物，蝗災過後，又爆發瘟疫，人們餓的餓，病的病，生活難以爲繼。

鍾離縣孤莊村有家佃戶姓朱，戶主名叫朱五四，原本以耕種地主的田地過活，靠著每年繳納田租之後微不足道的剩餘，養活一家男女老少十幾口，苦雖苦，倒也還過得下去，那時誰不是這樣呢？

然而這一年旱災、蝗災與瘟疫接踵而至，朱五四和老婆都死了，大兒子也死了，大女兒、二女兒嫁到別人家去，三兒子去給人家當贅婿，一家人死散得七零八落，只剩下二兒子朱重六與小兒子朱重八，還有大媳婦與孫子、孫女等數人。

「這下子可該如何是好？」朱重六埋葬好父母大哥的遺體之後，看著自己唯一的弟弟朱重八，茫然地說著。像是在向弟弟問話，其實只是無語問蒼天。

沒錢沒糧，地主又翻臉不認人，生活沒有半點著落。十七歲的朱重八不願就這麼活活餓死，對哥哥說道：「咱們也逃荒去吧！」

朱重六想了想，說道：「逃……能逃去哪兒呢？」

「跟著大夥兒一塊逃，總能找到生路吧！」

這朱重八就是日後的朱元璋，從小除了調皮搗蛋之外，還有一股與生俱來的領導氣質，是家鄉孩子們的頭兒。據說他曾經與周德興、徐達、湯和等幾個一起放牛的小孩，把地主讓他們幫著放養的小牛殺了煮來吃，吃完就謊稱小牛逃跑了。這件事後來被發現，朱元璋將所有的責任一肩承擔下來，雖然挨了一頓痛揍，甚至還被地主趕跑，卻得到孩子們更深的信任。

二哥也很聽他的。他說逃荒，二哥也覺得應該逃荒，「是啊！」朱重六說道：「總不會到處都是蝗災吧！總有豐收的地方。」

所有的災民都是這麼想的，不過大部分的災民，在到達豐收的地方之前，就已經先餓死了。

隔壁鄰居有個汪大娘，與朱家向來交情很深，父母大哥的安葬，她也幫了一點忙。因此當朱重六把兄弟二人打算逃走的想法告訴她時，她立刻對朱重六說道：「你家重八小時候曾經捨了身給皇覺寺當和尚的，算算日子，也該是還願的時候了，何不趁此到皇覺寺去呢？」

原來朱元璋剛出生的時候，體弱多病，不會哭，也不會吃奶，虛弱得幾乎養不活。朱五四於是打算到皇覺寺裡許願，要把這個孩子捨給廟裡養，希望在佛祖菩薩的庇佑下，能讓這孩子長大成人，也能讓朱家的日子好過一些。說也奇怪，才動了這個念頭，孩子忽然會哭了，也會吃奶了，身體情況逐漸好了起來，朱五四因此眞的到皇覺寺去許願，替朱元璋捨身。往後的日子裡，朱家雖然依舊過著窮困的生活，卻總是對這個小兒子特別寵愛一些。

「原來還有這個典故啊！」朱元璋說道：「既然如此，我就去皇覺寺吧！一來可以還願，二來有口飯吃，總比餓死好一點。」

話說得輕鬆，二哥卻深知朱元璋的脾氣，笑問道：「你到皇覺寺，不會把廟裡的和尚都氣跑了嗎？」

「氣跑了也好啊，這樣我就是住持了，到時候一定把二哥也接來吃飯。」

朱元璋在皇覺寺裡，事實上連個普通和尚也不算。位於孤莊村旁的皇覺寺並不大，裡面只有

七、八位僧人，收一點租，加上善男信女的香油錢，僅比一般窮苦百姓好過一點。多了一個朱元璋，算是多了一個幫手，因此他雖然剃了頭，卻不算眞的出家，只是寺裡的一個小雜役、小傭人。

他的個性眞的應驗了他二哥的擔心，向來習慣支使別人的朱元璋，在皇覺寺裡比誰的地位都低，師父、師伯、師叔，連年紀比他小的小和尚，他都得尊稱一句師兄。

這些還無所謂，更讓朱元璋受不了的，就是每個師伯、師叔都對著他呼來喝去，什麼雞毛蒜皮的小事都叫他去做，打水、掃地、煮飯、洗衣，還得要低聲下氣的伺候著，只要有什麼地方做不好，就會招來一頓數落。

其實，這些事情都是他該做的，做不好挨罵也是理所當然，以朱元璋目前的身分，他所受到的待遇並沒有比任何人差，只是他用自己過去的習慣，在家是受寵的小兒子，在外是威風的孩子王，把這當作標準，自然看什麼事都不順眼。

不過這種日子也沒過多久，只待了五十幾天，皇覺寺裡的糧食吃光了，善男信女的香油錢用完了，田地因爲乾旱蝗災而收不到地租，唯一可以混飯吃的地方也沒了著落。

出家人吃四方，和尚們紛紛出外化緣。朱元璋也和他們一樣，托著一個瓦缽，硬著頭皮離開家鄉，踏上遊方的道路。

年月不好，沒多少人拿得出多餘的糧食幫助別人，不過僧侶就有這種好處，再窮苦的人，都會盡自己所能的佈施。因為現實生活的痛苦，讓他們藉由這種方式，將希望寄託在一個虛幻的來生。

朱元璋總是找大戶人家化緣，但是畢竟大環境就是那麼糟，到處都是窮苦人家，有時走了幾十里，還是看不到「大戶人家」的影子，總不成就這樣餓死，只好向窮人化緣。每當他捧著從窮苦人家討來的粗食，看著那些可憐的人們對著那些食物戀戀不捨的模樣，心裡總想著：「以後我有能力的話，一定會幫助這些窮困的百姓。」

他回想起自己孩提時代經常玩的遊戲。他高坐在土墩之上，成群的孩子圍著他，高喊：「皇上萬歲！」他自己則裝模作樣的回答：「眾卿平身！」想到此，他不禁笑了起來。「當皇帝嗎？」啃了一口米糠碎石比米還多的飯糰子，繼續踏上遊方的道路。

整整三年多，他的足跡踏遍今日的安徽省西部與河南省東部一帶，廬州、信陽、汝寧、亳州、潁州……看過名山大川，也看盡人世淒涼。直到輾轉得知濠州的災情已告解除，他才踩著沉重的腳步返回家鄉。

返鄉的心情並不開心，災情解除並不代表苦難結束，盜賊土匪開始在濠州四處騷擾，日子過得很不太平。

朱元璋也同情這些土匪，如果大家都有好日子過，誰不願意平平安安的生活？就是因為日子過不下去，這些人才會鋌而走險，幹起沒本錢的買賣。

這大概是他的苦難歷經體認吧！許多事情，光看表面，是作不得準的。就像這些看似兇神惡煞的土匪，原本也許只是一群純樸的莊稼漢。這點體認，讓他開始對世間的任何事情，總是抱持著懷疑的態度。

在朱元璋遊方三年期間，與許多被外人稱之爲「魔教」的人們接觸過，發覺他們只是一群藉由宗教力量結合在一起的互助組織，並不像外界傳言那般神秘黑暗。他們主張世界存在光明與黑暗兩種對立的勢力，目前的紛亂與痛苦，是黑暗勢力暫居優勢的表現，但是總有一天，光明會戰勝黑暗，所以他們提倡素食、薄葬與節用。教友之間互相幫助，互通有無，過著無慾無求的生活，深信有朝一日彌勒佛祖將會降臨，明王將會出世解救他們，帶領他們走向光明美好的世界。因此，這個新宗教又被稱爲「彌勒教」或是「明教」，與同樣標榜彌勒降生、明王出世的白蓮教，關係頗深。

明教的起源很早，大約在唐朝便已傳入中國，由波斯人摩尼融合了基督教、祆教、佛教而成的新宗教，因此又稱作摩尼教。由於唐代晚期曾經實施宗教禁令，摩尼教受到牽連而被禁止傳播，因此轉入地下成爲秘密教派，歷經數百年的發展，又融合了中國人的信仰觀念，成爲具有本土特色的外來宗教。

人永遠都不會滿足。日子過得好，宗教自會興旺。因爲人們總指望著神明能保佑他們賺更多錢，過更好的生活；日子過得苦，宗教更會興旺，人們要嘛指望神明改善他們的困境，要嘛就希望下輩子更好。

明教的領袖頗具才能，雖說是秘密宗教，卻仍經營得十分興旺。元朝末年，信徒已經遍佈江西、湖廣、福建等地。

朱元璋對明教十分嚮往，在這種時代，此種宗教遠比提倡輪迴的佛教更具有積極的意義。所以，他對自己是個佛家僧人的身分，向來不怎麼在意。

「等到有機會，我一定要利用這股力量，做出一番大事業！」朱元璋啃著皇覺寺的糧食，暗自立下這樣的心願。

機會在至正十一年，公元一三五二年來到，百姓累積已久的憤怒，在這一年隨著黃河的潰堤無可抑止的爆發。

大規模的民變，端倪早已浮現，元對中原及江南漢人的階級統治、社會的貧富不均，都是導致民變的原因。但是爲什麼會在這一年爆發，起因則在於元朝宰相脫脫的政策失當。

在元朝的宰相裡，脫脫是比較有作爲的。他幫助元順帝除掉權臣伯顏，深受元順帝的信賴，因此可以施展抱負。他恢復了被伯顏廢止的科舉制度，尊崇儒術，提倡文治，率領一批文臣，共同修撰了從元朝開國以來就應該要編修的宋史、遼史與金史。此外還制定許多減稅、減租的辦法，降低百姓的負擔。

不過在他任內卻有兩項失當措施，使得局面惡化，其中之一是鈔法的變革：印製新鈔票、發行新銅錢，企圖和緩物資飆漲的現象，結果適得其反。新鈔由於沒有金銀作本，不受到信任，反而讓物價一夕之間暴漲十幾倍，財政幾乎癱瘓。

其次就是治理黃河。黃河氾濫問題始終困擾著元朝的統治者，歷經數十年的治理，仍然沒有什麼成效。至正九年，元朝政府成立山東河南等處都水監，專責治河事宜，脫脫向元順帝毛遂自薦。

至正十一年，脫脫到了河南，徵調汴梁、大名等十三路民工十五萬人，以及廬州（今安徽合肥）當地戍守軍隊兩萬人，進行浩大繁複的工程。疏浚河道，築成堤防，強行將決堤的黃河拉回故道，東流入海。

有人反對脫脫這麼做，「天下百姓對朝廷都有異議，如今您把他們聚在一起，難道不怕局面控制不住嗎？」

脫脫不聽，說道：「治理黃河就是替天下百姓謀生路，我讓百姓來做百姓的事，難道有錯嗎？」

治河的工作大體而言算是成功了，脫脫很驕傲地標榜著自己的功績，但是那些被他徵調而來的民夫，嘴裡心裡不住的對他、對朝廷抱怨，這些他卻沒有聽到。

河北欒城人韓山童出身白蓮教世家，並以明王自居，他向來致力於宣揚天地黑暗，光明的彌勒即將降生以解救世人的思想，可惜始終沒有多大進展。

他的部屬穎州人（今安徽阜陽）人劉福通對他說道：「如今河工怨聲載道，這一點可以利用。」

韓山童問道：「如何利用？」

「不是有首小曲是這麼唱的：『莫道石人一隻眼，挑動黃河天下反……』」劉福通說道：「天時、地利、人和我們都佔盡了，只消那麼輕輕一挑，就會有大群百姓幫著咱們打天下啦！」

「你說得很對。」

過沒幾天，黃陵崗河道的疏浚工程上，有幾個民夫萬分訝異的從泥巴裡掘出一尊獨眼石人，他們面面相覷，不約而同的想起那首民謠，「石人一隻眼……黃河……天下反？」民夫聚在一起工作，消息傳得很快，一傳十，十傳百，沒過幾天，幾乎所有的民夫都知道黃陵崗挖掘出獨眼石人的事情。

民夫中有不少是明教教徒，他們告訴同伴：「是上天預警啊！世道黑暗，我們怎能不反？彌勒佛祖就要降臨，明王就要出世啦！」

於是，民心浮動，人心思變。

其實這些都是劉福通的計謀，他讓教中工匠雕刻獨眼石人，又讓教眾混入民夫之中散播消息，終於把民夫的心思鼓動得快要沸騰起來。

他命人宣傳韓山童的出身，說他是宋徽宗的第八世孫，又說他是明王轉世，當爲中國君主，並且發表檄文，指出元朝政府的政策讓天下的情況變成「貧極江南，富稱塞北」。嚴重的貧富不均、種族歧視，江南百姓被當成卑賤的下人，令人忍無可忍，應該要起身反抗惡劣的朝廷，迎接明王。

劉福通的宣傳十分成功，韓山童成爲當地百姓心目中的精神寄託，他們並積極籌畫起事的日期，不料樹大招風，還來不及發動，韓山童就被朝廷逮捕，不久之後遇害。

這無異是一次重大打擊，不過幸虧劉福通本人也獲得許多的支持者，便與部屬杜遵道等人召集了三千多人在潁州起事，並以此爲初步根據地，以紅巾爲標誌，因此他們被稱作紅巾軍。

紅巾軍四處轉戰，攻城掠地，到了至正十一年九月，大軍攻下了汝寧府（今河南汝陽），隊伍已經發展到將近二十萬人，官兵再也不是他們的對手。

不過，如果僅止於這一路兵馬，還體現不出事態的嚴重性。事實上早在劉福通起兵之前，已經有零星的勢力試圖引爆這股反抗的潮流，廣東的朱光卿、聶秀卿；四川的韓法師；河南的胡閏兒；江西的周子旺等等，都是紅巾軍的前奏。劉福通起事之後，更多的勢力起而響應。徐州地區有蕭縣人芝麻李聚眾起事，黃州路有蘄州人徐壽輝以宗教力量號召群眾，江西有白蓮教徒鄧南起兵……眞的就像野火燎原，一發不可收拾。

這股野火也燒到了朱元璋所在的濠州。

當地有個地主名叫郭子興，爲人海派，經常拿出家中錢財，擺了酒菜，招待好友，因而交遊廣闊。當他聽說劉福通等紅巾軍大舉起兵反抗的消息，也躍躍欲試，和另外四個好友商量，共同出資，聚集了幾千個年輕人，趁著黑夜，衝進濠州城，殺掉州官，佔領城池，並打起紅巾軍旗號，自稱元帥。

朝廷派來鎮壓的軍隊，不久便抵達了，領軍的蒙古將領與當年縱橫歐亞所向無敵的祖先，簡直天差地遠，他害怕戰爭，軍隊不敢靠近濠州城，只敢派兵到處逮捕城郊的無辜百姓，給他們綁上紅頭巾，謊稱他們是紅巾軍來邀功。

這讓更多的百姓入城投靠郭子興，反而使他的兵力益發強大。

皇覺寺裡的朱元璋，心情很不平靜，對他來說，這也許是個機會，但是他又輾轉聽說郭子興和其他幾個共同起兵的朋友之間經常鬧不愉快，萬一自己跟錯了人，說不定就此萬劫不復。

幾天之後，寺裡的師兄送來一封信，朱元璋拆開一看，原來是兒時玩伴湯和從濠州城裡捎來的。信中湯和告訴朱元璋，說他已經當上了城中義軍的小軍官，郭子興是個很好的首領，希望朱元璋也來投靠。

「湯和也投軍了嗎？」朱元璋笑了笑。他並沒有立刻被這封信打動，仍在尋思另謀出路。

「大事不好，大事不好！」一個和尚衝進朱元璋的房間，對他說道：「你湯兄弟捎信來的事，好像被人知道了，聽說那人已經去官兵那裡告發了，你還是出外去避一避比較好！」

師兄的話讓朱元璋感到一陣失神，但他還是泰然自若地笑道：「師兄您放心吧！我不會連累皇覺寺的。」

嘴上說得輕鬆，頭皮卻有些發麻，把心一橫，整理了一個簡單的包袱，背著踏出皇覺寺，便往濠州城投軍去了。這是元順帝至正十二年，公元一三五二年閏三月的事。

二十五歲的朱元璋來到城下，衛兵攔住他，高聲問道：「來幹什麼的？」

朱元璋淡淡說道：「來投軍的。」

衛兵仔細端詳了半天，見他相貌異常，剃光的腦袋還留著青皮，一身破袈紗上滿是油漬，說是和尚又不像和尚，覺得他形跡可疑，冷冷道：「投軍？我看你根本是韃子派來的奸細吧！」他對身旁其他的衛兵呼喝道：「拿下！快去通報元帥。」

朱元璋遭到捆綁時並沒有反抗，只有苦笑的份。

城內郭子興聽說有奸細，本想吩咐衛兵將他砍了，一旁湯和聽見衛兵形容「奸細」的樣貌，越聽越熟悉，連忙說道：「這個不像和尚的和尚，莫非正是我常與元帥提起的朱重八大哥吧！」

「喔？」郭子興說：「那就帶他進來，讓湯兄弟看看到底是不是。」

朱元璋就這麼被押進來了。

這麼一張令人印象深刻的臉，湯和又怎會不認得，「朱大哥！」湯和連忙衝上前去，親自替他鬆綁，並對郭子興道：「這位就是朱大哥，他如果是韃子的奸細，我把腦袋砍下來送給元帥都成！」

「嗯，果真是相貌堂堂，身材十分的……魁梧……」郭子興道：「我軍能夠加入這樣的新血，也是一件挺不錯的事啊！」

朱元璋並不了解郭子興的爲人，不知道他會不會以貌取人，但他知道自己的長相實在很難給人留下很好的第一印象，這回雖然他被收留了，但那是看在湯和的面子上，自己以後能夠有什麼發展，還得要靠自己的努力才行。

紅巾軍大帥

濠州城的衙門，被郭子興用來充作自己的元帥府，警衛不若從前蒙古官在時那般森嚴，倒也打掃得十分清潔。

郭子興有個小夫人姓張，年紀比郭子興小得多，卻深明事理，心思細膩，深深得到郭子興的寵愛，這一天晚上，她對郭子興說道：「營裡前些日子來了一個年輕人姓朱，我瞧他是個人才，將來必定大有可爲。」

郭子興捻著鬍鬚笑道：「是啊，他剛來的時候，老實說我還看著不大舒服，但是經過這些日子，我看他眞的是很肯上進的，打仗的時候很勇敢，又不是一味蠻衝蠻幹，懂得用頭腦。嗯……只讓他當一個九夫長，實在有點可惜，他絕對是可以率領大軍的人物，不，應該可以比這還要了不起……」

張夫人抿嘴笑了起來，郭子興問她怎麼了，她笑道：「瞧你，我才不過說了一句，你卻讚他那麼多句，看來我要與你商量的事應該有著落啦！」

「你要與我商量什麼？」

「咱們的女兒，如今已經老大不小了，你這個當父親的，從沒替她想個好歸宿，我卻替你想到啦！」

「喔！你是說……」

他們口中的女兒，其實並不是他們親生的女兒，而是養女。郭子興有個好友姓馬，在他起兵之前病死，臨終前把自己唯一的小女兒託付給郭子興，郭子興便把她帶回家交給張夫人撫養，把她當作親生女兒一樣看待。

馬氏漸漸長大，相貌算不上國色天香，卻是精明幹練，智慧過人，不比身旁任何一個男人遜色，因此馬氏頗爲高傲，向來瞧不起一般的男人。直到她瞧見朱元璋，觀察他的爲人，了解他的氣概，才讓她的芳心爲之傾倒。

「大丈夫當如是……」馬氏的目光流轉。

張夫人懂得女兒的心思，便與郭子興討論。

「這樣當然好。」郭子興說道：「不過咱們也得要好好磨練磨練他，才不會讓咱們那不讓鬚眉的寶貝女兒受委屈。」

第二天，朱元璋就被調來元帥府，擔任郭子興的貼身護衛。

從投身紅巾軍那天開始，朱元璋總是比任何人都來得勤勞，學什麼事情也都比任何人更快，力求表現，累積功勳，短短幾天，就從一個光桿小兵升爲九夫長。就是這種先天的優勢加上後天的努力，使他在軍中的地位日漸重要，與袍澤之間的人際關係十分良好，就像當年的那個孩子王，人人都願意聽他的，就算有人不願意聽他的，至少也不會反對他。

調來元帥府後，朱元璋經常幫著出一些主意，讓郭子興可以在同時面對內部危機與外部軍事壓力的雙重困境下，依然能夠游刃有餘。

郭子興對他滿意極了，沒過多久，便將養女馬氏許配給朱元璋，而他「元璋」這個名字，也是在這個時候取的。

成爲元帥的女婿，讓朱元璋在濠州紅巾軍裡的地位一下子竄升許多，原本不把這個還俗和尚看在眼裡的袍澤，都對他另眼相看，還管他叫「朱公子」，甚至有人開始對他巴結奉承。

朱元璋不會把這種阿諛看在眼裡，能夠娶到馬氏這樣的女中豪傑，讓他覺得十分幸運，同時也更加惜福，更拚命的做事，以報答郭子興的知遇之恩。

不過，有件事讓朱元璋一直憂心忡忡，當初投軍之前所聽到的傳聞是眞的，郭子興與孫德崖等其他四名共同起事的元帥之間，經常有口角爭執，郭子興覺得他們江湖味太重，不知道遵守紀律，他們卻覺得郭子興目中無人，自抬身價。由於五人同時並稱元帥，沒有上下大小之分，因此雖說實際軍務都是郭子興在負責，還是有很多地方無法作主。

「濠州城已經打下大半年了，居然到如今都還沒有半點發展，雖說元帥有他的苦衷，但是這樣下去畢竟不是辦法。」朱元璋對湯和說道：「如果幾個元帥之間的局面再這樣惡化下去，除了等著被韃子吃掉，就是等著自相殘殺，最後還是免不了滅亡的命運。」

湯和道：「那你說該怎麼辦？」

「我想要自己出去闖一闖。」朱元璋道：「回鍾離去招兵買馬，看看自己的能耐到哪裡。」他說得十分保守，但是從他眼神閃爍的光芒，已經可以看出他志在天下的企圖。

湯和瞪大眼睛，「難道你打算離開郭元帥？」

朱元璋笑了笑，說道：「郭元帥對我有如此大恩，我怎麼會這樣背棄他？這件事我自會去與他商議。」

他把心思與郭子興說了，老岳丈以讚賞的眼光說道：「很好，年輕人就應該出去闖一闖！濠州城對你來說，實在是太小了。」

朱元璋與湯和來到故鄉鍾離，他們打起紅巾軍招兵買馬的旗幟，希望能夠吸引飽受蒙古人荼毒的群眾。效果還不錯，十幾天裡即招募了七百多人。

令朱元璋感動的是，孩提時代的玩伴，徐達、周德興等人都前來投奔，並且向他宣誓效忠。

「孩童時，你是咱們的頭兒，將來你還是咱們的頭兒。」徐達對他這麼說道。

朱元璋帶著這七百多人回到濠州。郭子興很高興，說道：「人家說內舉應該要避親，但是，我有這樣的好女婿，教我怎能不提拔你呢？」於是提升朱元璋為鎮撫之職。

不過朱元璋並不以此為滿足，當然，他知道如果繼續待在濠州，岳父大人絕對不會虧待他，不過，就像郭子興先前所說的，濠州城對朱元璋而言真的是太小了。

為了避免一些沒有必要的流言蜚語，朱元璋把自己招募來的七百多人交給其他人統領，自己從中挑選了徐達、湯和、周德興等一共二十四人離開濠州城，毅然決然地踏出自我發展的第一步。

也算是他們的運氣好，二十五個年輕人，竟然能夠利用智謀騙取地方上的一些土豪們為了自保而聚集起來的徒眾，收編他們的部隊，包括張家堡的三千名鄉兵，以及橫澗山的兩萬名民兵，使得朱元璋一行人打下濠州南方的定遠時，在他的麾下既有多名猛將，又有壯盛的隊伍。

這已經算是一股不小的勢力，卻不足以成為掃平天下的憑藉。

「接下來我該怎麼辦？」朱元璋不斷的問自己。

這時候，營門外來了兩個人，都是儒生裝扮，一問之下，才知道是定遠當地的儒士馮國用、馮國勝兄弟。

「讀書人嗎？」

朱元璋小時候唸過一段時間的私塾，能認字，會看書，不過認得的字不多，看的書也不深，距離眞正的「讀書人」還有一段很大的距離。

他以前一向不覺得讀書人有什麼了不起，甚至覺得這種人對國家民生沒有什麼幫助，純粹浪費糧食而已。但是現在不同了，既然已經有掃平天下的目標，他就必須要多方採納意見——而讀書人的意見往往最多。

馮氏兄弟看上去貌不驚人，除了有些道貌岸然之外，沒有半點特色，朱元璋打算給他們來個下馬威，好挫挫這些心高氣傲讀書人的銳氣，因此他劈頭就問：「我今日決定以我的兵力取得天下，你們覺得我該怎麼做？」

「要取天下，必先有一穩固的根據地。」馮國用說道：「放眼今日天下，唯有金陵可以作爲帝王大業龍興之地。」

金陵就是今日的南京，當時屬於江浙行省集慶路，又稱江寧。

朱元璋問道：「爲什麼是金陵？」

「金陵形勢險要，龍蟠虎踞，易守難攻，又是歷來眾多王朝故都，王氣聚集，天下歸心。」馮國用胸有成竹地說道：「只要奪取金陵以爲根據地，派遣驍勇將帥四出征戰，逐步擴張，並且提倡仁義，收攬人心，如此，取得天下的霸業必可告成。」

這一番話說得朱元璋折服不已，立刻將兩兄弟留在身邊充作自己的參謀，以計議大事。他後來常對人說：「看來書生之見，確實有他的一套！」

朱元璋的部隊在定遠休養了一陣子，繼續向滁州進軍。出發之前，定遠當地的另一位名士前來拜見，他的名字叫作李善長。

此時的朱元璋對儒生已經敬重多了，他聽說李善長飽讀群書，謀略過人，很虛心地向他請教，同時問道：「如今四方不寧，兵亂不止，我以一介平民，要如何才能安定天下？」

李善長道：「想當初秦末天下大亂，漢高祖劉邦也是沛縣出身的一介平民，但是他知人善任、豁然大度，懂得任用謀士，故而五年擊敗西楚霸王，成就大漢五百年帝業。如今天下局面，比起秦末之混亂有過之而無不及，您是濠州人，距離沛縣不遠，要是能多向這位老同鄉學一學，天下就不愁難以平定了。」

朱元璋聽得悠然神往，心中早已把劉邦當成自己奮鬥的目標。而替他定下這個目標的李善長，也被他留了下來擔任掌書記，成爲最重要的參謀。

李善長的性格比較圓滑，很懂得做人處事之道，與每一名將領參謀都相處得不錯，也經常利用自己的這一項長處調和將領與參謀、將領與將領之間的衝突爭執，讓朱元璋麾下大軍迅速結合成一個緊密的整體。

朱元璋進軍順利，攻佔滁州，地盤又擴張了不少，濠州的郭子興也終於不再按兵不動。至正十五年，公元一三五五年正月，郭子興部隊攻佔和州（今安徽和縣），託人捎了封信給朱元璋，要他擔任和州總兵官，替他防守城池。

表面上這麼說，實際上的意思很明顯，郭子興是要把自己的力量逐步交給朱元璋了。年輕的朱元璋拿了信，苦笑著對身旁的徐達說道：「老岳丈的這番心意是不錯，只不過他沒想過，將領們有幾個願意服我！」

徐達並沒有多說什麼，他太熟朱元璋了，知道其心中早已經有了計較。

朱元璋派人通知各路將領，要他們來和州城開會，卻沒說自己就是主帥。議事廳上本有主帥座位，朱元璋吩咐人撤了，只留下左右二首兩排席次。右尊左卑，將領們紛紛選擇右首的座位坐，朱元璋到來時一看，只剩下左邊的位子，便不動聲色地坐下。

「今日找各位來，是想與各位商議和州城的防務。」朱元璋朗聲說道。

在座眾人面面相覷，他們本以爲剛打下這座新城，往後可以好好休息幾天，享受勝利的滋味，誰知朱元璋開口就提防務，起初還有幾個將領隨口胡謅幾句，後來見每個人都說得牛頭不對馬嘴，都靜了下來。

「防務不外三項。」朱元璋道：「第一，安定民心；第二，修建城池；第三，籌備下一波攻勢。」他向眾人掃視一眼，繼續說道：「安定民心這項，需要靠長久的累積，我軍的名聲如何，要靠各位幫忙！麻煩各位約束底下的官兵，不得騷擾百姓，不准從百姓身上取一絲一毫財物！」將領們點點頭。

朱元璋向身旁親兵使了個眼色，親兵們抬出一張桌子，上面鋪了和州城及附近地形的平面圖，「和州城池窄小，如果元兵大舉進攻，我們會很吃力。」朱元璋說道：「因此，請各位在三天之內領著部屬分頭整修城池，一定要在期限之內完工，在這圖上，有每個人的名字。」他停頓一下，接著道：「至於下一波攻勢，待三天之後，再與各位商議。」

諸將雖然都已領命，卻都有些灰頭土臉，有人背後埋怨朱元璋，說他只不過仗著郭子興的威勢就擺出一副臭架子，其實沒有什麼才能。但也有人幫朱元璋講話，「他剛剛所說的倒也合情合理，眞難爲他還這麼年輕呢！」話雖如此，頂多把朱元璋當作一個能幹的年輕人，沒幾個人眞把他的話當一回事。

因此三天之後，當會議再度舉行，修築城池的工作只有朱元璋負責的這一部分完成，朱元璋很生氣，沉著臉，對眾人說道：「元帥的命令早就下來了，今後和州城防務由我負責。三天前，我與各位約定要在限期之內完工，各位卻當成馬耳東風，沒有一個人達成任務！倘若以後再有延誤及違抗軍令者，一律論斬，絕不輕饒！」

諸將這才紛紛謝罪，並且保證不會再違背朱元璋的命令。

數日之後，朱元璋巡視城中防禦工事，正覺得工程都已大致完成，打算好好稱讚諸將一番，藉以緩和先前稍顯緊張的氣氛之時，忽然看見一個小孩在軍營外哭泣，便上前詢問：「你是誰家的孩子，怎會來到此處？」

小孩哭道：「我家住在城外，自從你們打來之後，我爹被你們拉去當兵，我娘被你們拉去餵馬，我想見娘一面，卻不敢和她相認，我想見爹一面，你們的衛兵卻把我攔下來了……」

朱元璋一聽，勃然大怒，他先讓親兵把小孩安頓好，隨即把全軍將領找來，對著他們厲聲怒斥道：「大夥兒一路從滁州來時，我是怎麼和你們講的？我們是爲了百姓起兵，爲了百姓趕走韃子，我們就是百姓！結果你們做了什麼？竟然擄人妻子，讓百姓妻離子散，家破人亡，你們的良心何在？將來要如何穩定民心？」將領們被他罵得抬不起頭。

凡是與百姓有關的事，朱元璋就會特別在意，這是因爲他過去曾經困苦過，也看過太多苦難百姓的關係，他吩咐將軍中所有擄掠來的男女全部放回，使得離散的家庭得以團聚，百姓們原本對紅巾軍仍抱持著畏懼的看法，如今知道軍中有一個愛護他們的主帥，都感到十分欣慰，而和州城附近也恢復了生機。

這時候，朱元璋在軍中的地位已經漸漸超越郭子興。朱元璋所屬的軍隊已經是郭子興紅巾軍的主力，軍中大小事務都是朱元璋說了算數。大家的嘴裡雖然不說，心中都已認定紅巾軍眞正的元帥，其實是朱元璋。

「我已經老了，沒辦法再拚多少年。」郭子興說道：「你不一樣，你一定可以縱橫天下，成就霸業。我的這一點幫助，對你來說也許沒什麼，但是，至少讓我能盡一點心意。」

「岳父大人千萬別這麼說。」朱元璋道：「要不是您的提拔與賞識，今日我朱元璋仍然只是一個走投無路的窮和尚而已。」

「不會的，不會的。」郭子興的嘴角帶著淺淺的微笑，能有這樣的女婿，他已心滿意足。

想不到這一番話，竟然成爲他的遺言，攻佔和州之後僅僅兩個月，郭子興一病身故，朱元璋替他舉辦了簡單而隆重的葬禮，算是作爲繼承人的一種象徵。

然而，成爲實質繼承人的過程並不若想像中順利，內部分裂暫告解除，外在的威脅，才是眞正險惡的開始。

小明王

郭子興的死訊傳遍大江南北，不久，來了一群悼祭的客人，原來那是亳州劉福通派遣而來的使者。算起來，劉福通是郭子興的長官，當初郭子興等人起兵就是爲了響應劉福通，只不過郭子興向來獨自行動，並未直接聽從號令。朱元璋請他們到靈堂上香，他們卻問道：「聽說郭元帥有一子，名喚郭天敘，敢問他人在何處？」

郭天敘年紀與朱元璋差不多，雖說是郭子興的兒子，卻不大愛管事，郭子興軍中大小事務雖略知一二，卻遠不如朱元璋來得重要。這是郭子興軍中上下都瞭解的事，只是遠來的使者不瞭解。

「奉小明王號令，元帥郭子興功勳彪炳，今不幸辭世，特封其子郭天敘繼任元帥之職，其婦弟張天佑爲右副元帥，其婿朱元璋爲左副元帥，以表彰郭元帥在天之靈！」使者一口氣把這張任命狀唸完，被任命的人都還一頭霧水。

張天佑是張夫人的弟弟，平常是有幫著郭子興處理軍務，但是重要性也不如朱元璋。如今劉福通派來的使者一口氣任命了郭軍之中的三位領導人，而且還不顧現狀的把朱元璋列於第三，很明白的表示劉福通打算製造郭軍之中的不合，藉以收編這一股勢力。

畢竟大家都是義軍，不好當面翻臉，這對以後的發展會有不利的影響，所以朱元璋等人都恭敬地領命。待使者離去之後，李善長對朱元璋說道：「這劉福通也快要混不下去了，他這麼做只是垂死之前的掙扎而已，您千萬要忍耐。」

朱元璋笑了笑，「你不說我也知道。」

那劉福通在穎州起兵之後，實力發展得非常迅速，紅巾軍先攻下穎州城，隨即進軍河南，先後佔領朱皋，攻陷羅山、真陽、確山，又克舞陽、葉縣等地，幾乎將河南的南部全部佔領。同年九月，劉福通揮兵南進，相繼攻佔汝寧府、光州、息州，隊伍已經擴大至二十萬，堅實壯盛。

至正十二年，公元一三五二年，元朝政府發動大軍前來征討紅巾軍，劉福通先擊潰元軍主將赫斯虎赤，並將大將鞏卜班斬首，接著又大敗元將也先帖木兒三十萬精銳之師，戰無不勝，攻無不克，威震海內。

然而，堅強的敵人永遠不若陰險的朋友來得可怕。漢人出身的李思齊由於在元朝政府的統治下謀取不少利益，不願意紅巾軍把元軍打得太慘，以免從此與既得利益告別，所以他與元軍勾結，告知元軍劉福通的行蹤，使元軍得以從背後偷襲紅巾軍。劉福通慘敗，從汝寧撤退，轉往亳州重新整理殘兵，休養生息。

至正十三年二月，元軍再度來犯，又將部屬集合起來的劉福通與元將八禿會戰，一戰而勝，殺王八禿，敗元軍，隨即引兵南下，攻佔安豐（今安徽壽縣），進圍廬州（今安徽合肥），實力漸漸恢復。

至正十五年，韓山童之子韓林兒跟隨母親來到亳州，投靠從前的部下。劉福通其實早就在派人到處尋訪韓林兒了，只聽說他在碭山一帶流浪，卻找不到人，如今他親自前來，劉福通萬分欣喜，親自前往迎接，見是本人沒錯，立即請他入室詳談。

第二天一早，劉福通便與眾人宣布這項消息。他要擁立韓林兒為皇帝，繼承韓山童的地位，號稱「小明王」，國號大宋，年號龍鳳，採用宋朝的制度，由劉福通擔任等同宰相地位的平章事。

一時之間，紅巾軍士氣大振，彷彿淪為外族的大好河山重新回到自己的手中般。眾人看著那位器宇軒昂的「大宋皇帝」，不禁流下感動的眼淚。

同年二月，劉福通準備一鼓作氣，打著小明王的旗號，打算收復大宋失土，集結了所有兵力揮軍北上，要一舉攻下元朝京師大都（今北京市）。不料這項戰略犯下大錯，劉福通未曾顧及到自己根據地的安全，留守兵力太少，以致大軍出征之後，只剩下老弱殘兵的亳州遭到元軍圍困。

城池難以固守，小明王血戰突圍，逃出亳州，南奔安豐。

紅巾軍自從起事以來從未遭逢如此重大的失敗，劉福通覺得很懊惱，但是他並不氣餒，「以前也不是沒有失敗過！」他對小明王說道：「明王當年被韃子所害，要是我怕得逃走，又怎會有今日紅巾遍天下的局面！」

這句話提醒了他自己，「紅巾軍遍天下啊……」他尋思著。

當今各路義軍，大多都是打著紅巾的旗號，既然如此，爲何不索性將所有的紅巾軍都收編至小明王的帳下，如此一來，可收號令一統之效，對付元軍的力量也會更爲集中。

郭子興的靈堂前，小明王使者所傳達的命令，其背後的來由即是如此。

「我並不擔心。」朱元璋對李善長說道：「其實，紅巾軍的進退若能統一，倒也不是壞事，不過，到時候誰才是正主，那還不一定。」

天下群豪

事實上，在江南眾多政權當中，朱元璋只算後起之秀，徐壽輝、張士誠、方國珍……都是在朱元璋起兵之前，即企圖以自己的力量順應局勢以逐鹿天下的群豪。

獨立於小明王體系之外的另一股紅巾軍勢力領導人徐壽輝，原本是一個批發布料的商人，後來信奉彭瑩玉和尚的彌勒轉生、明王出世思想，加入明教的組織，成爲重要的宗教領袖之一。

至正十一年五月劉福通在穎州的起事，帶給徐壽輝很大的刺激，「亂世到來了啊……」他這麼想著，「這個被韃子佔了快要一百年的天下，也該重新找個正主了吧！」他有錢，又有群眾魅力，一旦號召舉兵，一定能比劉福通做一番更大的事業！

於是在八月間，徐壽輝把自己的教眾聚集起來，就在家鄉附近的湖北蘄州（今蘄春南）起兵，結合了麻城地區的鐵工頭頭鄒普勝以及其下的大批鐵工，以紅巾軍爲旗號，一舉攻下了蘄水（今湖北浠水）。

是熾烈的野心驅使，抑或是政治號召的目的，已無人得知，徐壽輝竟然在打下第一個據點之後，就建號稱帝起來。

「這樣只怕會招來韃子朝廷的攻擊吧？」有人這樣勸說他。

他毫不在乎的笑道：「你們不是說我身有異光，又有彌勒、明王加持，乃眞神轉世嗎？既然如此，我又爲什麼不能稱帝呢？」

身有異光這種傳說，是鄒普勝等人製造出來的，傳到後來連徐壽輝本人都深信不已，便在眾人簇擁之下當起了皇帝，以蘄水爲國都，國號宋（一說爲天完），年號治平，拜鄒普勝爲太師。

「我們是天命所歸，有眞龍天子坐鎮，一定能振興華夏江山，救百姓於水深火熱之中。」

這種自我催眠的口號並不能掩蓋這個政權其實只是一群草莽人物聚集在一起的事實。徐壽輝政權號召了湖北一帶許多的盜賊與土匪，讓他們的勢力迅速擴張不少，但卻沒辦法約束這群人的燒殺搶掠。徐壽輝自己領兵，總會勸說底下的將領不要騷擾百姓，但是越來越多的新加入者卻不願意聽他的諄諄之言，結果，名義上要拯救百姓，實際上卻讓百姓的日子更為痛苦。

「起兵作亂嘛！」鄒普勝對徐壽輝說道：「殺一點人，又有什麼了不起？如今起兵的人那麼多，我們才是正統，不聽話的人就該殺。」

他們並沒有想到，這個「正統」就是他們的致命傷。

同一時間起兵的民間勢力眾多，元朝在江南的兵力有限，當然是抱定了擒賊先擒王的想法，這個時候，自稱皇帝的徐壽輝，自然成為元軍眼中的「賊王」，是第一個需要消滅的對象。

曾經縱橫歐亞的元兵，力量雖然大不如前，但是集中起來，仍不是徐壽輝底下這群散兵遊勇所能抗拒的。至正十二年底，元朝以江浙行省平章卜顏帖木兒、四川行省參知政事哈臨禿、湖廣行省平章伯顏帖木兒為將領，徵調江南各路兵馬圍攻蘄水，不消數日，即將城池攻破，徐壽輝政權官吏四百餘人遭到元軍俘虜殺害，徐壽輝隻身逃脫，躲進蘄水附近的深山，又逃到沔陽湖中。

「這一切，難道都是天意嗎？」

失敗的打擊對徐壽輝而言萬分沉重，他甚至不願意再出來見人，整日躲在沔陽湖中的小島上泛舟捕魚度日。徐皇帝算是消沉下去了，但部下們卻不想就此放棄。

劉福通、張士誠等人日漸強大，使元朝轉移了討伐的目標，也讓徐壽輝政權有了喘息的機會。徐壽輝底下有個部將名叫倪文俊，十分勇猛，有一次元軍攻打沔陽，被倪文俊指揮的船隊擊敗，倪文俊順勢前進，反攻元軍在長江沿岸的各個據點，兩年之內陸續攻下了襄陽、武昌、饒州等城。

至正十六年，倪文俊在漢陽修建了華麗的宮殿，迎接徐壽輝前往居住，徐壽輝封他為丞相。從此，徐壽輝成為倪文俊的傀儡，政權落入了倪文俊之手。

這是朱元璋剛剛打下集慶路時候的事，因此，當朱元璋在江南漸漸站穩腳步之時，徐壽輝已經是一個空殼子了。

至於張士誠的崛起，則又是另一番格局。

生長在泰州白駒場（今江蘇東台）海邊小村落的張士誠，小名九四，由於生得魁梧，臂力過人，駕起船來速度奇快，便替當地的鹽商擔任運鹽的工作。

這是一份很辛苦的差事，運了一整天的鹽，賺不到幾文銅錢，有時還會被那些富甲一方的鹽商欺負，對他頤指氣使，甚至隨便找個藉口就不給工資，讓他整天的辛勤工作就此白費。

「我實在不想再這樣低聲下氣了。」張士誠對他的朋友李伯升說道：「那賣鹽的傢伙要是沒有我們幫忙，能賺那麼多錢嗎？結果他們竟對我們這麼苛刻，根本不把我們當人！」

「我們還算好了。」李伯升道：「你也看過鹽場裡那些工人，天還沒亮就得去上工，稍微休息一下，就會被抽鞭子，天黑了就被關在鹽場旁邊，生病沒人照顧，餓死了也沒人管！」

「哼！」張士誠揮拳往小茶几上一搥，上面的土酒杯跳了起來，酒汁濺了一桌一地，「這樣還有天理嗎？那些有錢有勢的傢伙個個腦滿腸肥，替他們賣命幹活的人卻連狗都不如……」他抓起杯子牛飲一口，一抹嘴角道：「改天若不殺幾個讓他們好看，我就不姓張！」

李伯升愣了一下，沉聲道：「你說的是眞的假的？」

張士誠吸了一口氣，又抓起酒杯喝了一口，才發現酒已經喝完了，「當然是眞的！」他說道：「人活一輩子，要是不幹點大事，那也枉爲人了！」

李伯升一拍大腿，「好！不愧爲男子漢。」他高聲說道：「衝著你這句話，我李伯升的命就賣給你了，以後只要你說一句，我水裡來，火裡去！」

他們沒多討論，找了張士誠的幾個弟弟和平常一起運鹽的好友，湊一湊共十八人，趁著黑夜，摸進鹽商家，殺光了那些爲富不仁的傢伙，又衝進鹽場裡，放了那些苦於重役的鹽工。

「從今天起，咱們要自己當主子！」張士誠對鹽工們說道：「鹽場裡的事，咱們自己打理，何必要替那些只會使喚人的傢伙當狗腿子？」

鹽工們徬徨無依地說道：「可是，你們把鹽商給殺了，我們以後也不知道該怎麼辦才好。」

「大家不要慌！」李伯升說道：「以後大夥兒就跟著咱們九四大哥，他會帶著我們，讓我們過好日子。」眾人群聲歡呼。

鹽工的數量還眞不少，集結起來有如勁旅，沒過幾日，便攻下了附近最大的城池泰州。

元朝立刻派兵鎮壓，在張士誠的頑抗下並未成功，改採招安策略，得到了張士誠的善意回應，元朝賜與張士誠民防軍領袖的職位。不久，元朝淮南江北行省參政趙璉領兵鎮壓濠州郭子興，派人要求張士誠加入，張士誠答應了，帶著子弟兵去與趙璉會合。

「機會來了。」張士誠心想。

原來，他接受元朝招安只是表面上的妥協，因爲他知道手下這群鹽工不可能長期固守泰州城，和元軍對抗，必須尋找更爲有利的時機，才能繼續發展，而趙璉的命令，就是個最好的機會。

趙璉的軍隊，包括他自己在內，幾乎都是漢人，與張世誠會合之後，聽他們說了許多「我們明明是漢人，爲什麼要幫著韃子打壓自己的同胞？」之類的言語，對於趙璉的行爲都覺得不齒，過不多久，便將趙璉及其身旁數名幕僚殺死，兩股力量結合起來，成爲張士誠的勢力。

張士誠隨即領軍四處攻城掠地，先攻克興化縣，順淮河而下，打下了淮河下游重鎮寶應、高郵，元朝多次派兵鎮壓，再也不能撼動半分。至此，張士誠正式成爲元末群豪中的一股重要力量，這是元順帝至正十四年正月的事。

「既然要做，就做大一點。」李伯升說道：「元朝韃子打不過咱們，咱們也就不必再用他們的年號了。」

那一年，張士誠建國號爲大周，訂天佑爲年號，自稱誠王。

元朝方面對這股力量絲毫不敢大意，丞相脫脫由於和江南百姓起兵有著間接的責任，於是自動請命征討。元順帝授與他總制諸王及各路兵馬的大權，脫脫調集大軍，號稱百萬，大舉南下，數月之間，連破六合、鹽城、興化等地，進而包圍高郵。

「難道就這樣了嗎……」連連遭到敗績的張士誠，心灰意冷，興起投降的念頭。

但元朝的內訌救了他一命，脫脫的政敵哈麻透過監察御史彈劾脫脫，說他出兵三個月，沒建半點功勞，耗費國家大半的財源都充作自己的私用，還讓朝中半數官員跟隨出征，分明是有所企圖。

脫脫是不是有所企圖不得而知，但元順帝傳來解除脫脫兵權的旨意，則讓元軍自亂陣腳，救了張士誠的性命，也保住了他的政權。

「哈哈哈……這眞是吉人自有天相啊！」張士誠對於這條撿回來的命倍感珍貴，也更加注重享受，從此他心目中的事業版圖從擴張轉變爲自保。

至正十五年四、五月間，高郵的誠王府內有人捎來一封信，張士誠不識字，讓人唸給他聽，原來是江陰地區聚眾造反的朱英遭到元軍圍剿，派人前來求救，並鼓勵張士誠往江南發展。

「江南有什麼好？」張士誠說道：「難道有我們高郵好嗎？」

「誠王請聽我一言……」左右說道：「我乃江南人士，當地有句俗話，說『蘇常熟，天下足』，江南膏腴之地，如果能夠打下來，那將是我大周基業穩固的保證啊！」

張士誠聽得心花怒放，立即召來幕僚商議，命其弟張士德領軍從通州（今江蘇南通）渡江南下，到了第二年年初，攻破了常熟、平江（今江蘇蘇州）。

至正十六年三月，張士誠歡天喜地地來到平江，將其改名爲隆平府，建爲都城，往後數月之間，又將松江、無錫、常州、杭州等江浙沿海一帶的城池一一攻陷，佔據了太湖以東至海的漁米之鄉。

「有這些土地，夠讓我的那些鹽工朋友們過一段好日子了。」張士誠心裡這樣想。他的野心不大，一次酒醉的勇氣，讓他有今日的局面，已經是當初那個運鹽的船夫想也不敢想的豐功偉業。

六月，隆平府新建造的誠王府內來了一名使者，手中拿著一封信，寄信人是集慶路的朱元璋，語氣十分友善，先向張士誠進兵順利表達祝賀之意，進而表示希望張士誠能與他互相約定，和睦相處，不侵犯邊界，保境安民。

「哼！和睦相處？」張士誠冷冷道：「我進兵如此順利，照這種氣勢，不消數年，整個江南都是我的了，憑什麼要我和他和睦相處？」

他命人把朱元璋的使者扣留起來，等於是向朱元璋表態。

朱元璋很生氣，立刻發兵向東進攻，兩軍之間爆發衝突。

初回交鋒，朱元璋即佔盡優勢，利用元朝政府對張士誠不斷攻擊的空檔發兵攻佔長江沿岸的長興、常州、泰興、江陰、常熟等地，幾乎把張士誠的地盤吃掉一半，在常熟一戰之中，甚至把張士誠的弟弟張士德俘虜起來。

「看樣子，這個張士誠也只不過是個有勇無謀的匹夫。」朱元璋冷冷笑道：「要消滅他，我看是易如反掌。」

「要滅他，千萬不可急於一時。」李善長說道：「畢竟他佔據的是天下最富之地，實力雄厚，如果被逼急了，反撲的力量只怕會讓我軍損失慘重。」

「難道放著他不管？」

「並非如此，只是要先累積我們自己的實力。」李善長道：「我方已然掌握應天府、太平府、鎮江，新下的城池也在穩固當中，但仍處於腹背受敵的情況，萬一張士誠與徐壽輝合力夾攻，那可受不了。」

「哼！就算他們兩面夾攻，我也不怕。」朱元璋說得豪氣干雲。

「話不是這麼說。」李善長道：「如今朝廷把目標放在小明王身上，江南群豪各懷其志，句我估計，不出多久，局勢必然有變，到時候我們再以厚基之實力見機行事，方爲上策。」

陳友諒

李善長說的話模稜兩可，但他也確實點出了朱元璋目前所面臨的困境，稍有不愼，就會陷入腹背受敵的窘境。

「但是，到底該怎麼辦呢？」身邊幕僚都說不出所以然。

朱元璋倒不是很擔心自己遭到兩面夾攻，他只是覺得有些懊惱。懊惱自己小時候唸私塾不肯多讀一些書，現在總覺得自己的見識不夠用，也懊惱自己身邊輔佐的人才不夠多。

小明王韓林兒在劉福通的輔佐下，這些年發展得十分迅速，從至正十七年，公元一三五七年夏天，兵分三路，大舉北上，西路攻關中，東路取山東，中路驅山西，皆以元大都爲目標。

至正十八年五月，劉福通親率大軍，攻下了宋朝故都汴梁（今河南開封），迎接小明王至此，立爲都城，一時之間，勢力達於鼎盛，彷彿消滅了近九十年的大宋江山，眞的即將在此時恢復。

也是因爲這個緣故，元朝政府對於小明王的討伐更加關注，僅僅在汴梁建都的五個月內，就切斷山東一路的紅巾軍聯繫。至正十九年初，元將孛羅帖木兒自內蒙進兵山西大同，又切斷了汴梁與中路紅巾軍的聯繫，短短幾年間即佔領了遼闊領土的小明王政權，頓時被切割得支離破碎。興盛的景況，僅是曇花一現。

同時東面徐壽輝的政權，也發生了天翻地覆的變化。

倪文俊挾持徐壽輝至漢陽建立基業，打了幾場漂亮的勝仗，甚至俘虜了元朝派來征討他的威順王寬徹普化。但是這時，他的心思卻和原來不一樣了。那寬徹普化是個很懂得觀察人心的人，雖然因不善作戰而遭到俘虜，卻仍能保持冷靜，抓住倪文俊前來探望他的機會，對他說道：「拚了老命造反作亂，還不就是爲了過好日子嗎？如今你抓住了我，拿我去向朝廷要脅，以皇上與我的關係，還怕不能予取予求嗎？」

「別胡說，我們各爲其主，你口中的皇上，在我看來，只是蠻夷而已。」倪文俊朝著南方拱手：「我的皇上只有一個，那就是我朝的聖上。」

「是嗎？」寬徹普化淡淡一笑，「我是人在屋簷下，只能當奴才。想不到你們漢人裡也有明明能當主子，卻選擇當奴才的人物。」

「你說什麼？」倪文俊聽了這段話有些生氣，但是一冷靜下來，就開始琢磨話中的意味：「自己能當主子，就別當奴才……」

越想越覺得有道理，如今的皇帝是他所保駕的，皇宮是他建立的，京城是他打下來的，既然如此，憑什麼他得要屈居在那個空殼子皇帝之下？

「好！」倪文俊考慮了幾天之後回去找寬徹普化，對他說：「我答應幫你殺了徐壽輝，你也要答應替我向你的主子說些好話，不要再威逼我了。」

兩人一言爲定，寬徹普化讓自己的親信小兵北返大都，告知皇帝倪文俊籌備刺殺徐壽輝的計畫。

不料事跡敗露，北返的親信小兵在半路上被徐壽輝的手下抓到，倪文俊的陰謀曝光，最有權勢的大將竟然敵不過輿論的壓力，在漢陽待不下去，出奔往自己的部下陳友諒所駐紮的黃州（今湖北黃陂）而去。

陳友諒出身自湖北沔陽地區的漁村，從小就膂力過人，武藝高強，讀書識字之後，曾在縣衙門裡當過小吏，後來徐壽輝起兵，慨然投身紅巾。陳友諒起初在紅巾軍裡只擔任文書的工作，經過幾場戰役，將領們發現這個文書官比一般的士兵更爲勇猛，就讓他拿著刀劍上場作戰，幾年累積下來，成爲倪文俊底下最重要的元帥。

他有能力、有頭腦，更有野心，倪文俊來投靠他，算是把自己推進了鬼門關。

「倪文俊專權跋扈，如今又打算逆倫弒君，此爲天地之所不容！」陳友諒逮捕了倪文俊，公開數落他的罪狀，還將他斬首示眾，絲毫不曾手軟。

「陳友諒，若不是當初我提拔你，你又怎會有今日？」臨刑前，倪文俊怒罵道。

「你再怎麼提拔我，我都只能窩在你的底下當差而已。」陳友諒面無表情，語氣平穩地說道：「既然你曾經那麼幫助我，就麻煩你再幫一次，讓我藉由你的背叛，爬到更高的地位吧！」

「你……你……」倪文俊說不出話，不是因爲生氣，也不是因爲害怕，而是驚訝自己直到死前，才眞正認清眼前這個人的可怕。

殺掉倪文俊以後，陳友諒接收了他所有的部眾，自稱宣慰使，後來又改稱宰相層級的平章事，領兵在長江中游、漢水流域四處征戰，擴張地盤。

當地其實早已是紅巾軍佔領之地，陳友諒攻打的大部分都是從前的友軍，爲的只是穩固自己的地位，至正十九年，公元一三五九年九月，陳友諒除掉了當初與徐壽輝一同舉兵的勇將鄒普勝，攻陷位於鄱陽湖西南邊的龍興路（今江西南昌）。

對於陳友諒的擴張，身爲主軍的徐壽輝並不高興，「再這樣下去，還有人能制得住他嗎？」他說道：「他殺了一個倪文俊，卻比倪文俊更爲跋扈，這樣難道是辦法嗎？」

徐壽輝更受不了元軍對他不斷攻擊，讓漢陽岌岌可危，陳友諒躲在南邊拚命擴張，他這個主君竟然成了部下的擋箭牌。

因此，他派人告訴陳友諒，說他打算遷都到龍興，因爲龍興的位置好、風水好，名稱更好。

「看來，咱們的皇上開始懷疑我了。」陳友諒對左右說道：「讓他遷來，豈不是限制我的行動嗎？當然不行！」

徐壽輝不等陳友諒同意，逕自領著部眾從漢陽出發，一路往南下進發，陳友諒的使者多次勸阻，徐壽輝只是執意前進。

「瞧這副態勢，莫不是要來討伐我吧？」陳友諒有些不安，他自忖以自己的兵力，要解決徐壽輝從漢陽帶來的那一小撮部眾根本不費吹灰之力，只不過，他是皇帝，自己是部下，部下殺皇帝，怎麼說都站不住腳，心中念頭一轉，已經有了打算。

年底，徐壽輝抵達江州（今江西九江），陳友諒派了官員前去迎接，請他入城歇息。

「是嗎？」徐壽輝道：「那小子終於不再勸我別去龍興了嗎？」

他將軍隊駐紮在城外，自己領著數十名隨從還有官員們入城，才進城沒多久，就聽見轟隆一聲，城門忽然被關上，埋伏在城牆四周的弓箭手現身，唰唰數十支飛箭神準地將徐壽輝以外所有的官員隨從全部殺死，接著湧出一大群士兵，將徐壽輝團團包圍起來。

不久，士兵們讓開一條通道，陳友諒現身在另一端，皮笑肉不笑地看著徐壽輝，語氣尖銳地說道：「皇上，您好啊！」

第二天，從江州城裡傳出一份奇怪的詔書，以皇帝徐壽輝的名義所發，內容大致上是說江州風水寶地，由朕欽點爲國之京師，陳友諒功勳卓著，特封爲漢王，得裂土分封開府云云。

毫無疑問的，徐壽輝如今已成爲陳友諒的禁臠。

野心勃勃的陳友諒，絕不甘心只在江西一帶當個割據一方的諸侯，他志在天下，他想登上至尊的地位，因此，他把矛頭指向東方，不可避免地與朱元璋發生衝突。

「哈哈，李善長倒猜得挺準，天下大勢，果眞瞬息萬變。」得知徐壽輝軍內部的局面變化，朱元璋感慨地苦笑，不過他並沒有煩惱太久，因爲不管是徐壽輝還是陳友諒，有朝一日都會成爲他的勁敵，領導人究竟是誰並沒有太大差別。

朱元璋煩惱的是，前些日子特別遣人拜訪的幾位浙東名士：宋濂、劉基、葉琛、章溢……竟然不給面子，躲進山裡，表示不願意來應天府幫助他。

「爲什麼呢？」朱元璋百思不得其解。

朱元璋自從發現了讀書人的好處，每攻下一座城池，就派人尋訪當地著名的學者，徽州地區有個老儒生名叫朱升，受邀前來見他，只對他說了三句話：「高築牆、廣積糧、緩稱王。」

這三句話讓他受用無窮，原本他早就想稱王稱帝了，他周圍的勢力，張士誠是誠王，徐壽輝是宋皇帝，陳友諒是漢王，劉福通推舉了小明王當皇帝，自己當丞相……他們早就過足了帝王公侯的癮。

「該輪到我了吧？」當時他這麼想著，但是聽完朱升的分析之後，知道急著稱王根本沒有好處，徒然招來蒙古朝廷的敵視與討伐而已……事實也證明如此，元朝集結的討伐軍，大多是針對那些已經稱帝的勢力而來。

「多讀點書還是挺不錯的，見識就是不一樣。」朱元璋自己讀書不多，因此特別希望能多找一些讀書人來幫助自己，倒也不是說他對讀書人多尊重，只是他擔心這些名士不來他的帳下，與其讓他們變成敵人，不如先與他們打好關係。

他依著朱升的建議，大舉修建應天府的城牆，修到後來把這座南京城修建成全世界最大的城池；又改變以往向百姓徵收糧食的慣例，任命康茂才爲都水營田使，在領地內興修水利工程、開墾荒地已進行屯田，沒過幾年，倉中積糧已滿，再也不用向百姓徵收，既獲百姓支持，又不用擔心兵糧問題，一舉兩得。

但是朱升畢竟是老先生了，幫不了太多忙，所以當朱元璋打下南宋以來的學術重鎮、號稱小鄒魯的浙東婺州，立刻聘請多位當地有名的理學家成立郡學，替他自己以及部屬講解經書歷史。

「但是，最有名的學者還是請不動！」朱元璋有些火大，「我已經給足了面子，這些人還是不肯出來，怎麼！還是把我當成賊嗎？」

「妖寇」、「紅寇」、「紅巾賊」之類的稱呼，是那些社會地位較高，不願意看見局勢動盪的人們對紅巾軍的稱呼，朱元璋對這樣的名稱很不滿意，總覺得自己不斷爲百姓著想，如果還被當成賊的話，實在沒有天理。

宋濂、劉基、葉琛等人，有的曾在地方政府當過官，有的曾經由朝廷下詔徵召入京，只因爲看不慣元朝政府對百姓的剝削，紛紛歸隱山林，不願出仕。

這些文人有著一定程度的社會經濟背景，雖然對時局不滿，卻還不到想要推翻他們的地步，百姓的痛苦，他們感同身受，元末的天下大亂，他們卻選擇視而不見，紅巾軍到底該算是起義還是作亂，他們毫不關心。

「這些文人，只怕是名聲大過眞才實學，才不敢來投靠元帥吧？」徐達說道。

「不管他們是不是名不副實，也要把他們找來！」朱元璋道：「不然我們的面子哪掛得住啊？」

這些人名氣大得很，宋濂是理學名家，曾經讓元順帝親自下令請他去大都擔任翰林院編修，遭到他的拒絕；劉基被傳頌得更神奇，說他上通天文，下知地理，文能安邦，武可定國云云，甚至有「三分天下諸葛亮，一統江山劉伯溫」的說法。當朱元璋打下浙江金華、青田一帶時，曾經問過李善長當地有無名士，李善長第一個想到的，就是劉基。

朱元璋用盡各種手段，禮物也送了，專人也派了，還是被拒絕，便叫當地的紅巾將領帶著兵去他們的住處威逼，「如今天下大亂，需要王者出來平定，王者需要輔佐，先生就是王佐之才。如果先生不願出山，黎民百姓都要受苦，到時候只怕先生也不好受……」他特別加重最後一句話的語氣，意思已經很明顯了：要是再不出山，就讓你們不得安寧。

劉基嘆了一口氣，苦笑著咕噥道：「你都已經這麼說了，我還能自討苦吃嗎？」

一行人連袂前往應天府。一路上，這群文人少不了吟詩作對，探討文章句法，進而討論天下大勢一番，對於朱元璋用威脅的手段請他們出山，他們不免抱持著反感。但是，當他們沿路看見應天附近百姓生活安定，官兵秋毫無犯，一片欣欣向榮的景象時，他們對朱元璋的看法完全改觀。

「也許，這位大元帥眞的能平定天下吧！」劉基說道。

朱元璋喜孜孜的親自出城迎接，拱手對學者們說道：「爲了天下，爲了百姓，只好委屈幾位先生了。」

「豈敢，豈敢！」劉基連忙以下屬之禮回敬，「我輩讀書人，當以天下興亡爲己任，先前多所怠慢，尚請元帥恕罪。」

朱元璋只是微微笑著。他對四位學者非常禮遇，稱呼他們先生，並特地在應天府起了一座府邸號稱「禮賢館」。劉基等人見朱元璋如此誠心相待，十分感動，於是傾心相助。

「東方的張士誠胸無大志，只求自保，可以不用放在心上。」當朱元璋向劉基詢問攻守大計時，劉基如此說道：「陳友諒野心勃勃，兵多將廣，船艦精良，且對我軍早有圖謀，所以，應當先設法除掉他。」

陳友諒兼併了徐壽輝的全部地盤，自稱漢王，實力十分強大，且他的野心比他的實力更大。至正二十年，公元一三六〇年閏五月，他挾持徐壽輝從江州出發，進攻朱元璋的領地太平府，由於朱元璋並未在當地部署重兵，陳友諒輕而易舉便將太平府攻陷，進駐采石。

這裡是當初朱元璋南渡之時耗費很大的精神才打下的據點，如今陳友諒不費吹灰之力便將其納入掌握，益發不可一世。

「先聯合張士誠，滅掉朱元璋，再挾江州、集慶之兵力，攻高郵、平江，滅張士誠，一統江南，最後舉兵北伐，趕走韃子，恢復我大漢江山。」這是陳友諒心中打的如意算盤，但在這之前，他還有一件事要做。

采石是陳友諒大軍囤駐之所，不過軍中還有一個地位比他高的人物，那就是傀儡皇帝徐壽輝。這一日，皇帝陛下在采石的行宮升堂議事，陳友諒讓人在他面前滔滔不絕的講述軍情，吸引他的注意，忽然有一名刺客，提著鐵錘從皇帝寶座後方現身，對著徐壽輝的腦袋就是一錘下去，登時讓這位皇帝腦漿迸裂，氣絕身亡。

「什麼？皇帝遭到刺客暗算？怎麼會有這種事？眞是太遺憾了。」陳友諒聽見部下的稟報，免不了裝模作樣一番，其實明眼人都知道徐壽輝是陳友諒使人所殺，所以陳友諒也不需要裝太久：「那麼，也該找個繼承的人選，好帶領大夥兒一同打天下。」

繼承的人選，除了陳友諒，哪還有別人。心中老想著要當皇帝的他，沒有選地方，也沒有選日子，就在采石的五聖廟稱帝，國號大漢，年號大義。

登基那天，狂風暴雨，連行宮前的黃旗都被吹倒，十足的壞兆頭。

陳友諒並不在乎這些，當上了皇帝以後，便親自率領大軍順江而下，朝應天府前進，同時派人前往平江與張士誠聯絡，打算前後夾擊朱元璋。

新成立的大漢政權，兵多勢盛，水軍戰艦分別名爲混江龍、塞斷江、撞倒山、江海鰲，一共有一百多艘，再加上數百艘小型戰船，排列在江面上密密麻麻一大片，擂起戰鼓，震天價響，眞所謂「投戈斷流，舳艫千里」，氣勢驚人。

消息傳來應天，人人驚恐萬分，不少人主張應該投降，唯獨劉基力排眾議，他說：「那些說要投降的，都該砍頭！明明勝利屬於我方，你們卻看不出這一點。」

話雖如此，還是有不少人偷偷收拾細軟，預先爲破城之後的日子做準備。

朱元璋把劉基找來臥室密談，「你說勝利屬於我方，該不會只是激勵士氣吧？」

「當然不是。」劉基道：「陳友諒實力雄厚，難免驕矜輕敵，只要我軍設下埋伏，再誘敵深入，破之不難。」

「如何能讓陳友諒上當？」

「嗯……如果我方能派出內應，那就很好解決了。」劉基沉吟道：「只不知元帥帳下可有適合充當內應之人選？」

朱元璋想了想，說道：「康茂才可以。」

康茂才乃是元朝降將，投入朱元璋軍中，表現十分稱職，地位也慢慢提高。他與陳友諒乃是舊識，他家的老門房也曾經伺候過陳友諒，待劉基與康茂才面授機宜，康茂才便寫了一封信，囑託門房帶去陳友諒營中。

見是故人從敵營前來，陳友諒並無詳查，看了康茂才的降書，更是毫無懷疑，信中勸陳友諒兵分三路，夾攻應天，陳友諒高興地問：「康將軍如今鎮守何處？」

門房答道：「鎮守江東橋。」

「那是石橋還是木橋？」

「木橋。」

「我軍如何與康將軍聯絡？」

「待到江東橋後，只需高喊『老康』爲暗號，康將軍自然會與貴軍內應。」

「很好，很好！」陳友諒龍心大悅，打賞了那門房幾百兩銀子，讓他回去，也不查證門房所說是否屬實，就與部下討論起進攻應天府的事宜。

「既然我方已有內應，那就不用再等張士誠的回應了。」

他興沖沖地領著大軍，一路殺向江東橋，抬眼一看，竟是一座石橋，心中隱隱覺得不大對勁，接著他讓底下部將大喊「老康」，連喊多聲，都沒有人回應，這才發覺上當，正要領軍撤退，忽然殺聲四起，江東橋附近山上埋伏的大軍四面湧出，由朱元璋親自指揮，把陳友諒團團圍住。

「這下糟糕！」陳友諒叫道：「那康茂才害我不淺！」

這一仗朱元璋大獲全勝，陳友諒的精銳全數喪失，兩萬多人遭到俘虜，陳友諒在部下的保護下逃脫，狼狽地一路撤回江州。

朱元璋乘勝追擊，收復了太平府，繼續進軍，攻佔安慶、信州（今江西上饒）、袁州（今江西宜春），實力大爲增強，第二年正月，大宋皇帝小明王以朱元璋戰功卓著，封朱元璋爲吳國公。

朱元璋對這項冊封頗爲重視，特別在應天府的中書省衙門內升堂設座，供奉小明王所送來的慶賀禮，召集文武百官前來一同參拜。

劉基不肯與眾人一同參拜，他說道：「天下是元帥打的，當然該由元帥來支配，什麼叫做小明王？他出過什麼力？充其量不過是一個幌子而已，何必這樣大張旗鼓的參拜！」

此語一出，震驚四座，劉基的意思很清楚，朱元璋應該要擺脫小明王的約束，自己建立新的政權。

朱元璋笑了笑，沒有多說什麼，繼續裝模作樣地把這個形式上的典禮主持完。

劉基說得沒錯，所謂的大宋政權，其實從打下汴梁之後不久，就開始走下坡，元朝大將察罕帖木兒從洛陽出發，與山西的孛羅帖木兒夾攻汴梁，不久就把城池攻破，劉福通保著小明王逃回安豐，局面十分困頓。但不管怎麼說，小明王還是朱元璋名義上的君主，劉基的一番話，可以算得上是大逆不道。

也許，朱元璋沒有處置劉基，甚至比從前更信任劉基，就已經是在表明自己的心思了。

鄱陽湖決戰

倉皇逃回江州，陳友諒又氣又恨，不久之後聞聽自己的領地遭到朱元璋部將一一攻陷，更如同火上澆油。

「這個朱元璋用卑鄙的手段來誆我，如今還不知死活地繼續攻我。哼，難道我會怕他？」

「皇上萬萬不可衝動。」身旁謀士說道：「朱元璋來勢洶洶，如果此時硬拚，最多只會落得兩敗俱傷的結果，不如避其鋒芒，從平江撤了，退到武漢，重新整頓，待朱元璋兵鋒稍弱，再順勢反撲。」

陳友諒不是糊塗人，仔細想想也瞭解箇中道理，謀士說得好聽，其實現在自己根本沒有實力與朱元璋交兵，與其在江州等死，不如撤退到武昌暫時躲避。

江州撤防後，朱元璋親領水師，在至正二十一年，公元一三六一年八月，攻下江州，強弱之間的平衡又往其中一端傾斜幾分。

元至正二十三年，公元一三六三年二月，張士誠的部將呂珍領兵攻打小明王的最後一個根據地安豐，城中無糧，一經大軍包圍，等於斷了補給，沒多久就爆發饑荒，餓死無數軍民，甚至有人吃人的事情發生。

劉福通派人向朱元璋求救，劉基竭力阻止。「主公不願意除掉小明王，現在正好有個借刀殺人的好機會，何必輕易出兵，萬一大軍出征，應天空虛，陳友諒一定會趁機來犯，到時候就危險了。」

朱元璋雖然同意，卻不接受，他道：「讓張士誠拿下安豐，應天豈不失去屏障？小明王可以不救，安豐卻不能不救！」

劉基聽完，也就不再堅持。

朱元璋親領大軍前往救援安豐。他的兵力遠比呂珍雄厚，卻不與呂珍決戰，只駐紮在城的另一端與其對峙，趁著三月間的一個大雨夜，派人摸黑進入城中保劉福通與小明王二人出城，將他們迎往老根據地滁州安置，在那裡興建了臨時的行宮，身邊的侍衛都換了人，供養雖然豐富，實際上卻是軟禁了起來。

朱元璋則留在安豐繼續與呂珍對峙，戰況一時之間陷入膠著。

陳友諒抓住了這個機會，自撤兵武昌以來，他沒有一日不想著報復，督造了規模更大的戰艦數百艘，每艘可容納三千名戰士，船高數丈，分爲三層甲板，每層均可讓馬在上面行走。聽說朱元璋出征安豐，國內空虛，立即發動兵力，沿著贛江往江西方面進攻。

陳友諒的水師號稱六十萬，氣勢比上回應天之戰更爲驚人，不過，也許是因爲上回的慘敗讓他記憶猶新，向來大膽的陳友諒竟然謹愼起來，不去攻打已是空城的應天府，卻傾全力去攻打距離自己較近的洪都（今江西南昌）。

洪都比起應天雖有不如，卻也十分堅實，守將朱文正指揮全軍，憑藉城牆優勢奮死抵抗，硬是把陳友諒大軍堵在當地長達八十五天，也就是這段寶貴的時間，讓朱元璋的主力得以從東方戰場抽身，趕往江西，以二十萬左右的兵力與陳友諒的六十萬大軍決戰。

至正二十三年七月初六，朱元璋抵達洪都，解了圍城之困，隨即審度全局，確立了決戰鄱陽湖的方針。他先引陳友諒入鄱陽湖，再派多路艦隊分別扼守鄱陽湖的各個出口，以防止陳友諒沿河退卻，自己率領主力，從松門（今江西都昌縣以南）進入湖中。

雖說一切行動都照著朱元璋的計畫進行，但這場決戰實在不成比例，從兵力上看，二十萬對六十萬的懸殊差距，再從船艦上看，是小型的走舸艑舨對抗巨型的艦隊。

「陳友諒的船艦真嚇人啊！」朱元璋遠望著敵艦隊時，感嘆地說道。陳友諒把船艦用鐵索聯結在一起，佈下空前盛大的陣型，在遼闊如汪洋的湖面上，遠遠望去，像是一座漂浮在水面上的大城池。

然而，朱元璋也清楚自己並非全然沒有優勢，底下的士兵個個士氣高昂，相對於陳友諒軍隊在洪都三個月的頓挫，戰鬥的意志遠勝於對方；小船戰力雖然不強，但是運轉行動方便，不像那些用鐵索鍊起來的大船，運用不便。

「唯一能指望的，就是火攻。」徐達對朱元璋說：「這點我與俞通海商量過了，已備妥大小火砲、火銃、火蒺藜以及火弩等軍備。」

「當然得用火攻，只不過老天爺配不配合，那就很難說了。」朱元璋嘆道：「如果風向不對，這些火器就算再強，碰上了那種紅漆大船，也是白饒。」人事盡了，只能聽天命。

七月二十一日，雙方的主力開始交鋒。

朱元璋將所有水軍劃分爲二十隊，麾下猛將徐達、常遇春、廖永忠等人，分別領著自己的船隊，向陳友諒的漢軍水師發起攻擊。

戰況異常激烈，雙方艦隊帶著火點子的箭矢，像是蝗蟲似的啃食對方士兵的性命，射中船頭的箭矢，立即竄出火苗，大多被士兵們撲滅，來不及撲滅的，大火便迅速蔓延，整艘船被烈焰吞噬，而未著火的敵船一靠近，提著大刀的士兵便跳向敵船甲板，拚命互相砍殺，刀光劍影，鮮血染紅了平靜的湖面。

所有的將領裡，常遇春最爲勇猛，這些年來立的戰功已使他累官爲將軍了，但他仍是帶頭衝鋒陷陣的能手，一把刀不知砍翻了多少敵兵，渾身血漬全是他的戰利品，忽然聽見身旁一個小兵大叫道：「常將軍，您看本陣那邊……」

原來一場激戰打了數個時辰，陳友諒方面沉了十幾艘大艦，朱元璋這邊毀了一百多艘小船，算是不分上下，但是這時朱元璋座艦的行蹤竟被陳友諒的大將張定邊發覺，帶領著船艦包圍呼嘯而來。

身邊船艦都已出去作戰，朱元璋等於是落單。他極力想要避開，命操船手掉頭，誰知船底竟然擱淺，動彈不得。

情況萬分危急，而張定邊也以爲自己就要立下此戰的首功，就在千鈞一髮的一刻，一支箭「嗖」地一聲射過來，正好射在張定邊的右肩之上，幾乎要貫穿胸膛，張定邊慘呼一聲倒地，士兵們一擁而上搶救，攻勢遂挫。

這一箭正是常遇春所射，他眼看朱元璋就要被敵軍所包圍，自己的船艦又來不及趕上去，順手取來敵兵掉在船頭的弓，搭上一箭射出，阻斷了張定邊的攻勢，而另一邊俞通海也接到報告趕來，將朱元璋救出險境。

待那張定邊包紮完畢，重行追趕，朱元璋已經逃遠了，張定邊咬牙切齒，到手的功勳就這麼飛走。

次日雙方再戰，從天光乍現殺到日落西山，仍殺得難分難解。

「雙方死傷人數差不多，但是他們號稱六十萬，少說也有二十萬，我們號稱二十萬，頂多十萬，這樣下去，我們的士兵不夠死的啊！」朱元璋急了，講話也語無倫次起來。

忽然，天色驟變，颳起了東北風，原本平靜的湖面頓時波濤洶湧，濁浪排空，即使近在咫尺的敵艦也變得有些模糊。「天助我也！」朱元璋感動得快要哽咽，對徐達大叫道：「火計可以用了，火計可以用了！」

七艘早已準備好的小船一字排開，裡面塞滿了火藥與燃油，外頭覆蓋著蘆葦，將蘆葦點上火，頓時成了七艘火船，由死士駕著，衝向陳友諒的大艦隊。

大火猛烈，風勢強勁，火船衝進艦隊，立刻引發大火，轉眼之間，由鐵鍊鎖著的數百艘戰船，一艘一艘被烈焰所吞滅，熊熊的烈焰照亮了已經入夜的鄱陽湖，用士兵的生命揮灑死亡的燦爛。

「這就是明王的力量嗎？」在明教的教義之中，火就是光明、就是聖潔，聖潔的火可以洗滌人間的罪惡。朱元璋看得入了神，也不記得應該為此次重大的勝利慶賀，口中喃喃唸著明教經常教導民眾的那些教條。

這是決定性的一場勝利，連陳友諒向來倚重的弟弟陳友仁都被燒死，從這日以後，朱元璋方面已經搶得上風，陳友諒方面幾乎處於挨打的狀態。

上了紅漆的大船漸漸減少，陳友諒四處逃竄，又被朱元璋各路守軍堵住了離開鄱陽湖的路，最後只好退守在湖中島嶼，頑強地進行著困獸之鬥。

如此又相持了一個月左右，軍中糧食已盡，士兵們又累又餓，紛紛偷跑出去投降，陳友諒見此情況，知道再也抵抗不下去，便領著全軍冒死突圍。

八月二十六日漢軍艦隊來到湖口（今江西湖口），又遭到朱元璋伏兵的襲擊。

「不要戀戰，鼓足帆全力衝出去！」陳友諒在船頂上高聲叫道。

想不到這句話竟成爲他的遺言，一支不知從何而來的飛箭，不偏不倚射中他的眼睛，隨即貫穿了整個頭部，這位元末梟雄竟連哀號都來不及喊便以斃命，順勢一摔，跌進湖裡，再也沒有浮出來。

部下見狀，紛紛投降，幾個比較忠心的部將保著陳友諒的兒子陳理，駕著小船連夜逃回武昌。

「就這樣贏了？」朱元璋笑得有一點狂妄，「連屍體都沒見著，那個大漢皇帝就玩完了？哈哈，上天對我的眷顧，眞讓我感動得想哭！」他原想說的是「天命所歸」，但畢竟沒在這時說出口。

其實也非僅止於「天命所歸」，朱元璋說得雖輕鬆，贏得卻非常驚險，這一場戰爭算是中國有史以來最大的一場水上戰役，雙方死傷均極慘重，甚至連射死陳友諒的那一箭由誰所發都弄不清楚。

幸虧有許多陳友諒的士兵投往朱元璋這一邊，使他的實力不致損害太大，「等將來天下一家，我們就不必再分彼此了。」朱元璋在焚香祭拜時對來降的將領們說道：「將來一定與你們共享富貴，也讓你們可以做大官！」

他非這麼說不可，如果不收編降將，在戰爭中耗損的兵力，就永遠無法得到補償。

又過半年，至正二十四年的二月，朱元璋的水陸大軍浩浩蕩蕩地前進，包圍武昌，城中的陳理已被部下擁立爲君主，率領著文武百官出來投降，至此，陳友諒的地盤——漢水以南，贛州（今江西贛縣）以西，辰州（今湖南沅陵）以東，韶州（今廣東曲江）以北之地，盡歸朱元璋所有。

如今的朱元璋，已經是個擁有廣土眾民，雄霸一方的君主了，江南各地的割據群雄，再也沒人能與他抗爭。

一統天下

其實，鄱陽湖之戰的勝利，連朱元璋自己都感到不可置信，長達三十六天的激戰，每一刻都讓他有丟掉性命的準備，如果那支無名箭射向他，情況就會完全改觀。

「或許冥冥之中有股力量在幫助我吧？」朱元璋這樣想著。

如果眞是如此，那麼，還抱著「緩稱王」的想法，豈不是逆天而行嗎？朱元璋有了稱王的念頭，就再也揮之不去，與部屬們討論之後，見他們不甚反對，就決定在此時稱王。

「要稱什麼王呢？」

朱元璋是吳國公，稱吳王最順理成章，問題是幾個月前張士誠已經自稱吳王了，自己還叫吳王，不是和人家搶稱號？

「搶就搶，怕什麼！」朱元璋潛在的一種頑固性格在這時徹底發揮。「應天府古時候就是吳國首都，而且民間又有歌謠說：『富漢莫起樓，貧漢莫起屋，且看羊兒年，便是吳家國……』再幾年不就是羊年了嗎？爲了這個緣故，就是不能讓張士誠專美於前。」

至正二十四年正月，朱元璋形式上請示了被他軟禁的小明王之後，宣布即位爲吳王，設置文武百官，以李善長爲右相國，徐達爲左相國，常遇春、俞通海爲平章政事，長子朱標立爲太子，凡國內發佈號令，皆以「皇帝聖旨，吳王令旨」爲名義。

從此，江南出現兩個吳王，張士誠是東吳，朱元璋是西吳，西吳的力量，遠遠超過東吳。

張士誠的野心並不大，打下江浙沿海的基業，志得意滿，始終過著養尊處優的日子，自從與朱元璋爆發衝突，弟弟張士德遭到俘虜以後，便轉而向元朝政府尋求協助。

當初他起兵，是爲了反抗有錢人對窮人的欺壓，並不是反抗蒙古人對漢人的壓迫，如今日子好過了，想要保有這番局面，自然就會和蒙古人和談。

元廷本身已經陷於內訌，對於江南這些反抗力量，實際上已經沒有力量介入，張士誠是南方三強之一，自然可以任其予取予求。不過，張士誠要求封王、封三公，都沒有得到允許，但至少也得到了太尉的頭銜，城池、兵馬、錢糧收入一如以往，與投降前無異。

往後數年之間，張士誠與朱元璋在蘇州一帶不斷交鋒，爭奪地盤十分激烈，到了至正二十三年九月，張士誠打算自立爲吳王，上奏時遭到元朝政府駁回，憤而與元朝斷絕關係。那時，陳友諒已在鄱陽湖大戰中身亡，朱元璋實力大增，張士誠擔心自己若再不振作，將不是朱元璋的對手。

可惜的是，他擔心得太晚了，長年安於逸樂、荒懈政事的結果，使得這個剛成立的吳國政權已是暮氣沉沉，軍隊素質不高，官員效率不彰，百姓們又因爲張士誠對於元朝廷的態度反反覆覆，而對他十分不滿。

朱元璋消滅了陳漢政權之後，立即發佈文告，下令平定張士誠。

「張士誠的地盤，北至徐州，南至紹興，橫跨大江，地形狹長。」李善長替朱元璋分析戰略，「若能從中將之攔腰斬斷，使其首尾不能相連，必能破之。」

劉基也道：「元帥可先屯駐精兵於長江渡口，再令徐、常二將軍領兵北向，併其江北之地，如此便可使張士誠侷促於江南一隅。」

朱元璋苦笑一聲道：「是啊，你看這濠州，竟然還被張士誠佔著哪！那裡可是我的老家呢！」

徐達、常遇春二位將軍，前者運籌帷幄，智略過人，後者英勇無雙，萬夫莫敵，兩人經常一爲主將，一爲副將，配合得天衣無縫，他們領軍進入張士誠的江北地盤，如入無人之境，從至正二十五年十月起，不消半年功夫，便將高郵、淮安、濠州、徐州等地次第攻佔，讓張士誠的領土少掉一半。

「這只是第一步而已。」朱元璋在不久之後召集幕僚與將領，商討滅東吳之大計。「你們有什麼看法，儘管說出來。」

常遇春是個急性子，提出的辦法也最直接，「集中主力，直搗張士誠的老巢平江，只要逮住張士誠，其他城池自然就會陷落。」

徐達比較持重，「如今我軍方才攻下江北之地，實在需要先休息休息，才能夠有充足的戰力。張士誠已經窮途末路，就算不加征伐，也會自行潰敗。」

朱元璋搖頭，「一個太躁，一個太緩，都不好。」他說道：「湖州守將張天騏、杭州守將潘原明，都是張士誠的老夥伴，如果我們直攻平江，必會被他們二人夾擊，如此便難以取勝。張士誠地處漁米之鄉，物產豐富，若任憑其順勢發展，將來恐怕會坐大。」

劉基等人緩緩點頭，表示同意。

朱元璋續道：「我以為應先取湖州與杭州二地，斷了張士誠的兩條臂膀，之後再攻取平江，如此即可穩操勝券。」

至正二十六年，公元一三六六年八月，朱元璋調集二十萬大軍，由徐達、常遇春統帥，進攻浙西。出征之前，由李善長、劉基、宋濂等人共同擬定，發佈檄文多篇，以聲討張士誠。

這幾篇檄文的內容，與歷來戰爭前夕聲討敵國的文告相同，不外乎臭罵張士誠一番，以彰顯自己出兵的正當性，不過仔細閱讀其中的觀點，不難發現朱元璋這個集團思想上的改變。

文中列舉了張士誠的「八大罪狀」，其中竟然有六項是在指責他「背叛元朝」的罪孽，而在前言之中，甚至連自己的紅巾軍也罵得毫不留情：「……致使愚民誤中妖術……酷信彌勒之眞有……聚為燒香之黨，根據汝穎，蔓延河洛。妖言既行，兇謀遂逞，焚蕩城郭，殺戮士夫，荼毒生靈，千秋萬狀。元以天下兵馬錢糧大勢而討之，略無功效，愈見猖獗，然而終不能濟世安民。」

也就是說，從農民出身的朱元璋，經過了這些年，其思想已經轉變為統治階層的思維了。他們體認到，再用從前紅巾軍那一套成不了大事，因此在劉基等浙東士人的建議下，檄文之中透露出與紅巾軍撇清關係的意圖，站在儒家道統的觀念之下，他們之所以要出來取代元朝，並非因為元朝不是華夏正朔，而是因為元朝的道德已衰，沒有能力平息民變。

誰有能力平息？自然就是朱元璋。

二十萬大軍從應天出發，向太湖進軍，擺出一副直攻平江的態勢，但是到了太湖之中的洞庭山，全軍忽然轉向，八月下旬出現在湖州城外，守軍倉皇迎戰，被逼進城中固守。張士誠聞訊，派軍增援，也屢遭敗績，十一月上旬，湖州城陷落，隨即南邊的杭州、東邊的嘉興也相繼投降。

也許是雙方氣勢相去太遠，又或者是朱元璋軍不斷發佈的檄文極具宣傳效果，張士誠轄下的城池大多沒有激烈反抗，便相繼投降。待紹興、昆山、崇明（今上海崇明）、嘉定（今上海嘉定）、松江（今上海松江）等地陸續投降之後，朱元璋大軍已對平江形成三面包圍之勢。

在正式消滅張士誠取得天下之前，朱元璋還有一件事要處理，那就是被他安置在濠州的小明王韓林兒與丞相劉福通。

既然先前已經表明與紅巾軍劃清界限，這個名存實亡的大宋龍鳳政權就沒有存在的必要。十二月間，朱元璋麾下大將廖永忠前往濠州，說是要請小明王前往應天，結果在瓜州（在今江蘇鎮江）渡江之時，故意把船鑿沉，讓小明王與劉福通溺死在江中。

「嗯，小明王駕崩了嗎？那眞是不幸，以後也不必再用大宋的年號了。」聽見廖永忠的「覆命」，朱元璋只這樣淡淡地說了一句。

在平江，激戰悄悄展開，徐達命士兵在城外用木頭築起高牆與箭塔，架起火槍弓弩，日夜往城中射擊。城中糧草缺乏，張士誠屢次企圖帶兵突圍，都被擊退。

至正二十七年九月，平江城破，徐達與常遇春同時領軍從兩面入城，張士誠把自己關在皇宮之中，不願意投降，徐達命人將他押往應天，最後自縊而死，享年四十七歲。

平定東吳後，朱元璋命湯和、胡廷瑞等人爲統帥，分別進軍，又消滅了慶元（今浙江寧波）的方國珍與福建陳友定兩股較小的勢力，大體平定江南。

九月二十八日，徐達、常遇春大軍凱旋而歸，朱元璋在應天迎接，論功行賞，第二天朝會之時，朱元璋又對徐達等人特意嘉勉一番，並且笑著問道：「你們在慶功宴上，都還飲得開懷吧？」

徐達說道：「諸君將士們都歡暢得很。」

常遇春問道：「怎不見主公蒞臨飲宴？」

朱元璋把臉一沉，正色道：「我何嘗不想與各位暢飲一番？奈何中原未定，還不到應該開懷暢飲的時候。張士誠與將相們夜夜笙歌，如今是什麼下場？你們可別讓我變得像他一樣。」

徐達、常遇春連忙叩首，同聲說道：「請主公下旨，即日揮軍北伐。」

大軍返回不到一個月，便開始籌畫北伐事宜，常遇春仍像從前那樣自信十足，他建議道：「南方已定，兵力充足，以我百萬雄師直取大都，必可一戰而下，其餘各地，亦當望風而降。」

朱元璋調侃地說道：「伯仁的勇猛，實爲本軍第一，只是謀略還需要加強。每次都讓你當副將，你該知道原因吧！」他停頓片刻，說道：「元廷經營大都已逾百年，防守必然堅固，我軍長驅直入，一時之間難於攻破，就會被四面八方趕來的元軍包圍，處境危險。」他昨夜曾與劉基詳談，因此戰略早在胸中，「取山東，下河南，拔潼關，斷其後援，然後攻大都，進而西向，席捲河北、山西，進兵關中、隴右、四川，天下即可平定。」

這是比較保守的戰略，卻是十拿九穩的方針，儼然已是皇帝的朱元璋金口一開，誰敢反對？況且這個方略的確比常遇春提出來的辦法可靠，眾將無不折服，齊聲稱妙。

這年十月二十一日，朱元璋以徐達爲征虜大將軍，常遇春爲副將軍，領兵二十五萬，向北進發。出征之前，朱元璋再三告誡：「此次北征，希望各位仍一本過去的紀律，不妄殺人，不奪民財，勿毀民居，勿廢農田，不殺耕牛，以安定人心，如果被我聽到你們有任何違背軍紀的事情，回來以後，就別怪我不客氣了。」

從平定江南的經驗得知，出征之前的宣傳，往往可以收到遠大於戰陣廝殺的效果，因此吳國的檄文，在大軍開到之前，就已經傳達。

在這一波文宣攻勢中，宋濂等人除了仍把儒家的那一套天命與道統之說融入文章之內，另外還提出了民族革命的口號，要把少數統治多數的蒙古人驅逐，恢復漢人的江山。

文攻武嚇果然奏效，徐、常大軍如摧枯拉朽，所到之處無不望風而降，不到三個月的工夫，就把山東全境平定，一切全照著朱元璋的計畫進行。

「是時候了。」朱元璋的心中有個聲音在響。

他把想要稱帝的意圖有意無意地透露給劉基、李善長等人，這二人何等精明？當然立即瞭解朱元璋的想法。

「的確是時候了。」劉基對李善長說道：「北伐大軍勢如破竹，海內一統在即，如今建號稱制，既可收震懾天下之效，又可穩定軍心民氣。」

「是啊。」李善長道：「只不過，定都、立儲、官制與各地的穩定可要讓我們忙好一陣子了，我也該去想想勸進的文章該如何擬定。」

「登基的日子也該要好好選擇。」劉基說道：「當初陳友諒就是不挑日子，搞得狂風暴雨把軍旗都給吹翻，這才不能成氣候。」

李善長微微一笑，「伯溫掐指一算，便知天象，相信你一定能挑一個最適合的日子，讓我朝得以奠定萬事不朽的基業吧。否則的話……伯溫可得要承擔囉！」

劉基怔了一下，他不太瞭解李善長把話說得這麼嚴重的用意何在，不過仔細想想，還眞是個不能小覷的問題。因此，當他決定了正月初四那天舉行登基大典，但從年底開始，應天府就一直飄著綿綿細雨，著實令他緊張了好一陣子。

幸虧從初三夜裡，雨雲就漸漸散開，年初四一大早，就已是萬里無雲的好天氣，這讓他劉伯溫神機妙算的名號不脛而走，還因此得到朱元璋大力稱讚，讓他感到有些心虛。

「哪裡有什麼神機妙算？」劉基苦笑：「多讀書，多觀察，再加上一點運氣，如此而已。」

大明朝國號的制定，自然是從明教而來的了。雖說朱元璋自從成吳王之後，已逐漸與紅巾軍、明教等等組織脫離關係，但是他的部將之中仍有不少出身自紅巾系統，士兵之中，也有相當大的比例是明教的信徒，得罪自己人，是最愚笨的，用「明」來當國號，至少展現了朱元璋討好他們的誠意。

「況且，元朝建都北方，以陰陽五行推算，北爲水，屬陰，色尚黑。」劉基分析道：「我朝建都金陵，相傳爲火神祝融的故墟。定國號爲大明，以火制水，以陽剋陰，以明制暗，如此豈非大吉大利，必勝無疑？」

陰陽五行沒有人說得過劉基，朱元璋也聽得一愣一愣，除了同意以外，沒有別的意見，於是，新的國號就這樣定下來。

死後被稱作明太祖的朱元璋，在決定國都的時候，也傷了一番腦筋，應天乍看之下既是他帝業興起之處，又是江南財賦重鎭的要地，但是，統一了全中國之後，若再以應天爲國都，地理位置上似乎太過偏向東南，對於制衡全國有著不利的影響。

「應該建都何處？」

這個問題一直困擾著朱元璋，而眾將相提出的意見，也都不能得到他的滿意。開封？雖說漕運便利，卻無險可守；長安？地處關中險要，卻太古老、太貧瘠；洛陽？居全國之中央，但是殘破不堪，重建耗時；大都？現在還沒打下來……

「既然這樣，那就別煩惱了，直接留在應天，省事又方便。」

江南爲天下財富貨物聚集之處，南京應天府掌控江南全局，不必爲了輸送糧食、錢財進京而煩心，這就是朱元璋的考量。

明太祖洪武元年，公元一三六八年五月，山東、河南等地均已打下，皇帝親自前往開封，與將領們商討進一步的作戰計畫，以馮勝（即馮國勝）鎮守開封，徐達繼續率軍直搗大都。

元軍毫無反抗的能力，各地城池相繼失守。元順帝已倉皇不知所措，其實在元朝後期的皇帝之中，元順帝算是比較有企圖心的，奈何不斷的宮廷鬥爭與爭權奪利，已經把元朝的內部腐蝕殆盡。

七月，徐達、常遇春在河陰會師，分遣各路將領朝河北進軍，閏七月十一日，明軍又在大都城南的臨清會師，稍事休息，便沿著運河北上，接連攻下德州、通州，向大都推進。

「皇上，請即刻下旨，命三軍將士固守……」元朝左丞相失烈門勸道：「只要擴廓帖木兒從太原趕來，大都還不是毫無希望……」

「算了吧！」元順帝萬念俱灰地說道：「擴廓帖木兒不奉朕的號令已久，現在雖然封他爲河南王，他也不會願意來救朝廷的。」他嘆了一口氣：「朕可不想變成前朝的徽、欽二帝，成爲敵人的階下囚。」他心意已決，決定棄城北逃。

「這是世祖皇帝的基業啊！」宮中的老侍衛苦苦上諫：「陛下就算是犧牲生命，也應該要好好守衛，怎能就此放棄？」

元順帝不願死守，閏七月二十八日夜晚，他帶著后妃、太子以及諸皇子，在少數護衛簇擁下，打開建德門，從居庸關北走，前往上都開平（今內蒙古正藍旗東北閃電河北岸）。

八月二日，明朝北伐軍進入大都，兵不血刃地收下了元朝的京師。至此，蒙古人在中國前後九十七年的統治宣告結束。自從五代後晉石敬瑭割讓燕雲十六州至今四百三十餘年，這座歷史名城終於再度回到華夏正朔的手裡。

大都雖下，元朝雖被明朝取代，但是蒙古人的政權並未結束，元順帝在上都仍可發號施令，人們把北遷之後的蒙古朝廷稱作「北元」。

依照原定計畫，徐達、常遇春從更名爲北平的大都出發，進取山西、陝西，完成明太祖肅清北方的大計畫，孰料這最後一個步驟竟是最爲艱苦的階段，因爲過去從來沒有抵抗的元軍，竟在這幾年內多次主動攻擊，使明軍疲於奔命。

大軍一從北平出發，就聽說擴廓帖木兒趁機出兵，穿越雁門關打算進犯北平。徐達說道：「擴廓帖木兒遠征，太原必定空虛，北平的守軍夠抵擋一陣子的！」毫不考慮，立刻領兵轉向太原。

那時擴廓帖木兒已經行軍至北平附近的保安州，聽說明軍進犯太原，擔心自己的根據地喪失，立即回兵救援，雙方即在太原城外接觸。

徐達抓住時機，趁敵人立足未穩，先行發動夜襲，攻其不備。擴廓帖木兒全軍大亂，自相踐踏，死傷無數，擴廓帖木兒見局面極端混亂，知道不妙，騎著馬，領著十八名衛士逃走，丟下的四萬多名大軍全都遭到徐達的俘虜，於是相繼攻陷太原、大同，山西也落入手中。

洪武二年，公元一三六九年三月，明軍出潼關西進，當地奉元朝號令而據帝稱雄的將領李思齊奮力抵抗，卻仍然不是對手。關中各地相繼陷落，李思齊只好投降。四月，明朝政府設置了陝西、山西兩個行省，西北地區正式納入版圖。

正當明朝大軍在關中鏖戰之時，元順帝又懷念起當皇帝的感覺，派大軍偷襲北平。常遇春、李文忠率領步騎九萬回師救援，大敗元軍，並繼續進兵上都，把元順帝趕入大漠之中。

北平轉危為安，常遇春立下赫赫戰功，正要凱旋班師之時，竟然在柳河川染上怪病暴斃，得年僅四十歲。這個消息傳回應天，讓明太祖悲嘆良久：「天忌英才，天忌英才啊！」他後來下旨追封常遇春為開平王，因為常遇春最後的戰功，就是攻下元朝上都開平。

折損一員大將，並未讓明軍的征伐停止下來。李文忠繼續領兵進宮慶陽，大軍行至中途，聽說大同又遭元軍偷襲，當機立斷，前往救援。元將脫列伯領軍正在攻城，見李文忠前來，遂與之交鋒。

李文忠隔河固守，不論脫列伯如何挑釁，就是不出戰，等元軍疲憊，再兵分兩路包抄元軍左右，發動猛烈攻擊，元軍慘敗，脫列伯及底下數名大將都被俘虜。

多次入侵，多次慘敗，元順帝從此放棄重返中原的美夢。從奢華享受的中國皇帝，回歸成逐水草而居的蒙古大汗。

明太祖對於這樣的結果並不滿意，「元朝的朝廷垮了，皇帝卻沒逮著，在草原上，他們仍然是我朝一大外患！」他道：「所謂斬草不除根，春風吹又生。一定要把他們徹底剷除，我朝才能安穩。」

往後數年之間，他不斷派兵大舉征伐蒙古。洪武五年，公元一三七二年正月，明朝以徐達、李文忠、馮勝各領騎兵五萬，大舉出兵，征討漠北。

關外的氣候畢竟與江南差異甚大，士兵們水土不服，不少人生病。在南方用兵百戰百勝的徐達竟也吃了大自然的悶虧，遇上擴廓帖木兒所整合的元朝殘餘勢力，遭逢了前所未有的大敗仗，生還者不到五分之一。

而李文忠、馮勝兩路兵馬雖然小有戰功，卻也都沒有決定性的勝利，損失大於所得，出兵漠北竟以失敗收場。

蒙古人雖勝，卻也不敢進兵關內。明太祖鑑於失敗的慘痛教訓，不再下旨大舉北伐，雙方的邊界形勢大體穩定下來。

除了對付北方的蒙古人之外，明朝持續一統天下的事業，開始進兵四川。

割據四川這個自成體系地區的，是自稱大夏朝皇帝的明昇。明昇的父親是明玉珍，本爲徐壽輝底下的元帥，因爲陳友諒殺徐壽輝自立，與陳友諒決裂，先自立爲隴蜀王，後於至正二十二年在重慶稱帝，即位五年之後逝世，由十歲的兒子明昇繼承皇位。

這個政權實力並不強，且因爲繼承問題內訌不斷，力量更爲衰弱，唯一能憑藉的，就是佔有地形上的優勢，以及明朝忙著與蒙古人周旋無暇顧及四川而已。

明朝曾經多次派人前往重慶招降，都沒有得到回應，於是洪武四年決定四川，以湯和、廖永忠率領水師，逆流而上，越過瞿塘峽直驅重慶。

夏軍在瞿塘峽佈下重兵防守，阻擋湯和的去路，明軍的另一路兵馬卻由傅友德率領，翻山越嶺，從西北方的甘肅地區進軍，攻其不備，連下多座城池，並以木板寫下陷落城池的名字，丟進江裡順流而下。位於下游的廖永忠得知傅友德得手，便積極進軍，兩面夾攻，終於在七月之間進入重慶，平定四川。

往後幾年，雲南、遼東等地也相繼平定，明太祖的建國統一大業，至此終告成功。

第四章：明朝帝位的鞏固與變亂

明太祖乾綱獨斷、大殺功臣，只為了要讓自己柔弱的孫子能夠順利繼位，秦漢以來的宰相制度，隋唐以來的三省制度，在明太祖的手上徹底廢除，一切行政、財政、司法、軍事大權完全掌握在皇帝的手中。

但明太祖肯定想不到，未雨綢繆、用盡心思替孫子準備好的明朝帝位，卻仍舊發生了變亂，而變亂的來源，卻是來自於自己的兒子朱棣……

廢除宰相

「我朝能有今日，全靠各位愛卿鼎力相助。」

洪武三年十一月，明朝出兵四川前夕，明太祖大封功臣，李善長位列第一，封韓國公，徐達進封魏國公，開平王常遇春之子常茂加封鄭國公，李文忠封曹國公，馮勝爲宋國公，鄧愈爲衛國公；湯和等二十八人封爲侯爵，劉基等人則封爲誠意伯……

「如今天下方定，百廢待舉……」明太祖舉杯對眾人說道：「往後的建設，還需要倚賴眾位愛卿的長才，願諸位永遠效忠我大明朝廷，使我朝永享太平盛世，直到千秋萬載。」語罷，仰頭將酒一口喝完。

眾人在酒宴當中開懷暢飲，全然如同慶功宴一般熱鬧。

眾人當中最風光的，就數李善長。明太祖當著眾人的面稱讚他道：「善長雖然沒有在戰場上立下功勞，但是替朕運籌帷幄，規劃大計，又訂定良善的制度，使軍需不致匱乏，因此厥功至偉，如果朕如同漢高祖，那麼善長就是朕的蕭何，光是這一點，應該要封給他大國爵位。」便封李善長爲韓國公。

事實上，除了韓國公以外，李善長還是明朝的第一位丞相，文武百官的任用與考核，都掌握在他手中，到後來甚至連兒子都當上駙馬爺，眞可以說是富貴榮華集於一身。

眾人紛紛向李善長道賀，李善長也樂得開懷。

只有劉基沒有前去道賀。

「我封了公爵，他只是個伯爵，當然會吃味啦！」李善長心想。

事實並沒有那麼簡單，劉基與李善長在洪武元年就曾經鬧不愉快。當時明太祖前往河南視察，留他們兩人坐鎮京師，李善長負責行政，劉基負責執法。

一個名叫李彬的官員犯了死罪，因爲與李善長相識，李善長便替他說情：「唉，人有失神，這種小事，就別當一回事了吧！」

「不行。」劉基道：「國有國法，一國之法，乃立國之大綱，不可因人而有所偏廢。」

李善長臉色一沉，「你是說，你連我的面子都不賣？」

「這是國家大事……」劉基很誠懇地道：「我並不能徇私……」

「哼！」李善長袖子一拂道：「既然如此，咱們走著瞧。」

劉基還是把李彬給殺了，也因此得罪了李善長。

李善長善於文書典故，又懂得行政財務，稱得上精明幹練，然而在人際關係的處理上就有一些問題，劉基殺了他的朋友，的確讓他十分生氣，也曾撂下狠話，但是因爲公務繁忙，一時之間還沒想到該怎麼報復。

劉基比較小心謹愼，他知道自己得罪的是本朝第一紅人，擔心自己遭到陷害，索性請求告老還鄉。

那時明太祖在故鄉鳳陽府，似乎有意把自己的故鄉變成全天下的京師，劉基臨走之前特別寫了一封信給他，信中說道：「鳳陽雖是帝王的故鄉，卻不是建都的好地方；擴廓帖木兒雖曾遭逢失敗，卻不應任意輕視。」

明太祖看了信，並沒有挽留他。

沒過多久，徐達的五萬大軍就在塞外遭逢重大失敗，這讓明太祖想起了劉基的話，也讓明太祖想起劉基的謀略，因此又將人客客氣氣地請他回京師任職。

「對皇上而言，我們這些做臣子的，只不過是一群會說話的棋子，能用的時候他會盡量用，不能用的時候，就會毫不考慮的收起來，甚至扔掉。」劉基的心中，一直有一個聲音這樣對自己說道。

但是李善長似乎看不出來，自從位極人臣的那一日起，從前的敦厚謙虛已漸漸消失，取而代之的是驕奢跋扈。

「你的官位不管再怎麼高，都只是人臣而已……」劉基其實很替李善長擔心，「等到一切體制運作正常了，你的重要性就失去了，難道你沒有發現嗎？」他一直很想這樣對李善長說，可是始終找不到機會。

慶功宴上也不是一個好機會，所以劉基連道賀都沒有去。

事實證明劉基的擔憂是其來有自的，僅僅一年多以後，李善長就因爲生病從宰相的職位下來，便不再擔任什麼重要公職。明太祖對於李善長的嫌惡並沒有表現得很明顯，但還是看得出來，即使李善長的病好了，他也沒讓李善長恢復地位。

李善長之後的丞相是魏國公徐達，他經常統兵在外，沒有太多機會過問朝廷事務，但還是與皇帝越來越疏遠；汪廣洋曾經兩度拜相，在位四年，處事小心謹慎，不與人爭，更不與皇帝爭，但是還是惹來了皇帝的不悅。

劉基終於知道，皇帝並不是因爲厭惡李善長、徐達和汪廣洋才與他們漸行漸遠，「他討厭的，是丞相這個位子啊！」劉基自言自語嘆道。

皇權與相權都屬於行政權，從秦漢時代的三公九卿，唐代的三省六部，宋代的同平章……名目一直在變，職權範圍一直在分化，但是大體來說，仍是總攬朝政，向皇帝負責的職務。

千餘年來，宰相與皇帝的權力衝突就一直存在，不愛管事的皇帝，遇上不愛管事的宰相，朝中一團和氣，或許行政效率不彰，但只要天下太平，也就無事；不愛管事的皇帝，遇上幹練有爲的宰相，皇帝樂得輕鬆，那也不會有問題，反過來狀況也是一樣；英明有爲的皇帝，遇上才能出眾的宰相，就會產生衝突了，當然，最後的決定權是在皇帝手上沒錯，只不過，朝中大臣如果都是宰相的人馬，即使如皇帝一般至高無上，也會有使不上力的感覺。

從長時間的演變來看，權力角逐的最後勝利者，當然還是皇權，宰相的人數越來越多，權力越來越分化，爲的就是避免讓任何一個皇帝以外的人能夠獨攬大權，對皇室權力造成威脅。

李善長等人紛紛致仕後，皇帝曾經想找劉基來當宰相，但是，劉基知道自己有時候脾氣很硬，一旦當上宰相這個職務難免會和皇帝產生衝突，到時一定不會有好結果，因此，劉基以很委婉的方法拒絕了。

「臣年事已高，恐難擔負重任……」劉基對明太祖說道：「事實上，微臣正要請求皇上恩准，讓微臣告老還鄉。」

明太祖看了他一眼，不置可否。

劉基六十歲了，在當時已經算個老人，而他對這個新王朝的貢獻也已經夠大了，在他的規劃下，明朝的軍事制度——衛所軍制，一步一步地建立起來，全國各地皆有衛所，一衛大約五千六百人，一所大約一千一百二十人，若干衛所合爲一個都指揮使司，分層負責。軍人戶籍與一般百姓不同，軍人爲世襲，稱軍戶，有事作戰，無事屯田，可省下大筆養兵預算，杜絕宋朝的弊病。

「我做了這麼多，皇上應該願意放我回鄉吧？」劉基擔心起來。

沒過幾天，他的耳邊就傳出一些風言風語……

「天下方定，劉伯溫就要辭官，恐怕不是這麼簡單吧？」

「劉伯溫的才學經天緯地，聽說他在家鄉青田看中了一塊風水寶地，那是有王氣的土地啊！」

「哼哼，我就說嘛，明明只要再等個幾年就可以加官進爵，享有榮華富貴，爲什麼他會這麼等不及，原來他的抱負更遠大啊！」

「這算什麼？」劉伯溫很生氣，「欲加之罪嗎？」他自問從未有過一絲不軌之心，但是這種「圖謀不軌」的傳言，只要一惹上身，就不是一件容易解決的事。不久之後，皇帝的旨意下來了，允許他返回故鄉。但是他沒那麼傻，「事情沒有解決，我就算返回故鄉，也不會安穩。」他相信以皇帝的明察秋毫，一定會發現事實的眞相，還他清白。

不料皇帝的旨意再也沒有下來，劉基明明已經辭官，卻一直待在京師，長達數年之久，直到洪武八年，他生了重病，眼看著難以痊癒，這才得到恩准，讓他返回故鄉。

後來他才知道，散播謠言的，正是繼汪廣洋之後獨攬宰相大權的胡惟庸。

明朝的開國功臣分為兩大集團，一群為早先起兵的淮西人士，一群為後來加入的浙東人士，前者如李善長、馮勝，後者如劉基、宋濂，他們因為地域觀念作祟，看不起對方，傾軋排擠，相互攻擊，就連明太祖也制止不了。

胡惟庸是李善長的同鄉，也是淮西人士的首腦人物之一，明太祖當年打下和州之時，前來投靠，一路從一員小吏升為參知政事，又當上左丞相。

對於派系之間的分野，胡惟庸看得最重，當他成功排擠掉右丞相汪廣洋成為唯一的宰相之後，就開始大力整肅異己，劉基是浙東人士，自然也在排擠之列。

「皇上的出身低微，又沒有什麼知識，雖然在詔書中經常提及此事，但可以想見他是很在意的……」劉基仔細分析現況，心想：「現在他已經是皇帝了，一手打出來的天下，總不希望由別人來管，那麼，他對我們這些開國有功之人的猜忌懷疑，也是理所當然的啊……」劉基終於瞭解這個事實，嘆道：「今日我受到如此對待，不知明日其他人會受到什麼樣的待遇……」

他並不怨恨胡惟庸，反而對於即將到來的一場風暴感到憂心忡忡。不過，他並未能夠親眼目睹，一個月後，劉基在自己的家鄉，浙江青田縣的老宅子裡永遠地閉上眼睛，享年六十五歲。

開國功臣之一在飽受猜疑中去世，並沒有改變明太祖大刀闊斧實施改革與建設的意志，從地方到中央的一切制度，這位平民出身的皇帝都有自己的一套辦法，既能革除前朝弊病，又能讓新王朝統治得更加鞏固。

他派出大批官員下鄉，調查各地百姓戶口以及土地，編造《黃冊》及《魚鱗圖冊》作為課徵稅收的依據，有錢好辦事，任何改革都要從最基礎做起。

當明太祖參考了歷代政治的得失之後，歸納出漢唐兩朝的滅亡是因為軍閥藩鎮割據，宋朝則是亡於外族入侵，為了避免前車之鑑，明太祖決定把元朝以來一直使用的行中書省制度改掉，並在邊境設置重兵防守。

行中書省是元朝大都的行中書省在地方上的派出機關，掌管地方上的軍事、財政與行政權，如同一個個獨立的小國，明太祖當初奉小明王號令，擔任龍鳳政權行中書省丞相，但是一切軍事行動都沒有經過小明王批准。

如今明太祖自己當皇帝了，不願意同樣的事情發生，就在洪武九年，公元一三七六年下詔，將天下十二個行省改制為「承宣布政使司」，設置布政司管民政、按查司管刑法、都指揮司管地方軍政，三權分立互為牽制，直接向中央負責。

邊境的重兵，明太祖不敢交給外人，陸續分封了二十四個兒子當個藩王，其中九人駐守在國境東北到西北的邊界，號稱「九邊」，負責防禦仍在草原上蠢蠢欲動的蒙古人。

地方制度大體定案，中央制度就要進一步改弦更張。

明太祖精力過人，總想著自己的天下自己治理，但是沿襲自元朝的中央制度，主要權力仍操縱在丞相的手裡。

胡惟庸是個聰明過頭的人，自從得到皇帝信任，成爲中書省唯一的宰相之後，便自詡爲百官之首，朝中大臣任用、俸祿、升遷、生殺等等事務一概不曾奏報，逕行決定，他認爲這樣才是宰相該做的，卻不料惹怒了高高在上的皇帝。

明太祖讓地方上的行省只能「承宣」而後「布政」，就已經在宣示自己的地位，但是胡惟庸不當一回事，認爲「承宣」是承他這個宰相的宣。

洪武十年，明太祖下詔讓已經退休的李善長回京，與宿將李文忠同議軍國大事，總攝中書省、大都督府以及御史台的職務，第二年又下詔，各級官員奏事無須稟告中書省，企圖把宰相權力架空。

可是胡惟庸還是以爲皇帝很信任他，對這些警示視若無睹。洪武十二年九月，南方的占城國（在今越南中南部）遣使朝貢，胡惟庸以宰相身分接見，竟沒把這件事告訴皇帝，直到宮中的宦官看見使者，回宮提起這件事，才讓明太祖知道消息。

明太祖惱怒異常，立刻把胡惟庸找來責罵：「你好大的膽子，私自接見外國使者，也不讓朕曉得，安的是什麼心啊？」

胡惟庸跪著說：「是……是禮部該要轉告宮內監的，微臣……並不清楚。」

明太祖找來禮部官員，問他詳情如何，禮部官員卻又把責任推給胡惟庸等人，這下子可把明太祖惹得火大，冷冷丟下一句話：「所有人全部抓起來，送交刑部審問！」

那天夜裡，明太祖一直沒有就寢，已是皇后的結髮妻馬氏見狀，就知道他有心事，問道：「怎麼了？」

明太祖道：「朕在想胡惟庸的事。」

馬皇后道：「喔，那很好，皇上可要仔細的想清楚了。」

明太祖瞥了妻子一眼，「怎麼？你沒話建議朕嗎？」

「後宮不得干政。」馬皇后微笑道：「臣妾乃後宮之首，自然得當個表率。」

「你平常不是最多意見嗎？怎麼今日會如此說？」

馬皇后嘆了口氣，「陛下乾綱獨斷，臣妾從前勸陛下擇賢才共同治國，陛下不聽，宰相們罷的罷、死的死，就剩個胡惟庸，還要讓陛下煩心，依臣妾看，陛下心裡早就有計較，不須臣妾多話了。」

明太祖嘆道：「為了維護這個得來不易的天下，有時候不能太講情面的。」

馬皇后眞的沒再多話。

明太祖知道自己的想法已被髮妻看穿，不以為意，又轉念去想胡惟庸的處置辦法，隨即在臉上浮現出殘忍的笑容。

第二天開始，朝中出現一連串異於平常的動作，幾乎所有的大臣都接受到一批從皇宮特設機構「親軍督尉府」所派出來的特別官員審問，審問的內容，幾乎都將各種不法罪狀羅織到入獄的宰相胡惟庸身上。

三個月後，也就是洪武十三年，公元一三八〇年正月，明太祖以「擅權植黨，貪贓枉法」等罪名殺了胡惟庸，同時做出一項改變未來中國政治生態的重大決定：「自今以後，撤除中書省，其下之吏、戶、禮、兵、刑、工六部，直接向朝廷負責。」

這裡所說的「朝廷」，就是指皇帝，也就是說，秦漢以來的宰相制度，隋唐以來的三省制度，在明太祖的手上徹底廢除，一切行政、財政、司法、軍事大權完全掌握在皇帝的手中，皇帝的獨裁權空前擴大，中國從此徹底成爲一個眞正君主專制的國家。

錦衣衛與血腥皇帝

胡惟庸之死只不過是一切的開始，當時與他一同處死的，還有御史大夫陳寧、御史中丞涂節等人，往後數年，還有大批官員受到株連。

廢除中書省只是明太祖徹底專權的第一步，與中書省同時撤廢的，還有節制中外軍事的大都督府，改設中、左、右、前、後五軍都督府掌統軍權，置左右二都督，統轄各自的衛所，軍令權則掌握在兵部，戰時才由兵部發令，指派將軍。將兵不相屬。

在這種軍事制度架構下，地方上的軍事將領絕無自行發動兵變的可能，即使眞的圖謀不軌，也會在行動開始之前先行走漏風聲，讓朝廷可以早做準備，杜絕動亂於未然。

即使如此，明太祖還是不放心，他不放心開國的元勛，不放心邊境的將領，不放心身邊的臣子，不放心地方的官吏，他不喜歡臣下說他的壞話，不喜歡官員貪污，不喜歡底下的人欺騙他。

爲了防止一切他所不放心、不喜歡的事情發生，洪武十五年，明太祖特別下旨，擴大親軍督尉府的規模，改稱爲錦衣衛，專司刺探、窺伺天下各地臣民的隱情，以便他隨時掌握臣下的一舉一動。

錦衣衛之下設鎭撫司，有其所專屬之衙門、監獄，與刑部、一般常設機關的府、部、院等單位均不相統屬，直接隸屬於皇帝個人，也只聽皇帝一個人的命令，從事偵察、逮捕、審問、監視等活動。

吏部尙書吳琳退休回鄉，明太祖怕他瞭解朝中虛實，對朝廷會有危害，就派錦衣衛校尉去吳琳家鄉探訪。

校尉到了當地，看見一名老農夫正要下田幹活，便問道：「敢問老先生，吳尙書是否在此居住？」

那老農答道：「我便是吳琳。」

校尉回京稟奏，明太祖這才放心。

還有一次，大學士宋濂在家中宴客，第二天早朝，明太祖接二連三地問了一串問題：「你請了哪些客人？吃些什麼菜？喝些什麼酒？幾時入席？」

宋濂一一回答了。明太祖一聽完，很高興地笑道：「不錯，你很誠實，沒有說一句假話。」語罷教人取出一張圖來，上面畫了宋濂當天宴客的席次，分毫不差，把宋濂嚇出一身冷汗。

這自然又是錦衣衛的傑作。

這樣做的目的，無非是希望藉由高壓統治與嚴密的監控，杜絕一切可能發生的反抗意識。

明太祖最厭惡貪官污吏，因爲自己過去就曾經遭受過貪官污吏的荼毒，因此錦衣衛還有很大的一個功用，就是替明太祖查訪貪官污吏。明太祖制定了極爲嚴厲的貪污懲處辦法，官員貪污一貫以下者，杖七十，至八十罐處絞，貪污六十兩以上的，斬首示眾，並剝下屍體的皮，填進草屑再縫起來，高掛在官座之旁，讓後任官員有所警惕。

這似乎是明太祖這條龍的逆鱗，任何人只要膽敢觸犯，不管是皇親國戚、功臣宿將，一律嚴懲，不留情面。朱亮祖爵封永嘉侯，當初跟隨著明太祖打天下，建立不少汗馬功勞，但是，當明太祖知道他在出鎮廣東期間勾結不法，作威作福，與當地土豪串通誣陷好人時，非常惱怒，立即下詔將朱亮祖押送京師，鞭打至死。

發生在洪武十五年的空印案，以及洪武十八年的郭桓案，是明太祖厭惡貪污、查辦到底的徹底表現，受到兩案牽連的官員百姓多達數萬人，展現明初政治上恐怖的一面。

依照規定，每年各級地方行政單位均需派遣計吏前來京師戶部呈報及和對地方財政的收支帳目，府與布政使司及戶部的帳目必須完全相符，才可通過，稍有差錯，即被駁回重造帳冊，加蓋原衙門官印後方爲合法。計吏們因爲路途遙遠，有時距離千里之遙，爲免往返奔走耽誤時間，便預先將空白帳冊蓋好官印，遇有駁回的情況，隨時重新造冊。

其實，空印並沒有其他的用途，戶部方面的官員對這種現象睜一隻眼閉一隻眼。洪武十五年，明太祖忽然發現了這個問題，大爲震怒，認定地方官吏一定會藉此舞弊貪污，因此下令嚴辦。

嚴辦的結果，上自戶部尚書，下至地方掌印官、胥吏，全部處死，協辦官員打一百大板後充軍邊疆，即使有人上書辯解，也照罰不誤。

洪武十八年，公元一三五八年三月，御史余敏、丁廷舉聯名上奏，告發北平承二司官吏李彧、趙全德等與戶部侍郎郭桓、胡益、王道亨等通同舞弊，吞盜官糧。

明太祖令審刑司拷訊，牽涉禮部尚書趙瑁、刑部上書王惠迪、兵部侍郎王志、工部侍郎麥至德等，發現案情重大，除侵吞寶鈔金銀外，稅糧及魚鹽等折米二千四百餘萬石。

「從朕登基以來，一再告誡各級官員，萬萬不得貪污，怎麼？跟朕作對起來了嗎？」明太祖怒火中燒，反而笑了起來，「那好得很，貪污就殺，殺光天下貪官，朝政自然就安穩了。」

於是，一切與此案相關的官員，自六部左右侍郎以下，包括他們的家人、親戚，全部處死，從供詞牽連出去的有罪者多達數萬人之譜。明太祖又下令追查贓款，結果又讓各地稍微有點積蓄，有錢行賄的中產百姓牽連進去，被抄家的數不清有幾萬家。

案子越來越大，惹得民怨沸騰，到後來連明太祖都擔心這樣下去會導致動亂，因此下詔結案，再三申說此案的緣由，還把負責審案的官員們又殺了一批，藉以平息民怨。

洪武十五年馬皇后去世了，再沒有人能夠制止明太祖的殺戮行爲，也或許是因爲喪妻之痛的打擊太大，讓明太祖的性情變得陰險殘忍。空印、郭桓兩案讓他殺得不夠過癮，不久之後，明太祖又把腦筋動到功臣宿將的頭上。

如同明太祖在詔書中一再強調的，他的出身是「右淮布衣」，靠著三五好友漸漸累積實力，赤手空拳打天下，這中間曾經潦倒過，曾經做過不光彩的事，如今他成爲皇帝，知道他底細的，就是這幫功臣，於是「過河拆橋」、「兔死狗烹」的戲碼又在明太祖的時代上演一次。

早在洪武八年，那個當初幫助明太祖殺死小明王的大將廖永忠就以「僭用龍鳳諸不法事」被賜死。

發生在洪武十三年的胡惟庸案，成爲明太祖進行政治肅清的利器，在那以後，胡惟庸的罪狀不斷被擴大，從最初的「植黨枉法」，慢慢變成「通倭」、「通虜」以及「圖謀竄逆」等等大罪，倭指的是東方島國日本，虜指的是北方強敵蒙古，與明朝最大的兩個外患勾結，又有篡位之心，自是十惡不赦。

每當「查證」出胡惟庸的一項罪孽，就會牽扯出一大批文武官員「共犯」，隨之而來的就是一連串殺戮、抄家、充軍。

洪武二十三年，公元一三九〇年，位居功臣第一人的韓國公，太師李善長竟然也被牽扯進胡惟庸的案子裡。

胡惟庸是李善長舉薦的，兩人關係匪淺，胡案爆發時，人人都以爲李善長跑不掉，但當時竟安然度過。事隔多年，當胡惟庸已被扣上各種大逆不道罪名，成爲一名徹底的「反賊」後，李善長還是被捲進漩渦裡去了。

有人告發李善長之弟李存義當年密謀與胡惟庸一同造反，經過錦衣衛的嚴刑逼供，屈打成招，李存義「大義滅親」的供出了李善長。

這個被編造出來的故事是這樣的：

當胡惟庸執意謀反，並與李存義達成協議，一同策畫，李存義曾經前往李善長府中請他一起幫忙。

李善長聽了，只說：「幹這種事，是要誅九族的。」

過了幾天，李存義又去，對他說道：「胡丞相答應，事成之後，封兄長爲淮西王。」

李善長還是搖頭。

又過幾天，李存義三度前往，苦苦哀求。

李善長嘆了一口氣，道：「我已經老了，你們想怎麼辦，就怎麼辦吧！」

明太祖聽完錦衣衛轉述的供詞，也不查證實情，就在罪狀上批了一個「滿門抄斬」的刑責。

七十七歲的李善長，垂垂老矣的開國元勳，當年在明太祖身邊出謀策劃，率領百官上表請明太祖登基，功臣位列第一的謀士，落得這樣一個下場，一家七十多口，不分男女老幼，全都被殺。

「皇上該不是失心……太師怎麼可能……」私底下議論紛紛的官員不敢眞的說皇帝瘋了，也不敢議論太多，怕被錦衣衛聽見，吃不了兜著走，但是明太祖的濫殺，已經讓他們對皇帝失去信任。

第二年，一個不怕死的官員，工部侍郎王國用上書爲李善長喊冤：「李太師當年隨陛下出生入死，陛下也給予他應得的回報，他已經位極人臣，別無所求了，即使胡惟庸叛變，也不可能找他，難道胡惟庸給他的，能比陛下更多嗎？協助胡惟庸謀反，頂多讓他成爲第一功臣，那和他已經得到的有何不同？謀反對李太師一點好處也沒有，他何必去冒這種無謂的險呢？」

大概是明太祖也覺得理虧，所以看了這樣一封不禮貌的奏表，居然沒有動怒，也沒有懲罰王國用。

但是這封奏表也沒有讓明太祖就此收手，他的殺戮仍未停止。

老年喪子

如果說，胡惟庸案、空印案、郭桓案是明太祖因爲馬皇后的死所受的打擊太深所致，那麼，接下來的藍玉案，很可能與明太祖老年喪子有關。

太子朱標爲人與父親完全不同，仁慈、和善、忠厚，飽讀詩書，甚至有些迂腐，不過，明太祖很喜歡他，打從攻下南京，有了一番局面的那天起，明太祖就把朱標當成接班人培養，請了大儒宋濂來當他的老師，希望能教出一個大有爲的儲君。

只不過這個儲君和明太祖理想中的形象相去頗遠，明太祖認爲治國應該要剛猛嚴厲，朱標卻認爲應該要仁義忠恕，還經常在明太祖面前講述儒家說的那套治國之道，讓明太祖聽了就不高興。

有次宋濂觸怒了明太祖，明太祖要將他處以極刑，被朱標知道了，連忙到皇帝面前求情，明太祖冷哼一聲，說道：「等你將來做了皇帝，你再赦免他。」

這句話讓朱標聽了，悲憤、惶恐、無助同時湧上心頭，「既不能救師長，又觸怒父親，還讓父皇質疑我有心提前登基，我這樣不忠不孝之人，有何面目存於世間？」一時想不開竟要尋短，左右連忙拉住了，去稟奏皇帝。

「什麼？」朱元璋苦笑，「開開玩笑也不行嗎？好吧，你們去和他說，他的老師命保住了，朕一時半刻也氣不死，叫他別想不開。」

還有一次，朱標又在父皇跟前規勸：「不要濫殺，不要任意興獄案，如此恐傷和氣……」明太祖命人去砍了一條荊棘，放在地上，然後對兒子說道：「你去把它撿起來試試，小心別把手扎傷了。」

荊棘上滿是尖刺，朱標怕疼，不知從何下手。

「這不就對了嗎？」明太祖笑道：「天下就如同這條棘杖一樣都是刺，朕殺這麼多人，就是在替你拔刺，等刺拔光了，你不就能輕鬆握在手裡了嗎？」

想不到朱標卻說道：「上有堯舜之君，下有堯舜之臣，陛下若行堯舜之政，就不會有那麼多人好殺了。」

明太祖聽了，氣得要命，怒道：「你是說有什麼皇帝，就有什麼臣民？最該殺的就是朕嗎？」順手抄起一把椅子就往朱標頭上扔了過去，朱標連忙閃開，跑出門外，溜之大吉。

話雖如此，明太祖對這個兒子還是很喜愛的，從前馬皇后還在的時候，就和她提起過：「咱們的兒子，是軟弱了點，但是挺聰明的，這點像你，呵呵……將來一定能夠成爲一位好皇帝吧！」

想不到，這樣一個仁慈的太子，背負著明太祖一生的期望，竟然在洪武二十五年以三十八歲的英年一病身故。

六十五歲的明太祖老年喪子，悲痛萬分，當著文武百官的面前痛哭起來：「朕年事已高，竟然遭此不幸，難道都是命嗎？」

悲傷收起，殘酷更甚，「喪妻、喪子之痛，全給朕遇上了！」他這樣想著：「一定是有人在詛咒朕，朕一定要把他揪出來！」

洪武二十六年，公元一三九三年二月，錦衣衛控告大將藍玉謀反，隨之而來的又是一連串殺戮。

藍玉是開國元勳常遇春的內弟，建國之後北征蒙古、西征雲南、東征遼東的功勳，幾乎都有他的一份，因此算是名將之中的後起之秀，尤其在洪武十八年徐達病逝之後，藍玉更是軍中大將的第一把交椅，明太祖曾經誇獎他：「比之漢、唐，你就是我朝的衛青、李靖啊！」

自恃功高，藍玉不可一世，經常有一些諸如強佔民田、縱兵殺人之類的不法行爲，而且還傲慢地表示：「我的功勞比馮勝、傅友德他們都高，憑什麼官位要排在他們下面？」

明太祖看在眼裡，隱忍未發，只把藍玉所犯的過錯命人刻在鐵卷之上表示警告，藍玉卻還是依然故我。

此次獄案，牽扯出景川侯曹震、鶴慶侯張翼、舳艫侯朱壽、東莞伯何榮、吏部尚書詹徽、戶部侍郎傅友文等人，都是要與藍玉一同「謀反」的共犯，他們的家人、朋友，一個一個串聯起來，又殺了一萬五千多人。

胡惟庸、空印、郭桓、藍玉四大案，株連了將近十萬人，經過這樣血腥的整肅、屠殺，功臣宿將差不多都已經凋零殆盡，沒有牽扯進這四個案子的功臣，如江夏侯周德興、穎國公傅友德、宋國公馮勝、親姪朱文正、義子李文忠這些曾經立下無數汗馬功勞的元勳，也都相繼以各種莫須有的罪名處死。

「這是應該的！」明太祖越到晚年，越堅信這樣的信條：「把路上的石頭搬開，朕的子子孫孫就能穩穩當當的坐在這個位子上了。」

經過多方考慮，明太祖決定把他的帝國交給朱標的長子，十六歲的皇太孫朱允炆，太子死去的那年九月，繼承的人選就已確定。

原本明太祖對這個選擇不太滿意，因爲朱允炆出生的時候頭蓋骨生得又偏又歪，明太祖嘆著氣說道：「怎麼長得像個半邊月亮似的？」儀表不好，就不能當皇帝——也許照這種邏輯，明太祖早就應該退位了，不過他當時並沒有想到，也沒有去照照鏡子。

朱允炆漸漸長大，聰明靈敏，勤奮向學，性情又十分溫厚，明太祖看了，對這個長孫隨之改觀，「這孩子簡直就是他父親的翻版啊！」明太祖笑道：「好好的培養，也能夠成爲我大明的棟樑！」

那時他還沒想到要讓朱允炆當皇帝的問題，等到皇太子去世，基於對兒子的情感，明太祖才決定讓這個孫子成爲儲君。

「這孩子像他爸爸，太過軟弱！朕一定要在他繼位之前，替他剷除所有的威脅。」

這就是明太祖的立意，在雙手沾滿了開國功臣的血腥之後，明太祖也已邁入暮年。

垂垂老矣的他，手中握著亙古以來最大的權力，仍然得要毫不懈怠地處理政務，他讓皇太孫朱允炆幫他，順便培養朱允炆的行政能力。

朱允炆一口氣把老皇帝制定的嚴苛法律刪改修正了七十三條。如果明太祖再年輕個幾歲，一定會爲這件事發火，但這個已將障礙掃除的血腥皇帝，如今又回歸成一個慈祥的爺爺，他高興地對孫子說道：「朕身處在亂世之中，用典不得不重，你將來即位以後，天下太平，法典當然以輕爲上。」

他以爲可以就此安心，未來的皇帝也深表贊同，但事實上並不如想像中那般簡單。秦淮河上，雨花台旁，屹立不倒的城牆，見證著即將到來的榮辱興亡。

少主繼位

洪武三十一年，閏五月，應天府炎熱得讓人都要融化，城中往來不絕的人群，眼神中有股說不出的凝重，他們的主君，曾經縱橫天下的明太祖，以七十一歲之齡，在龍床之上面臨人生的終點。

從前一同出生入死的夥伴，爲他賣命打天下的元勳都被他殺光了；對他人生有著關鍵影響的老伴馬皇后，早已先一步離他而去，躺在紫金山獨龍阜的孝陵裡等著他；最鍾愛的長子朱標也在幾年前因病去世，其他的兒子則遠在各藩沒有回來。

逝世前的明太祖，可以說是名副其實的「孤家寡人」。

在祖父的悉心呵護與刻意安排下，二十一歲的朱允炆繼位爲帝，第二年定年號建文，以翰林學士黃子澄、兵部尚書齊泰、翰林侍講方孝儒等人共同輔政。

由於日後的變故，使得這位年輕的皇帝既沒有諡號也沒有廟號，直到三百多年後的清朝乾隆元年，才追諡爲「恭閔惠皇帝」。因此，史書上多半稱呼他爲「明惠帝」，或者是依照他的年號稱爲「建文帝」。

建文帝從小深受儒家思想薰陶，好讀詩書古文，因此一登基，便滿心希望能夠有一番作爲。他首先下詔宣布他的施政方針：「永惟寬猛之宜，誕布維新之政」，打算要針對先帝晚年一些太過嚴苛的措施加以修正，使社會可以朝向一個較爲穩定的方向發展。

「看來，這位皇帝，和從前那個殺人不眨眼的老頭子不一樣啊！」不論是官員或是百姓，看到這樣的詔書，都不禁鬆了口氣。

的確，建文帝有這樣的心思。

以往，他的祖父在朝堂上立下了一個不好的典範，就是折辱官員。只要有官員犯了錯，就會把他們扒去褲子，當眾責打，謂之「廷杖」，一弄不好就會打出人命，這對士人的自尊打擊甚大。

據說當時朝廷官員在上朝之前都會先與家人訣別一番，因爲去上朝就如同上戰場，只要觸怒老皇帝，就是死路一條；只要安然無事，就會彼此祝賀一番，因爲他們又僥倖地多活了一天。

有時候建文帝看見這種景況，覺得實在太過。畢竟這些官員可都是十年寒窗，一步一步參加科舉考試，好不容易才混到如今地位的，無端卻要在此受到這種羞辱，眞的很不值。因此當建文帝繼位以後，就立下一個心願，要善待讀書人。

這些都是當代大學問家方孝儒教導他的。

「士人乃國家之中堅，合則籠絡，不合，亦應禮遇，方可四海歸心，如是，則天下定矣。」

方孝儒這樣對建文帝說道。

明太祖出身草莽，雖然曾經利用很多讀書人來幫他規劃大計，卻還是不喜歡讀書人；偏偏建文帝自己就是讀書人，當然會相信這一套。

問題是，讀書求知，有些人眞能從中得到智慧，有些人卻只會抱著古人的著作，把裡面的每一句話當成牢不可破的教條，尤有甚者還要身體力行才算滿意。

方孝儒就是這樣的人物，當然，若說他沒有眞才實學，和那些只懂得一部《論語》、半部《孟子》就敢自稱大儒的人物一樣，那對方孝儒是不公平的。他自幼好學聰穎，跟著宋濂學習，表現極爲出色；當代學術界第一把交椅的稱號若是送給方孝儒，也是當之無愧的。

只不過，儒家的書讀多了，方孝儒自以爲和孔老夫子心意相通，滿心只想著要恢復上古時代的美好社會；《周禮》中的官制、井田制、封建制度，都是他達成「明王道，致太平」的方式，卻沒有考慮到現實的世界，早已不容許那種虛幻的制度推行。

「以仁政治國。」就是建文帝登基之後刻意標榜的大方向。

第一步就是減少明太祖時期浮濫的獄案，建文帝將刑部官員找來，對他們說道：「皇祖制定了《大明律》，裡面有很多內容，相較於前代，嚴苛很多，但那是皇祖爲了平定天下所定的重典，而非可以長久通行的治國之道。」他停頓一下，繼續說道：「朕改定了不少內容，皆已得到皇祖認可，以後你們也要記著，訓令天下有司，執法必以寬大爲要，遇到有疑問的，千萬要詳查，不能有任何冤枉好人的事。」

「臣等遵旨。」

第二步是整頓江浙地區的田賦。江浙地區向爲富庶之地，爲了避免財富兼併而使當地的土豪地主勢力過度膨脹，明太祖此地區徵收的賦稅總是特別重。結果卻適得其反，遠比富豪地主更多的貧苦農民負擔不起沉重的賦稅，不是選擇逃亡，就是欠著不繳。

「這樣眞是百姓受害，朝廷也損失啊！」建文帝在發現這問題時，很感嘆地說道：「如果皇祖的制度沒有良效，就該要立刻改變。」他下詔減免江、浙、蘇、淞等地區的田賦，「每畝不得超過一斗。」

接下來是整頓官制。建文帝看出，明朝建立三十年來，因爲特殊的需要設置不少特別地方行政單位，但這些單位在太平時代根本沒有用處，因此建文帝將它們一一撤銷，以使行政更有效率。

建文帝個性溫和，有時難免顯得缺乏魄力，但至少他有心要把國政處理好，長此以往，局面也許不會更好，但至少一定可以維持。然而，建文帝的削藩政策過於急躁，再加上他身邊的官員只是一群空有理想、沒有實務經驗的書生，終於使得天下大勢朝向難以挽回的方向發展。

「諸王以叔父之尊，手握重兵，多行不法之事。」兵部尚書齊泰對建文帝說道：「再不早點處理，恐有朝一日，必生大患。」

建文帝會心一笑，命人把翰林學士黃子澄找來，對他說：「你還記不記得，從前在東宮伴讀時，你對朕說過些什麼？」

黃子澄拱手道：「微臣不敢忘。」

多年以前，建文帝還是皇太孫時，就已經感受到藩王問題的嚴重性，他曾對伴讀黃子澄說道：「我的那些叔父們，各擁重兵，駐紮在外，該要如何才能制得住他們呢？」

黃子澄答道：「諸王雖跋扈，卻不難對付。他們各擁重兵，卻僅足自守而已，若以我六軍之師，分頭擊破，何足懼也？」他不禁說起典故：「想當初漢朝七國之亂，最後全被朝廷消滅，並非是因爲他們不強，而是因爲他們不能相互聯繫。由此可見，大小強弱之勢雖有差別，天理順逆卻是早有定數。」

建文帝釋懷道：「聽見這樣的謀略，我也不必擔心什麼了。」

從那時候起，建文帝就把這段話放在心裡，直到今天，齊泰又和他說起削藩的事，才讓他執意要立刻解決這個朝廷的心腹大患。

諸王跋扈的問題也真嚴重，明太祖當年猜忌大臣，只相信自己的兒子，期望藉由分封諸子為王來「屏藩皇室」，把二十四個兒子和一個從孫封於各地，分別為北方邊境的秦王樉（封於西安）、晉王棡（封於太原）、燕王棣（封於北平）、代王桂（封於大同）、谷王橞（封於宣府）、寧王權（封於大寧）、遼王植（封於廣寧）、慶王㮵（封於寧夏）、肅王楧（封於甘州）等，稱為「塞王」，命其駐北疆、防禦蒙古；內地諸王則有周王橚（封於開封）、齊王榑（封於青州）、楚王楨（封於武昌）、潭王梓（封於長沙）以及蜀王椿（封於成都）等等。

北方諸王勢力特別大，如寧王「帶甲八萬，革車六千」。晉王、燕王的兵力更為雄厚，被倚重的程度尤甚，一些大將都由他們節制，甚至遇有軍事調度，只要不是事關國家危亡的問題，都可以不經稟報，直接見機行事。

明太祖分封諸王之時，曾有官員上書「裂土分封，使諸王各有分地」，恐日後尾大不掉，並以漢初七國之亂、西晉八王之亂來說明裂土分封的壞處。但明太祖根本聽不進去，反以「離間吾骨肉」之罪把上書的官員監禁致死。

到了晚年，明太祖終於感受到裂土分封的威脅了。正是因為太子朱標的早逝，讓他警覺到將要繼承皇位的年輕儲君，顯然很難制得住分封各地的叔父。於是，他接二連三的頒布各種訓令，包括《永鑒錄》、《祖訓錄》、《皇明祖訓條章》等等，內容一再強調不同身分的人，就應該要恪遵合乎身分的法度——皇帝像皇帝，藩王像藩王，大臣像大臣……

文章之中並且對諸王曉以大義：「自古以來，居住在封國的諸王總是比天子更快樂，他們享受優厚的俸祿，承擔的責任輕，只要不違法，整天逍遙自在；天子晚睡早起，日夜煩心操勞，只想要讓天下治理得妥當，遠不如親王來得快樂。」又說：「古代的王侯想要篡奪天子地位，沒有不遭到滅亡命運的。」

總之明太祖在去世之前，威脅利誘的手段都用盡了，無非是希望自己的幾個兒子能夠安分守己，讓皇太孫的天下可以穩穩當當。可惜明太祖終究狠不下心，要不然他大可以用對付功臣宿將的那一套來對付自己的兒子。

老皇帝在忐忑中去世，新皇帝在不安中繼位，爲的就是帝國四周的強大藩王勢力。建文帝登基那天，原本各地藩王打算進京爲老父奔喪，順便替新皇道賀，皇帝卻下旨：「諸王臨國中，毋至京師。」並指出這是大行皇帝的遺詔。

此舉顯然並不高明，一方面等於朝廷表態示弱，另一方面也會激起諸王的不滿情緒。

「不許我回去奔喪？」

燕王朱棣是明太祖的四子，洪武十三年以來，他就待在封地北平，領著數萬大軍鎮守這座前朝都城。

北方的天寬地闊，比起江南的娟麗秀氣更易激起人的雄心壯志。蒙古人留下的巍峨宮殿，雕樑畫棟，比應天府的更加氣派，朱棣看在眼裡，野心油然而生。

「不許我奔喪，就是不讓我回京師；不讓我回京師，就是不承認我這個皇族。」朱棣有他自己的一套解釋辦法。「我十歲就被封爲燕王，二十歲就國，三十歲就替父皇立下豐功偉業，不讓我回去奔喪？哼！黃口小兒，竟敢如此。」

他的住所就是元朝的皇宮，住得久了，思想與派頭也都變得像皇帝一樣。他的劍眉深鎖，相貌遠比父親來得英俊，性格卻是如出一轍，一般的當機立斷，一般的冷酷無情，一旦決定了一件事，就會義無反顧，毫不猶豫的奮勇向前，直到達成目的爲止。

洪武二十三年，明太祖命令晉王與燕王一同進兵蒙古討伐北元將領乃兒不花。晉王膽怯，不敢進兵，朱棣卻是勇往直前，一路追趕，即便天降大雪也不停止，還曾說道：「下了大雪，他們以爲我軍不會追趕，必然鬆懈，這正是我軍進兵的好機會！」領著全軍穿越大海一般無盡的草原，出其不意地擊潰了蒙古軍，逼使乃兒不花投降。

明太祖獲知戰報，對這個四兒子大爲讚賞，高興地說：「將來能肅清沙漠的，就是燕王啦！」

朱棣把這句話牢牢的記住，並且將它的涵義不斷擴大，潛伏的野心也隨之日漸膨脹；尤其當太子朱標過世，明太祖決意讓朱允炆繼任皇儲之後，這份野心已如燎原野火，不可遏抑。

一名僧侶打扮之人在一旁說道：「殿下，瞧朝廷這般態勢，到時候非削藩不可，我們應該要早做準備啊！」

「準備是一定要做的，不過……」一向果決的朱棣，遇到這等大事，還是不免遲疑了起來。

那僧人法號道衍，本名姚廣孝，已經六十多歲了，看起來仍是精神奕奕；雖是僧侶，當年卻跟隨道士學習陰陽術數之學，又懂得詩詞古文，寫得一手好字，在文壇上頗有名氣，宋濂等人在世的時候都很推崇他，算是一名多才多藝的僧人。

他雖然出了家，卻還沒有捨棄世俗的名利，一直想要在朝廷裡謀個一官半職，然而遲遲未受到明太祖重用；直到馬皇后去世時，京師挑了一批僧人分別前去秦王、燕王的封國誦經，道衍正好是前往燕王封國的僧人之一，就這樣到了北平，與朱棣相識，成了北平慶壽寺的住持。

朱棣對道衍的才學十分欽佩，常常請道衍前來王府相談，有時到慶壽寺拜訪，久而久之，道衍成了燕王府幕僚群的首席。

事情就如同道衍所料，建文帝登基還不到三個月，就在齊泰、黃子澄等人的協助下，開始進行削藩的工作。

對於這問題，建文帝曾詢問兩人的看法：「藩王之中，秦王、晉王已死，如今威脅較大者，就屬燕王，你們覺得該如何對付？」

齊泰說道：「既然燕王威脅最大，就應該以迅雷不及掩耳之勢，領兵北上，直接解決掉這個大麻煩。」

建文帝點點頭：「嗯，不錯，那子澄有沒有什麼看法？」

黃子澄說道：「燕王駐在北平，手握重兵，朝廷的兵馬就算再怎麼迅速，到北平之時，他都已經早有準備。因此，依臣之所見，不如先對周王、湘王、代王這些實力較弱，又與燕王素來交情不錯的諸王下手，一來替朝廷增威，二來剪除燕王羽翼，彼消我長，強弱自分。」

建文帝眼睛亮了起來，「對，這才是好辦法，就從內地諸王開始下手。」

洪武三十一年八月（明太祖閏五月逝世，當時仍爲洪武年號，次年才改爲建文年號），朝廷以周王朱橚諸多不法，命曹國公李景隆領兵包圍開封，逮捕了朱橚，押往京師，廢爲庶人。隨即又以僞造寶鈔貨幣、濫殺百姓等罪名，派人前往逮捕湘王朱柏，朱柏一聽說此事，害怕得不知所措，最後自焚而死。

沒過多久，朝廷又下詔讓齊王朱榑進京，隨即將之逮捕，廢爲庶人，並與朱橚軟禁在一起；到後來，代王朱桂、岷王朱楩等等，都被如法炮製，削去王爵。

乍看之下，成效卓著，建文帝相當滿意，嘉勉道：「朕即位不滿半年，朝廷心腹之患，四去其一，如此下去，必能順利解決，此乃各位愛卿的功勞。」

「皇上過獎。」黃子澄說道：「其實，最重大且最具威脅的心腹之患尚未解決，朝廷可千萬不能因爲一時的順利而鬆懈。」

「的確。」建文帝緩緩點頭，眼神不自主地飄向北方。

靖難之役

「不消數月，便削五王，這還有別的意思嗎？」道衍和尚對朱棣說道：「朝廷的眼中釘就是燕王您啦，到時候有什麼大動作，燕王一定不能倖免。」

朱棣道：「如果起兵反抗，可有必勝的把握？」

「當然。」道衍斬釘截鐵地回答：「北平乃北方重鎮，人民多習弓馬，遠比軟弱的南方人強悍，以我燕王藩的蓄積，甲士起碼可以動員三十萬，糧食足以支撐十年，只要現在開始準備，沒有失敗的道理。」

朱棣不想坐以待斃，於是採納建議，開始在他那廣大而隱密的王宮中悄悄地練兵，並且利用地下室打造兵器鎧甲。爲了防止打鐵的聲音傳出，他們還在地下室外養了群呱呱亂叫的鵝鴨當作掩護。

紙包不住火，再怎麼隱密，這麼嚴重的事，一定會有多嘴的人走漏風聲，沒多久，應天府方面還是風聞了這項消息。

「圖謀不軌」是當年最常被明太祖用來當作剷除功臣宿將的理由，如今，朱棣的舉動已經是眞正的圖謀不軌，建文帝卻不敢立即下令將他剷除，只對齊泰等人說道：「燕王善於用兵，北軍又強於陣戰，應該如何對付？」

齊泰說道：「草原上還有蒙古寇邊，朝廷可以邊防爲名，命令燕藩護衛兵戍守開平，調開他的部隊，去其羽翼，便可圖之。」

建文帝於是命人擬妥詔書，指派工部侍郎張昺擔任北平左布政使，謝貴爲北平都指揮使，負責監視朱棣的行動；另外又讓都督宋忠領兵三萬，並順帶調動燕王府護衛精銳前往駐守開平，進一步削弱燕王的實力。

「朝廷眞的要找我下手了，我燕王府的兵力幾乎被調空。」朱棣咬牙切齒地說道：「若非早有準備，恐怕我早已被害死了！」

道衍和尙笑了笑，說：「現今既已準備妥當，就該速速發兵，免得延誤先機。」

「我又何嘗不知，只是……」朱棣嘆道：「我那三個兒子如今都在京師，如果就這麼起兵，他們恐怕會被朝廷拿去祭旗吧！」

「這事好辦。」道衍說道：「只消燕王您上奏一封，佯稱病重，希望三子回北平探視即可。」

「這麼簡單？」

「就這麼簡單！」

「何以見得？」

「當今皇帝，不是我愛說，我總看他有些優柔寡斷，雖說要削藩，卻又不敢直接下手。」道衍說：「再加上他身邊那幾個腐儒，一定還以為他們的意圖未被揭露，所以只要您的奏表上呈出去，三位世子就能平安歸來……只不過，往後可能要請大王您演演戲了。」

朱棣不大瞭解道衍的話，但他還是照做。

果然奏表到了皇帝手上，齊泰本來建議將三名世子收押，用來威脅燕王，黃子澄卻說道：「與其收押，不如放回，讓燕王認為朝廷對之並無懷疑，等到他對朝廷放鬆警戒，則可一舉而攻之。」

建文帝接受了黃子澄的意見。

朱棣喜道：「想不到我們父子竟然還可重聚，眞是天助我也。」沒了後顧之憂，燕王的備戰更爲積極，一切都已準備妥當，只剩下發兵的時機而已。

建文元年，公元一三九九年六月，燕王府有個護衛名叫倪諒，因爲犯了法，即將遭受處罰，潛逃至南京，索性向皇帝告御狀：「燕王府上下官員皆圖謀不軌，私造鎧甲刀劍，整頓武備，意圖對朝廷不利。」

年輕的皇帝聽完不動聲色，只對倪諒嘉勉了幾句，隨即又把親信的黃子澄等人找來，問他對策，黃子澄答道：「如今朝廷與燕王正在鬥智，誰沉不住氣，誰就輸了一著，陛下可以下詔拿問不法，再讓張昺、謝貴他們先去探探虛實。」

張昺、謝貴連袂前往燕王府，還沒到達目的地，就聽說燕王生了重病，「病得不輕……」回報的官員這樣說道。

接下來兩人看見的景象，令他們不敢置信：燕王府門前的鬧市，身著華服的燕王臉色蒼白，口中唸唸有詞，不時高喊著一些沒人聽得懂的語句，腳步踉蹌，搖搖晃晃地抓起路邊攤上的酒食就往口裡塞，汁水淋漓地順著口角往下流也不管，吃飽了就倒在地上呼呼大睡起來。

隨後府中幾名家丁急忙將燕王抬回去，張昺、謝貴連忙上前詢問，一名家丁說道：「大王這幾日都是如此，有時候好一點，有時候又更嚴重……」他壓低嗓子：「我瞧大王是得了失心瘋了……」說完便緊張地回到府內。

張昺、謝貴兩人面面相覷，決定改日再來求見。

好不容易見著了還算清醒的燕王，六月大熱天裡，府中竟然到處燃著火爐，燕王朱棣拄著枴杖，顫顫巍巍地從內廳出來，對兩人說道：「北方的天真是冷得讓人受不了啊！」

張昺、謝貴也覺得受不了，不過是熱得受不了，簡單問候兩句，就急忙告辭了。

他們把在燕王府的所見所聞回報京師。建文帝雖然老實，卻沒有被騙倒，密詔張昺、謝貴即刻動手，同時又指派北平都指揮使的張信逮捕朱棣。

可惜建文帝這一步棋著實下錯了，那張信本來就是朱棣的親信，是朱棣一手提拔他的，他怎會對遠在南京的建文帝獻出忠誠？得到命令之後，他火速趕往燕王府，把朝廷的計畫全都供出。

「情況緊急。」他道：「謝貴已經開始調兵遣將，以北平七衛及屯田兵士包圍王城，不日便將動手，大王請及早準備。」

朱棣的確早有準備，可是他只能暗著來，連月以來在後花園訓練的士兵，人數還不夠，再加上王府精銳護衛早已被調往開平，如果留守北平的軍隊都被謝貴控制，情勢對他十分不利。

「傳令下去。」朱棣說道：「著令護衛指揮張玉、朱能調派壯士八百人入府護衛。」

這道命令只能治標，決定勝敗的關鍵還是在軍權的掌控，朱棣把幾個親信如道衍和尚、張信、張玉、朱能等人都找來身邊商議，詢問對策，道衍和尚仍然信心十足，說道：「只要大王調度得宜，老天就能送給大王一頂白帽子。」

王的頂上加個白，那就是皇了，朱棣皺皺眉說道：「本王現在沒工夫聽這些空話，拿不出主意，連命都保不住了。」

道衍和尚淡淡說道：「擒賊先擒王。」

「沒錯。」張玉在一旁附和道：「唯今之計，只有先想辦法除掉張昺、謝貴，把北平七衛的兵權控制住，這樣就能讓局面穩住。」

朱棣問道：「你們有什麼好辦法嗎？」

張信說道：「謝貴他們還不知道我站在大王這邊，這一點可以善加利用。」

道衍和尚鼓掌笑道：「妙計！妙計！」

沒過幾日，張信出現在北平都指揮使府中，對張昺、謝貴說：「朝廷交辦的事，我已經處置妥當，從燕王以下數十名有罪官員，皆已收押，如今關在燕王府大牢之中，請二位至燕王府查核。」

二人不疑有他，本來謝貴還想調動軍隊入府，被張信阻止了：「只不過是查核幾名人犯，何必那麼勞師動眾？免得驚動了北平城裡的百姓。」

「這燕王府可眞是雕樑畫棟啊！」張昺進入王府大門時，感嘆地說道：「我在應天府可沒見過這種派頭，足見朝廷的懷疑不假！」

張信乾笑兩聲，說道：「這裡本就是前朝皇宮，有這種派頭也不稀奇，來來來，裡面請。」他停了一下又說道：「要逮那些罪人可不容易，買通了不少府中官員才大功告成，現在府中備有酒宴，二位今日可別缺席了。」

王府大堂之中眞的擺了滿滿兩大桌酒席，羊羔熊掌、山珍海味一應俱全，但是最讓兩人驚訝的，竟是主桌首位上的那張臉：燕王朱棣捻著鬍鬚，神色冷峻地看著他們。

「怎麼你……怎麼你……」謝貴再也說不出話來。

「很驚訝嗎？」朱棣冷笑道：「本王對朝廷一向忠心耿耿，朝廷卻要以莫須有的罪名逮捕本王，這是朝廷待本王不仁在先，並不是本王對朝廷不義，你們身爲朝廷命官，既然要對本王不利，就別怪本王對你們無情。」他一聲令下：「綁了！」

張昺、謝貴被就地處決，頭顱由張玉、朱能率領的王府衛隊們帶著，前往城外團團包圍的軍營之中，對他們說道：「你們的首領圖謀不軌，想要離間皇上與燕王之間的情誼，已被燕王處死，你們如果識相的話，就快快棄暗投明。」

士兵們群龍無首，紛作鳥獸散，有的逃走，有的索性就投靠了燕王。當天晚上，張玉、朱能率領精兵，趁夜攻取九門，將北平城完全掌握在手中。

數日之後，燕王正式誓師，召集了全體將士訓話：「先皇遺訓，新天子當國，如朝中無正臣，內有奸惡蒙蔽上情，則親王應當訓兵待命，以待天子密詔，統領鎮兵以討伐之。」他並沒有密詔，所以他道：「如今先皇方逝，少主繼位，我已多次上書陳情，請誅除奸臣，奈何奸臣蒙蔽少主，因此恐怕不會有回答了。為了扶持國家，救社稷於危亡，煩請爾等助我進京，剷除奸臣，匡復正道。」

他為了讓自己的「造反」名正言順，特別把他的軍事行動號為「靖難」，以「清君側」為名義，實質上不過是場權力爭奪而已。

老天似乎在取笑朱棣的行為，誓師典禮尚未舉行，天色驟變，西北角的烏雲嘎啦一聲雷響，狂風大作，暴雨傾盆而下，王府的屋瓦都被掀翻，士兵全被淋成落湯雞。

朱棣的臉色很難看，他忖道：「當年太祖皇帝的死對頭陳友諒就是在這種天氣下即位的，後來撐不了幾年就垮了，難道我……」

道衍和尚知道朱棣的心思，沒有上前安慰，反而高聲對眾將士說道：「飛龍在天，從之以風雨，藍色的屋瓦墜地，表示該換上黃色的屋瓦，這是大吉大利之兆啊！」

話說得實在漂亮，將士們對朱棣的崇敬油然而生，不畏風雨，齊聲吶喊，朱棣則又是嘉許又是感激，頻頻對道衍和尚點頭示意。

燕王造反的消息傳至京師，齊泰、黃子澄與方孝儒等人都認爲不足爲懼，「天下恆以有德者居之，燕王興無道之師，乃自取滅亡。」方孝儒這樣說道。

話雖如此，建文帝還是十分緊張，而且這時他發現自己竟對向來愛護自己有加的太祖皇帝怨懟起來，「爲什麼先皇要把元勳宿將都殺了呢？」他心想：「如果藍玉還在，如果周德興還在，如果傅友德、馮勝他們都在，就算來十個燕王，也沒什麼可怕……」

正在猶豫不決的時候，北方又傳來戰報：燕王之兵已經攻佔北平以北的居庸關、懷來、密雲和以東的薊州、遵化、永平（今河北盧龍）等州縣，北平附近已無可調度之兵。

這下建文帝知道自己沒時間猶豫了，他連忙下詔，起用年過七十，早已告老還鄉的長興侯耿炳文爲大將軍，領兵伐燕。

臨出發前，建文帝柔弱的個性再度顯現，他對諸將叮嚀道：「同門相殘，不祥至極，尤其又是在皇室之中……你們與燕王對壘，記著，別讓朕背負了殺叔的罪名。」

建文元年八月，朝廷大軍開至河北，沿著滹沱河南北兩岸城鎮據點紮營，耿炳文自領十三萬進駐眞定（今屬河北），都督潘忠駐莫州（今河北任丘），都督楊松率九千人爲先鋒扼雄縣。

這一切的調度朱棣都能掌握，因爲他早在事前就安排了奸細混入北伐軍之中。八月十五中秋夜，北伐軍正進行最後的調度，部署尙未完成，耿炳文老人家慈悲心腸，竟准許士兵稍事休息度過佳節。朱棣抓住這個時機，率軍主動出擊，一舉攻破雄縣，楊松先鋒全軍覆沒。

燕軍繼續進擊，以伏兵大敗南軍援軍潘忠。二十五日，朱棣率領全軍直搗眞定南軍大營，敗耿炳文主力部隊於滹沱河岸，斬首三萬餘級，南軍殘兵退入城中堅守，燕軍攻城三日，打不下來，朱棣說：「膠著的仗打不得，還是早點退守爲妙。」遂領軍棄圍北還。

「啓稟皇上，長興侯的兵……敗了……」

「什麼？」建文帝大驚失色，連忙詢問戰況，聽完，急得來回踱步，「怎麼辦才好？怎麼辦才好？」

黃子澄說道：「勝敗乃兵家常事，此敗並非潰散，不足爲慮。」

「看樣子耿炳文是老了。」建文帝問：「可有適當人選接替？」

黃子澄道：「曹國公李景隆可也。」

「眞的嗎？」建文帝如在蒼海中抓住浮木，「那就用他取代耿炳文吧！」

李景隆乃是開國功臣李文忠之子，自小養尊處優，書雖讀得通透，書本上寫的兵法也還記得一些，只是實際上還是紈褲子弟一個，自視甚高，帶兵時對待士卒態度很惡劣。九月間，李景隆來到北方，收拾了耿炳文的殘兵敗將，再加上從各地調集來的兵馬，合計多達五十萬人，聲勢十分浩大。

朱棣聽說敵方的情況，不但不畏懼，反而高興地說道：「那個李景隆只不過是個從小吃香喝辣的渾小子，哪懂得什麼兵法？建文竟然把五十萬大軍交給這種人，簡直是挖個坑給自己跳！哈哈！」

張玉十分勇敢，對朱棣說道：「請大王即刻撥發精兵於我，我進敵營衝殺一陣，必能奪李景隆首級。」

朱棣笑道：「打仗不能這樣打，南軍可以一敗再敗，我軍卻連一次都敗不起，殺了李景隆不濟事，朝廷再派一員上將，也許更難對付。」

朱能問道：「那該如何是好？」

朱棣說道：「李景隆倒算有自知之明，他若知道我在此地，必定不敢來攻，如今永平縣城正遭遼東方面朝廷軍攻擊，我可以佯裝領軍出征永平，待李景隆知道我不在，必定會來攻，此時我再回師包夾，李景隆前有堅城，後有追兵，腹背受敵，必定失敗。」

眾人齊聲稱妙。

「成敗在此一舉。」臨行前，朱棣對他委以留守之任的道衍和尚與世子朱高熾說道：「李景隆如果來攻，一定要想辦法誘敵深入，盧溝橋一帶的防禦，可以撤除。」

道衍和尚道：「這我理會得。」

朱棣又說道：「等李景隆來攻，記住千萬要堅守城池，切勿輕啓戰端，務必待我從永平歸來。」

燕王大軍開拔，直趨永平（今河北盧龍），南軍將領吳高兵力不足，退守山海關自保，永平之圍短短幾天便告解除。

「這麼快？」朱棣自己都不大敢相信，苦笑道：「以那李景隆的反應，恐怕不會這麼快就去圍北平，不如乘勝追擊……」

心念至此，立即化爲行動力，持續往北進發，攻打大寧（今內蒙古寧城）。那裡是寧王朱權的封地，所屬多爲蒙古騎兵，十分強悍，朱棣不與蒙古兵決戰，直趨城下，騙了寧王入營，隨即將之軟禁，進而收編寧王轄下的蒙古朵顏三衛，實力大增。

李景隆聞聽燕王主力去打大寧，果然中計，發兵往攻北平。途中經過盧溝橋時，還很得意的說道：「看樣子燕王眞的兵源已盡了，居然在這麼重要的地方都沒辦法分兵把守。」

可是當他到達北平，才發覺不是那麼回事。城中世子朱高熾謹遵父命，倚仗著城牆高大以及道衍的出謀策劃，多次抵擋住李景隆的攻擊；南軍久戰不克，軍心已餒，又聽說城中守軍僅是衛隊，並非主力，更加渙散。

十一月初四日，朱棣從大寧回師，出現在北平郊外，依照原先的計畫，與城中士兵裡應外合，兩面夾攻李景隆所部，結果在鄭村壩（今北京市東方二十里地）大敗南軍，李景隆逃命不落人後，丟下了十幾萬部隊不管，結果全被燕軍殲滅。

「敗了？」應天府的黃子澄接獲戰報，終於不再像過去那樣有信心，連忙問道：「那曹國公人呢？」

「退往德州，整頓兵馬。」

「很好，很好……」他讓稟報軍情者退下，沉吟半晌，決定隱密軍情不報，「大軍並未完全潰散，還大有可為，這場敗仗不算什麼。」他心想，隨即向上匯報：「聽說北伐軍交戰數次，多有勝利，但北方天寒，士卒耐不住風寒，如今退往德州，待明春再戰。」

「這樣不錯啊！朕就知道沒用錯人。」對於黃子澄，建文帝從不懷疑，命人待著賞賜之物以及詔書，封李景隆為太子太師以資獎勵，隨即又和方孝儒去討論該如何實施井田制度，以恢復儒家理想中的大同世界去了。

李景隆打了個大敗仗，竟然還獲得封賞，頓時感覺皇恩浩蕩，天威難測，於是痛定思痛，整頓調度重新集結，與武定侯郭英及安陸侯吳傑會師，聚集了六十多萬兵馬，號稱百萬大軍，從德州出發，再次北伐。

朱棣聞訊，率軍十萬迎戰，雙方在白溝河（在今河北雄縣境內）交鋒，戰況十分激烈，朱棣親自上陣衝殺，他的座騎三次被箭射殺，三次更換坐騎，甚至連他自己都差一點被敵將刺傷。

雙方僵持不下之際，天上忽然颳起狂風，南軍大旗被風吹折，軍心動搖。

「天助我也！」朱棣看了看風向，直吹向敵方大營，心中雀躍不已，連忙下令：「縱火燒敵！」

風助火起，李景隆大軍營壘瞬間陷入熊熊烈焰，將士死傷無數，朱棣接著命令騎兵迅速繞到敵軍背後，發動猛烈攻擊，南軍陣列霎時崩潰，沒有人願意再戰，紛紛哭號著逃命，這當中又不知道被友軍踩死多少人。

李景隆老毛病不改，又是士卒放一邊，逃命最優先。這一次竟一路逃到了山東的濟南府，沿路上丟下不知多少輜重器械，屍橫遍野，景況慘不忍睹。

燕軍緊追不捨，順便攻下多處城鎮據點，德州到手，河北全境均歸燕王所有。朱棣本來還想繼續攻下濟南，但是在濟南以北遭到都督盛庸與山東參政鐵鉉的死命抵抗，整整三個月都沒有進展。爲了避免後方生變，朱棣只好下令撤軍，回師北平。

「不是說李景隆很能打仗嗎？怎麼敗成這樣？」建文帝開始感到疑惑了，「若非靠著盛庸與鐵鉉的功勞，說不定連山東都丟了。」

黃子澄知道責任在他，建文帝只是不忍責備，不禁痛哭失聲：「推薦李景隆，是臣的罪過，請陛下嚴加懲治，以正軍法。」

建文帝嘆了一口氣，「要懲治李景隆，就會連累你，你教朕怎能處罰自己的老師呢？」

結果李景隆僅被撤了職，沒有受到額外的懲罰，遺留下來的將軍位由盛庸接替，並擢昇鐵鉉爲兵部尚書。

往後數月的戰況發展似乎有回歸朝廷主導的趨勢。九月間，大將軍盛庸、左副將軍平安、右副將軍吳傑再次舉兵北伐。盛庸屯駐德州，平安、吳傑駐定州；都督徐凱在滄州紮營，互爲犄角，遙遙困住北平。

朱棣聞聽南軍動向，遂採取聲東擊西之計。十月間，北方陣營大張旗鼓地宣稱要去攻打遼東，兵至通州，忽然折返向南，一舉攻下滄州，其後沿著運河南下，連克臨清、館陶、大名、濟寧等地，勢如破竹。

盛庸、鐵鉉遠比李景隆會帶兵，他們將部隊集結在東昌（今山東聊城），爲激勵士氣，舉行酒宴犒賞將士，並對他們說：「國家興亡，在此一舉，各將士承蒙皇恩浩蕩，當爲國效死，馬革裹屍。」

他們背著城池佈陣，選出精壯士卒排列在前，手持火氣毒弩，靜待敵之來臨。

燕軍屢戰屢勝，輕敵之心漸起，當他們抵達東昌，看見盛庸的部隊，便向前輕易開戰。

盛庸一聲令下，火矢毒箭齊飛，燕軍頓時之間就倒下一大排，緊接著一陣混亂的衝殺之後，燕軍竟然死傷多達數萬人之譜，大將張玉也在激戰之中身亡，朱棣被南軍團團包圍，幸虧被大將朱能救出，僅以身免，被迫還師北平。

「經此一戰，令我獲益良多。」起兵以來第一次失敗的朱棣感慨萬千說道：「朝廷畢竟是朝廷，一有疏忽，便是一場敗仗，今後更應該步步爲營，小心行事才是。」他很慶幸自己今日的局面已非敗一場就垮台的程度。

道衍和尚輕咳兩聲，表情似乎不以爲然。

「你有什麼話，儘管直說。」

「步步爲營，並非突破僵局之道。」道衍和尚道：「殿下是不是該想想這樣與南軍來來往往下去，到何時才會有個結局？」

朱棣愣了一會兒，緩緩說道：「你說的話，我會考慮。」

這一考慮就是一年。往後的一年之間，燕軍與南軍就在河北南部與山東北部之間僵持不下，朝廷軍並沒能夠把握住東昌之戰勝利的氣勢，藉以扭轉局勢，反守爲攻；而燕軍雖然勝多敗少，但往往攻下的城池不能固守，打勝一場便又退回北平去了。

「姚廣孝說的不錯！」朱棣喊著道衍和尚的本名，慨然嘆道：「這樣僵持下去，的確不是辦法。」

但他並沒有把想法公開，因爲不想在部下面前承認錯誤。

促成朱棣做出重大決定的緣由竟來自南京方面，而且是宮廷之中。這一日燕王府中來了幾個宦官，細聲細氣的對燕王訴苦，他們說建文帝對待他們實在很不好，動輒重刑責罰，久聞燕王仁義，如今南京空虛，請燕王直接率軍攻打，必能一舉成功云云。

原來建文帝聽從祖父的遺命，嚴禁宦官干政，但是宮廷之中難免口耳相傳，宦官們往往都會預聞朝中大事，只要在這個問題上稍微多嘴兩句，被建文帝知道了，平常溫和有禮的皇帝就會突然翻臉不認人，把宦官痛打一頓。宦官們心懷不滿，就打算藉由擁戴燕王的方式改善自己的處境，並期望更進一步的飛黃騰達。

朱棣聽完他們的說法，立刻把道衍和尚找來，對他說道：「廣孝啊，你去年提到的事兒，今年終於有譜了。」

道衍和尚還裝模作樣地回道：「不知殿下所指爲何？」

朱棣毅然說道：「發兵將近四年，損傷士卒數萬人之譜，毫無寸尺之功，長久下去，我燕軍只會日益削弱，如今聞聽南京空虛，已該是臨江決戰的時刻。」

「大王英明。」道衍和尚說道：「唯今之計，可以批亢擣虛，長驅直入。」

朱棣點點頭：「這我明白。」

建文三年，公元一四〇一年十二月，燕軍大舉南下，不到一個月便越過黃河，進入山東。朱棣採納道衍的意見，避開途中重要的戰略據點如濟南、徐州等地，不與盛庸、鐵鉉等人的大軍正面決戰，一路長驅直入，至建文四年四月已經抵達宿州。

建文帝命將軍何福、平安領兵攻擊燕軍，又以名將徐達之子徐輝祖率領京城士兵增援，剛開始的時候，戰況頗爲順遂；齊眉山一戰擊斃燕軍將領王眞、陳文、李斌等人。南方天熱潮濕，再加上連日綿綿陰雨，北方士卒水土不服，許多人都染上疾病，士氣低落。

朱棣又氣又急，「難道是天要亡我？」向來以爲有如神助的他，也禁不住對自己貿然南征的行爲懷疑起來。

情況對燕軍可說是萬分危急，但是任誰都想不到，救了朱棣的竟然就是建文帝本人。原來建文帝耳根子軟，聽見身邊那一幫大臣不斷進言，說什麼城中軍隊不宜調動，致使京師空虛等等，竟然下旨將徐輝祖的軍隊調回應天府。

這道詔命頓時讓敵我雙方士氣逆轉。因徐輝祖治軍很有辦法，甚得部下愛戴，他這一被調走，留在原地的士卒都無心再戰。

朱棣察覺局面的變化，抓住時機，下令全力反攻，靈璧一戰，切斷南京方面向平安、何福運送糧食的通路，進而一舉擊垮南軍主營，總帥何福單騎逃走，副總兵平安、陳暉，都督馬溥、徐眞等三十七名將領，及一百五十名隨軍官員被俘，獲得輝煌的勝利。

副總兵平安向來十分驍勇，曾經多次挫敗燕軍，更擊斃了多名燕軍將領，當朱棣知道他被俘虜的消息，鬆了一口氣笑道：「我軍眞的獲得平安了。」

對於這批俘虜，朱棣刻意顯示自己的寬大，表示要赦免他們，想不到所有的俘虜都對建文帝忠心耿耿，沒有一個投降，這讓朱棣不大高興，吩咐全部送去北平。

靈璧之戰勝利，燕軍與朝廷方面的強弱之勢已分，南軍不再有抵抗能力，朱棣挾著餘威繼續進兵，連下揚州、高郵、通州（今江蘇南通）、泰州等地，各地手握兵權卻持觀望態度的將領紛紛投降，五月間，燕軍陣列抵達長江北岸，遙望南京。

應天府內陷入一片混亂，建文下詔罪己，並且發文各地，期望有人能派兵前來勤王，但沒有人來。

方孝儒安慰建文帝：「陛下可遣使至燕王處，表明願意劃江而治……」

「這怎麼行！」建文帝勃然變色，「皇祖打下的基業，交到朕的手裡不到幾年，竟然拱手送人一半，教朕將來有何面目去見皇祖？」

方孝儒道：「這只是拖延之策，待使者往返交涉之時，各地援軍必會到來，那時便可以繼續與燕王周旋。」

建文帝呆呆地看著方孝儒，長嘆一聲道：「好吧，就依你。」

年輕的皇帝現在唯一能相信的就只有方孝儒，他最親近的黃子澄、齊泰，在燕王起兵宣稱要「清君側」的時候就已被他勸退，做一點表面功夫給燕王看，實際上還是繼續出謀策劃，但這時已被他派往各地求救兵去了。

方孝儒的建議並未得到效果，因為各地將領大多不願來救這個即將頽圮的朝廷，而燕王也不肯接受劃江分治的議和條件。

朱棣的理由竟與建文帝完全一樣。「父皇一手打下的基業，怎麼可以擅自將之分裂？如此大逆之行爲，我可做不出來。」

其實，哪裡這麼冠冕堂皇呢？朱棣早知道應天府已無力抵抗，打一打落水狗，就能做全天下的主人，何樂而不爲？

「燕王渡江了！」

「燕王開始攻城了！」

「金川門失守，曹國公李景隆開城投降……」

失敗戰報連日傳來，建文帝已是心灰意冷，他艱困地抬起頭，身旁文武官員和少數幾名太監仍然跟在他旁邊，等著聽他的指示，心中一股暖流，卻知道無濟於事，長嘆道：「你們逃命去吧，朕決意以身殉國……」

翰林院編修程濟高聲制止：「陛下萬萬不可，留得青山在，不怕沒柴燒……」

一個老太監跪在地上說：「當年太祖皇帝龍御殯天時，曾經留下一個匣子，放在奉先殿偏堂，說有大難之時方可開啓……」

程濟等人同聲說道：「有這種東西，還不快些取來！」

老太監憑著自己的印象，找出了一個紅布包著並以鐵汁鎔鑄的匣子，眾人千辛萬苦的將匣子撬開，發現裡面放著三張度牒，白銀十錠，以及僧人袈裟、布鞋、剃刀等物，還有一張附了文字的地圖，指示何處可以逃命，何處可以躲藏，何處可以安身……
建文帝看了這些東西，慘笑一聲，說道：「當初皇祖也曾出家爲僧，也曾浪跡天涯，難道他老人家已經預見這一天了嗎？」
燕王朱棣威風凜凜地從金川門入城，沉醉在這種征服者的氣氛沒多久，便隨即命令士兵包圍皇宮。忽然間，皇宮內烈焰竄出，頓時烈火熊熊，偌大的宮殿全被吞噬，朱棣一驚說道：「快去滅火！別讓建文自焚……」
來不及了，好不容易撲滅了大火，皇宮大殿已化爲一片焦土，從那之中抬出幾具焦屍，卻無人認得哪一具才是建文帝。
「以禮安葬。」朱棣淡淡說道，並宣布廢除建文年號，以洪武三十五年爲記，並且簡單交代了一些處理善後的事宜。
一路跟著他從北平打來的官員自然不傻，第二天便聯合起來上表勸進，直到第三次，朱棣才「勉爲其難」地答應接下這個重擔。
靖難之役結束後，明朝誕生了一位新皇帝，明太宗朱棣，年號永樂，也正是一般我們所熟知的——明成祖。

國家圖書館出版品預行編目 (CIP) 資料

被消失的中國史 7: 十二金牌到靖難之變 / 白逸琦著 . -- 二版 .
-- 臺中市 : 好讀出版有限公司 , 2022.09

面 ;　公分 . -- (中華文明大系 ;7)

ISBN 978-986-178-615-5（平裝)

1. 中國史 2. 通俗史話

610.9　　　　111012508

好讀出版

中華文明大系 7

被消失的中國史 7：十二金牌到靖難之變

作　　者／白逸琦
總 編 輯／鄧茵茵
文字編輯／莊銘桓
封面設計／鄭年亨
行銷企劃／劉恩綺
發行所／好讀出版有限公司
台中市 407 西屯區工業 30 路 1 號
台中市 407 西屯區大有街 13 號（編輯部）
TEL:04-23157795 FAX:04-23144188 http://howdo.morningstar.com.tw
（如對本書編輯或內容有意見，請來電或上網告訴我們）
法律顧問　陳思成律師

線上讀者回函
獲得好讀資訊

讀者服務專線／ TEL：02-23672044 / 04-23595819#230
讀者傳真專線／ FAX：02-23635741 / 04-23595493
讀者專用信箱／ E-mail：service@morningstar.com.tw
網路書店／ http : //www.morningstar.com.tw
郵政劃撥／ 15060393（知己圖書股份有限公司）
印刷／上好印刷股份有限公司
如有破損或裝訂錯誤，請寄回知己圖書更換

二版／西元 2022 年 9 月 15 日
定價：280 元

Published by How Do Publishing Co. ,LTD.
2022 Printed in Taiwan

ISBN 978-986-178-615-5